O LÍDER
EM XEQUE

O autor

Antônio Celso Mendes Webber é formado em economia, com atualização em administração e marketing na Universidade do Sul da Califórnia e no Instituto Europeu de Administração e Negócios (Insead). Foi diretor da Fundação para o Desenvolvimento de Recursos Humanos; diretor do Centro de Excelência Empresarial do RS; professor nos cursos de pós-graduação em Administração na Pontifícia Universidade Católica do RS e na Universidade de Caxias do Sul. Destaque em Educação pela Associação Brasileira de Treinamento e Desenvolvimento do Paraná, realizou centenas de palestras e cursos de liderança no país e no exterior, capacitando mais de 12 mil executivos nos últimos 30 anos. Empresário e consultor de empresas de todo o Brasil, é autor do livro *Afinal, onde estão os líderes?*, igualmente publicado pela Bookman Editora.

W3711   Webber, Antônio Celso Mendes.
           O líder em xeque : atitudes e desvios comportamentais na implantação das mudanças / Antônio Celso Mendes Webber. – Porto Alegre : Bookman, 2012.
           xiv, 244 p. : il. ; 23 cm.

           ISBN 978-85-407-0181-6

           1. Administração – Liderança. 2. Gestão de pessoas. I. Título.

CDU 658.3

Catalogação na publicação: Ana Paula M. Magnus – CRB 10/2052

ANTÔNIO CELSO MENDES WEBBER

O LÍDER EM XEQUE

ATITUDES E DESVIOS COMPORTAMENTAIS NA IMPLANTAÇÃO DAS MUDANÇAS

bookman

2012

Copyright © 2012, Bookman Companhia Editora Ltda.

Capa: *Paola Manica*

Preparação de original: *Maria Lúcia Badejo*

Leitura final: *Susana de Azeredo Gonçalves*

Gerente Editorial – CESA: *Arysinha Jacques Affonso*

Editora responsável por esta obra: *Viviane Borba Barbosa*

Projeto e editoração: *Techbooks*

Reservados todos os direitos de publicação à
BOOKMAN EDITORA LTDA., uma empresa do GRUPO A EDUCAÇÃO S.A.
Av. Jerônimo de Ornelas, 670 – Santana
90040-340 – Porto Alegre – RS
Fone: (51) 3027-7000   Fax: (51) 3027-7070

É proibida a duplicação ou reprodução deste volume, no todo ou em parte, sob quaisquer formas ou por quaisquer meios (eletrônico, mecânico, gravação, fotocópia, distribuição na Web e outros), sem permissão expressa da Editora.

Unidade São Paulo
Av. Embaixador Macedo Soares, 10.735 – Pavilhão 5 – Cond. Espace Center
Vila Anastácio – 05095-035 – São Paulo – SP
Fone: (11) 3665-1100   Fax: (11) 3667-1333

SAC 0800 703-3444 – www.grupoa.com.br

IMPRESSO NO BRASIL
PRINTED IN BRAZIL

Dedicatória
À Manuela, anjo enviado por
Deus depois de tanta espera.

Agradecimentos

Agradeço à Bookman por acreditar no meu trabalho, pelo incentivo e apoio recebidos; ao superintendente do Cenex – Centro de Excelência Empresarial do Rio Grande do Sul, Paulo Bandeira; aos participantes do Programa de Desenvolvimento de Executivos – Série Comportamental, edições 77, 78, 79 e Especial 09: Alexandre Cervelin, André da Rosa Pereira, Cesar Augusto Refosco, Cleber Ubiratan Telles de Oliveira, Diego Freitas Regis dos Santos, Eliane de Fátima Saibt, Everton Marcelo de Freitas da Silva, Everton Rosa da Silva, Fernando César Pimentel, Gabriel de Oliveira Poglia, Guilherme Comparsi Wagner, José Alberto da Rosa de Matos, Lúcio Barbiero Vieira Machado, Pedro Adenir Duarte de Campos, Petras Amaral dos Santos, Renato Franco da Silva, Ricardo Perseguini Trambaiolli, Rodrigo Gamallo Soares, Samuel da Silva, Vanessa Frainer, Alessandro Gindri Rigotti, Alex Fabiano de Mattos, Alexandre Ricardo, André Dias Miranda, André Luís Félix Simões, Carlos Henrique Vieira, Celiz Alvania Moretto Gonzatto Frizzo, Cristiane Lazzaron, Denise Ourique dos Santos, Eduardo Henrique Vieceli, Eduardo Lisboa Martins, Fábio Rossi Tronca, Guilherme Luz Tortorella, João Felipe Susin Rodrigues, Kildare Aparecido Costa, Leandro Wolf, Leonardo Alves Albuquerque Rosa, Marcelo Silva Teixeira, Marcelo Soares da Silva, Márcia Emília Balbi, Mário César Cruz da Encarnação, Nívera Ehlers Missaggia, Renata Somacal, Rosinalva Martins Guimarães, Yura Schimidt Fernandes, Adenir Wiprich, Allan Vinícius Telocken, Ana Cecilia Dos Santos Marchesano, André Luis Bueno, Carmen Raquel Zappe Frank, Claudemar Sandro Palhano da Silva, Clenir Streit, Cristiano André Koslowski, Diogo da Cunha Leites, Eduardo Ferreira, Everton Craco da Silva, Frederico Logemann, Hamilton Rodrigues Finger, João Eduardo de Bastos Suprinyak, Luiz Antonio Rigotti Neto, Magnos Roberto Stamm, Marnei Gonçalves Erencio, Nilo Vanderlei Ribeiro Borges, Rafael Fernando Bauerfeld, Valdecir Dall Oglio, Vanderlei Toniolo Júnior, Augusto Giongo Letti, Antônio Carlos Amancio, Carlos José Bastos Grillo, Claerson Paulo Wehner, Cláudio Dorneles Ebert, Fridolin Voigt, Jacli Feix, Jones Zaniratti de Oliveira, Leandro Roth, Lyo Nishimura, Marcelo Mattioli, Paulo Cesar Gonçalves, realizados de maio a novembro de 2010 e suas empresas de sucesso.

Agradeço também à minha esposa Virginia, aos filhos André, Carolina, Márcio e Paula pelo apoio crítico; aos meus netos Victor, Rafael, Gabriela e Manoela, pelas interrupções sempre bem vindas e amorosas; à Adriana, Joni e Eduardo, por fazerem parte dessa família maravilhosa; ao irmão Jairo, pelo incentivo; à Magdalena, pelo gostoso chimarrão que me levava nas frias manhãs de inverno, enquanto escrevia esse livro.

Renovo todos os dias, o meu profundo agradecimento a Deus pela coragem e inspiração para seguir em frente quando a vontade maior era a de abandonar tudo e navegar pelas águas turvas do desânimo.

Nas planícies límpidas da alma e nas profundezas da memória procurei lembrar e resgatar atitudes de liderança vivenciadas no dia a dia organizacional, ao longo dos anos. A expectativa maior é que a narrativa e o estudo desses eventos comportamentais possam ser de utilidade e de alerta para que os atuais e futuros líderes não trilhem os mesmos caminhos.

Reconhecimento

A Luis Urzúa Iribarren, líder do grupo de 33 mineiros soterrados por 69 dias em uma mina de cobre no deserto de Atacama (Chile), durante os momentos de enclausuramento. Urzúa, 54 anos, foi o autor dos planos de refúgio e promoveu a ideia de transportar o grupo até uma área menos afetada na galeria, a 700 metros de profundidade. Além disso, organizou o sistema de racionamento dos alimentos, distribuiu o espaço que ocupariam debaixo da terra e foi o último a ser resgatado pela cápsula Fênix, em 13 de outubro de 2010.

A Manoel Gonçalves, um dos cinco socorristas que desceram voluntariamente ao fundo da mina para ajudar os mineiros soterrados.

Ambos são homens comuns que realizaram feitos extraordinários de liderança e heroísmo, com repercussão mundial.

Prefácio

Nunca joguei xadrez, mas sempre admirei a estratégia do jogo e a sua semelhança com as grandes batalhas de guerra e de negócios. Por uma feliz casualidade, o livro *Ataque e contra-ataque no xadrez*, de Fred Reinfeld (2007), caiu em minhas mãos. Lendo o Capítulo 8, *Como se apoderar da iniciativa*, resolvi vincular o título deste livro a esse fantástico jogo.

Diz Fred Reinfeld (2007) no referido capítulo:

> Quase sempre o líder (pedras brancas), que dá início ao processo de mudança (jogo), tem a vantagem de comandá-la, porém, na prática, muitas vezes não é assim. Há muitas formas de o líder (pedras brancas) se equivocar. Pode realizar uma mudança muito lenta (abertura muito passiva) e perder a vantagem competitiva inicial, dando vantagem ao concorrente (pedras pretas).

As observações entre parênteses, feitas por mim, referem-se aos elementos do jogo que vinculam o xadrez ao conteúdo deste livro.

Comecei a tomar conhecimento dos primeiros conceitos sobre liderança quando ainda era muito jovem. Acredito que tenha sido de meu pai que ouvi o termo "líder nato", aquele que nasceu para ser líder, que tem carisma, uma luz especial, algo que ninguém consegue explicar com simples palavras. Um líder é um líder e pronto. Alguns vieram ao mundo para mandar, e muitos outros, sem qualquer brilho aparente, vieram ao mundo para obedecer. É claro que o pressuposto subliminar da crença da época era que há poucos líderes e muitos liderados.

Mesmo com o passar dos anos – mais de 30, na verdade – os conceitos e as explicações sobre liderança pouco se alteraram até que houvesse uma grande mudança social. Essa mudança foi o advento da mais ferrenha competição empresarial, sob todos os aspectos: mercado, custos, tecnologia, distribuição, talentos humanos, criatividade e inovações, entre tantos outros. Tal mudança surgiu com o que chamo de reengenharia mundial, ou seja, os desdobramentos representados pela queda do Muro de Berlim, maior símbolo da divisão política entre Leste e Oeste, e a consequente globalização. Tudo ocorreu praticamente ao mesmo tempo.

É claro que uma mudança de tamanha envergadura e com essas características não se pode medir em meses ou mesmo em anos, apenas em décadas. Assim, estamos entrando na terceira década do início da mudança iniciada nos anos 1980/1990.

Os menos avisados percebem esse movimento global pelos fragmentos ou *flashes* que afetam o seu dia a dia. Por exemplo: uma família brasileira morando em Kyoto, no Japão, conversava no MSN com seus parentes no Brasil quando percebeu que a família brasileira, que morava no interior de São Paulo, estava sendo assaltada. Telefonaram para um parente que estava na capital paulista, o qual chamou a polícia e os ladrões foram presos.

Nos anos 1990, um episódio como esse estaria certamente ligado ao imaginário da ficção científica. Hoje é uma realidade que não causa maior espanto, a não ser, como foi dito, em pessoas mais desligadas do contexto global.

No período de 1990 a 2010, duas revoluções ocorreram e afetaram a economia e o conjunto social da humanidade. Refiro-me aos extraordinários avanços da automação industrial, que promoveram transformações na forma e na velocidade de produção de todo o tipo de produto, e à tecnologia da informação, que aproximou pessoas e mercados.

Esses dois principais indutores das mudanças quebraram todos os paradigmas e transformaram o sentido da palavra competitividade, estabelecendo-a como o maior desafio dos tempos modernos. Estava decretado o final da época do protecionismo de mercado, do descaso com o planejamento estratégico, da falta de respeito ao cliente, dos diretores e gerentes "donos da verdade", da improvisação, do amadorismo, dos apadrinhamentos descomprometidos e da manipulação das pessoas e dos ambientes.

Essas empresas e esses profissionais constam diariamente, já há algum tempo, no imenso obituário publicado pela imprensa mundial, relacionando organizações e profissionais que não se adaptaram aos novos tempos, perdendo seu espaço e, em alguns casos, comprometendo a própria sobrevivência.

A liderança insere-se neste contexto. Ela quase sempre foi tratada como uma ciência exata e que raramente se equivocava. Imune aos erros dos seres humanos, era considerada como um bem divino restrito a poucos. Claro que esses seres especiais estavam bem hospedados nas estruturas formais hierárquicas, com a devida outorga do poder concedido pelo capital, muitas vezes, por estarem bem adaptados à própria cultura definida pelo outorgante.

Esse livro tem como foco a "poeira" que normalmente é "varrida para baixo do tapete" pelos próprios líderes. Minha abordagem será feita principalmente por meio do relato e da análise de casos verdadeiros que vivenciei, tanto em empresas em que fiz parte da famigerada "estrutura formal", como na atividade de consultor de inúmeras empresas no campo da gestão e da liderança, ou como professor e instrutor de mais de 12 mil executivos ao longo dos últimos 30 anos.

Diferentemente, mas complementando o que foi proposto em *Afinal, onde estão os líderes?* (Webber, 2009), em que o principal objetivo era estabelecer conceitos e ferramentas para a liderança eficaz, este livro busca a reflexão e a compreensão da liderança por meio de conceitos e ferramentas comportamentais, mas trazendo à luz um conjunto de histórias reais sobre paradoxos, manipulações e incongruências dos líderes.

Se nossos olhos se voltarem para as possíveis falhas da liderança, talvez possamos concluir que o líder, seja quem for e esteja em que nível estiver na estrutura do poder formal, é, acima de tudo, um ser humano, eventualmente dotado de um conjunto harmônico de habilidades e conhecimentos adequados ao *mix* de cenários sistêmicos e com os quais deve interagir.

Mudando um pouco a perspectiva de análise dos comportamentos de liderança, normalmente focada em casos de sucesso de empresas e líderes, este livro mostra que também é possível aprender com os erros e equívocos cometidos nesse campo, seja por incompetência ou manipulação. Os casos aqui narrados não são direcionados somente aos líderes devido a sua posição hierárquica, mas procuram trazer à tona o que ocorre todos os dias no verdadeiro "campo de batalha organizacional", ou seja, nas diretorias, na média gerência e na liderança de projetos.

Com esse espectro mais amplo, acredito que você encontrará similaridades, identificações e aprendizado com os fatos narrados. É possível que se identifique com alguns dos personagens citados ou que encontre semelhanças entre esses e alguns de seus pares, sejam essas identidades percebidas como personagens passivos ou como líderes de alguma situação que poderia ter sido conduzida a um desfecho melhor.

A obra propõe reflexões, mas não tem a pretensão de responder categoricamente ao enigma "somos líderes ou estamos líderes? Qual é a intensidade e o verdadeiro impacto que alguns fatores têm na escolha do melhor líder?".

Minha proposta também é oferecer um profundo debate sobre os casos narrados, usando um roteiro de questões fundamentais sobre liderança no final de cada um dos capítulos. Imagino grupos nas empresas, nas universidades e na dinâmica dos projetos debruçando-se sobre esses roteiros com o intuito de evitar a repetição dos equívocos cometidos. Tanto o leitor quanto esses grupos poderão, a título de exercício real e vivencial, propor novas alternativas como líderes, objetivando resolver melhor os problemas gerados durante a implantação dos processos de mudança.

Os capítulos seguirão a seguinte estrutura:

1. Conteúdo teórico: abordagem técnica e conceitual do tema do capítulo.
2. Narrativa de caso: apresentação de um caso real, relacionado ao tema abordado.
3. Ações de liderança: análise das atitudes desvirtuadas dos líderes na condução das mudanças.
4. Resultados: análise dos efeitos das ações dos líderes nas instituições e nas pessoas.
5. Reflexões: perguntas sobre o caso apresentado, destinadas a promover a reflexão do leitor.
6. Conclusões: narrativa do que ocorreu com a instituição e com os liderados após a implantação das orientações do líder.

O Capítulo 1 tem uma estrutura um pouco diferente, com o objetivo de não apenas introduzir o assunto do livro, mas também de auxiliar na compreensão da proposta da obra. Sugiro que você leia atentamente cada um dos capítulos, faça as devidas anotações e proceda a algumas reflexões sobre os temas. Essas reflexões iniciais vão fornecer a visão e a compreensão dos paradigmas sob os quais esta obra se apoia.

Sumário

Capítulo 1
Poder e liderança   1

Capítulo 2
O conhecimento   27

Capítulo 3
Sucesso, resultados e inveja   55

Capítulo 4
Convicção por imitação   65

Capítulo 5
Zona de conforto   75

Capítulo 6
Planejamento estratégico e informações   85

Capítulo 7
Reengenharia 97

Capítulo 8
Poder e protecionismo 109

Capítulo 9
Cultura e resultados 119

Capítulo 10
Delegação e obediência 129

Capítulo 11
Terceirização 139

Capítulo 12
Clima organizacional e manipulação 157

Capítulo 13
Benchmarking 171

Capítulo 14
Qualidade e auditoria 187

Capítulo 15
Negócios e afetividade 197

Capítulo 16
Criatividade e inovação 207

Capítulo 17
Liderança e planejamento 217

Conclusão 231
Referências 235
Leituras sugeridas 239
Índice 241

Capítulo 1

Poder e liderança

Conhecer os outros é inteligência, conhecer a si próprio é sabedoria. Controlar os outros é força, controlar a si mesmo é o verdadeiro poder.

Lao-Tsé, sábio
China, 570 a.C-490 a.C

Autoridade é um tipo de poder e está baseada no reconhecimento da legitimidade ou da legalidade da tentativa de exercer influência. Os indivíduos ou grupos que tentam exercer influência são percebidos como possuidores do direito de fazer isso dentro de limites reconhecidos – um direito que decorre de sua posição formal em uma organização.

O poder é a capacidade de exercer influência. Com isso, quem detém o poder muda o comportamento e as atitudes das outras pessoas (ver Quadro 1.1). Por exemplo: uma pessoa que trabalha duro pode influenciar as outras e aumentar a produtividade do grupo. Também os administradores podem usar sua influência para elevar a autoestima em relação ao tipo de trabalho desenvolvido pelo grupo de trabalhadores, ou, então, para mudar estratégias.

A base da autoridade formal – duas visões

"O que lhe dá o direito de me dizer o que fazer?". Essa pergunta é muito comum e sugere que, antes de obedecer a uma determinação qualquer, devemos estar convencidos de que a pessoa que emite a ordem tem o direito de fazer isso. É improvável que façamos essa pergunta a um superior em nossa organização, se aceitamos que esse superior tem o direito de nos dar instruções. Mas

> **Quadro 1.1**
> **O poder e a capacidade de exercer influência**
>
> Normalmente, o poder de influenciar os outros está relacionado com:
>
> - exemplos fortes e contundentes no comportamento e nas atitudes
> - desempenho diferenciado em alguma tarefa, função ou desafio
> - domínio, de algum tema/conhecimento, superior ao dos demais
>
> Outra forma de influenciar pessoas está na possibilidade de usar recursos em busca do bem comum, tais como:
>
> - tecnologias de ponta
> - recursos financeiros e de apoio
> - proximidade e ingerência sobre os detentores do poder formal
>
> A influência de alguém sobre os outros também pode se caracterizar por posturas desvirtuadas ou por comportamentos não adequados, tais como:
>
> - capacidade de manipulação das pessoas com procedimentos escusos via:
>   - informações propositalmente deturpadas
>   - atitudes não compatíveis com o discurso da busca do bem comum
>   - uso da mentira e da infâmia
>
> **Faça sua reflexão.**

por que é assim? Observe a seguir de onde os administradores tiram o direito de exercer a autoridade formal nas organizações – a visão clássica e a visão de aceitação.

Visão clássica: nas organizações, a administração tem o direito de dar ordens legais, e os subordinados têm a obrigação de obedecer (ver Quadro 1.2). Essa obrigação é automática e faz parte do código de valores da empresa.

Um dos campos mais férteis (e, por que não dizer, apropriados) em utilização do poder formal e rígido, cercado de autoridade e obediência, inclusive com o direito sobre a vida e a morte (guerras, terrorismo), é a área militar, e todos concordam que deva ser assim. Entretanto, vejamos o que nos conta, em seu livro de memórias, o grande líder britânico Winston Churchill (2004, 2005):

> **Quadro 1.2**
> **A obrigação de obedecer**
>
> O fato de os liderados estarem obrigados a obedecer e o fato de as ordens estarem relacionadas com normas legais ou técnicas, ou de elas refletirem valores da organização ou mesmo da sociedade civil, não caracteriza, por si só, autoritarismo, independentemente ou não da maturidade das pessoas que compõem essa organização humana, representada pelos liderados.
>
> Quando o líder centraliza o poder em si, visando a obter resultados dúbios, não transparentes e não relacionados ao bem comum, e respaldado em atitudes cujo comportamento pessoal reflete apenas a submissão do todo à sua vontade, ele torna a necessidade de obediência bastante questionável e não geradora de comprometimento dos liderados com o seu líder.
>
> Se a obrigação de obedecer for estritamente relacionada com uma possível baixa maturidade dos liderados (desconhecimento da tarefa, baixa competência técnica compatível com o esperado, desmotivação para a execução de trabalhos e/ou mudanças, dificuldades de relacionamento interpessoal e conflitos internos, com baixa produtividade e agregação de valor ao trabalho), poderão ser obtidos bons resultados no uso de um poder mais autoritário e centralizador.
>
> **Faça sua reflexão.**

Os três mais famosos generais que conheci na vida não venceram inimigos estrangeiros em grandes batalhas. Mesmo assim, todos eles são bem conhecidos em todo o mundo. O primeiro é o General Booth, a quem devemos o Exército da Salvação; o segundo é o General Botha, a quem devemos a União Sul Africana e o terceiro é o General Baden-Powell, a quem devemos os Escoteiros.

Visão de aceitação: é a aceitação da autoridade por parte do influenciado, porque é esse quem decide se cumpre as ordens em todas as circunstâncias ou não (ver Quadro 1.3), embora a maior parte delas seja aceita pelos membros da organização. Essa visão parte da observação de que nem todas as leis ou comandos legítimos são obedecidos em todas as circunstâncias.

Quatro condições devem existir simultaneamente para que uma pessoa aceite uma condição de autoridade:

- ela entende a comunicação
- ela acredita que a ordem não é incoerente com o propósito da organização

> **Quadro 1.3**
> **Cumprimento das ordens em todas as circunstâncias ou não**
>
> O cumprimento à risca de ordens só ocorre quando o emissor da determinação tem uma nítida e valorizada posição na hierarquia da estrutura do poder formal. Mesmo assim, se o "diferencial para a competitividade" passa por recursos humanos envolvidos e motivados, é possível que a tomada de decisões sem a participação desses destrua esse diferencial devido à frustração decorrente do não envolvimento no processo.
>
> Dependendo da intensidade do alinhamento entre os objetivos definidos e perseguidos pela organização com os objetivos das pessoas envolvidas no processo, poderá haver a vontade de cumprir ordens sem uma participação maior na discussão. Isso se dará se a resultante final da visão prever ganhos compartilhados entre emissor e receptor.
>
> Quando o grupo receptor das ordens atingir elevados níveis de maturidade profissional (conhecimento pleno/atualizado e relacionamentos maduros entre os membros desse grupo, proporcionando produtividade e resultados diferenciados) e tiver condições de questionar, refinar e melhorar as ordens recebidas, terá de receber mais espaço. Caso contrário, surgirão dissonâncias entre as visões, baixo comprometimento do grupo e, consequentemente, resultados abaixo do esperado.
>
> **Faça sua reflexão.**

- ela acredita que condição de autoridade é compatível com seu interesse pessoal
- ela está apta mental e fisicamente a cumpri-la

Considerações complementares sobre poder e liderança

Ainda não encontrei um conceito de poder que seja universalmente aceito, mas encontrei algumas versões, tais como: poder é ter força moral, influência; é dispor da força da autoridade, dominar os meios pelos quais as pessoas controlam os aspectos do seu ambiente, incluindo uns aos outros, sendo a autoridade que atribui o direito de controlar os outros.

MacIver (1947) cita: "Poder é conceituado como a habilidade de controlar pessoas contra a vontade delas". Anthony Jay (1979), no seu consagrado livro *Maquiavel e Gerência de Empresas*, afirma:

A maioria das pessoas justifica sua aspiração ao poder como sendo única e exclusivamente o meio para atingir as metas organizacionais propostas. O real prazer que o poder proporciona é o prazer da liberdade, que nos remete a uma das mais primitivas necessidades do ser humano: a de dominar a circunstância.

Conceber a organização como um sistema político significa priorizar a relevância das relações de poder entre as pessoas sobre as variáveis psicossociais. O poder se constitui em um mecanismo cotidiano em nossas vidas. No entanto, parece que existe pudor e algum desconforto nas pessoas em relação ao exercício do poder.

Poder é uma palavra que pode sugerir conotações pejorativas. Como afirmam Zaleznik e deVries, o poder tem conotações de domínio e submissão, de controle e consentimento; é a vontade do ser humano sacrificada à autoridade do outro.* A palavra evoca também imagens de orgulho e ambição; o poder pode obscurecer e distorcer a visão objetiva das coisas por meio da manipulação e da intriga.

É o poder que proporciona a base para que a direção das organizações atinja os objetivos propostos. Na liderança de nações, os exemplos são inúmeros e, não raramente, nos levam aos sombrios dias da Segunda Guerra Mundial. Como veremos no relato a seguir, mesmo nas situações mais difíceis, líderes democráticos, focados e dedicados ao bem comum obtêm o apoio e o poder necessários para a tomada de decisões.

> No dia 27 de janeiro de 1941, diante da Câmara dos Comuns, com a guerra se deteriorando em todas as frentes, Churchill apresentou-se após rápida viagem aos Estados Unidos, onde estivera com Roosevelt. Na África do Norte, o exército de Rommel estava avançando rumo ao leste, na direção do Cairo e do canal de Suez. Enquanto isso, no extremo oriente, Hong Kong tinha caído nas mãos dos japoneses e as forças britânicas estavam cercadas em Cingapura. Churchill escreveu em seu livro de memórias: "Decidi não ceder nada a ninguém, assumir a responsabilidade primeiro comigo mesmo, e pedir um voto de confiança à Câmara dos Comuns". A moção foi vitoriosa, após três dias de debates, com uma aprovação de 464 votos a 1. Churchill (2005).

A liderança é uma forma de poder no sentido de que influencia, com a aceitação dos liderados, o direcionamento e o comprometimento coletivo com a visão (ver Quadro 1.4). O poder diz respeito à relação entre duas ou

---

*Apostila do curso CPB (Centro de Produtividade do Brasil) sobre mudança e poder. São Paulo, 1992.

> **Quadro 1.4**
> **A liderança é uma forma de poder**
>
> Ao longo da história humana, milhões de pessoas ofereceram até as suas próprias vidas na defesa e na busca dos ideais defendidos por seus líderes.
>
> Os líderes verdadeiros são os escolhidos pelos liderados em função dos diversos predicados que eles possuem em determinado momento, e o comprometimento gerado nessa relação se transforma em um poder muito forte e consistente.
>
> Pressupondo que, na construção da visão do líder (objetivos), estão contemplados os anseios comuns dele (pessoais e organizacionais) e dos liderados (sonhos, necessidades e objetivos), é justo pensar que será significativo e intenso o apoio obtido com essa relação de interesses.
>
> **Faça sua reflexão.**

mais pessoas e, portanto, manifesta-se diariamente, nas relações entre superiores e subordinados, entre líderes e liderados.

As organizações são, pois, estruturas políticas muito apropriadas e que oferecem uma base de poder para as pessoas. A acumulação de poder ocorre por meio do desenvolvimento da carreira e por meio do alcance de determinados cargos, ocasião em que, a cada nível hierárquico, a afirmação dos interesses de uns sobre os outros vai sendo facilitada. Quanto mais se sobe na organização, mais os cargos vão afunilando e escasseando, pois o poder formal pressupõe escassez e competição.

Apesar da delegação de autoridade formal vir "de cima", a afirmação e o apoio vêm "de baixo" (ver Quadro 1.5). Os subordinados/liderados podem apoiar seu chefe ou seu líder, mas também podem retirar o seu apoio. Quando descontentes, fazem o mínimo possível para a execução das tarefas e não se comprometem. Os liderados, com certeza, substituirão o líder ineficaz.

As preocupações com o poder remontam às próprias origens do homem. Maquiavel (2006) já escreveu: "Deveria ser tanto um como o outro; mas, como é bastante difícil que seja ambos, é mais seguro ser temido do que amado...".

São cinco as fontes de poder (ver Quadro 1.6) identificadas pelos autores John French e Bertram Ravem.*

---

*Um dos estudos mais notáveis sobre o exercício do poder foi conduzido pelos psicológos sociais French e Bertram Ravem em 1959.

> **Quadro 1.5**
> **Apesar da delegação de autoridade formal vir de cima, a afirmação e o apoio vêm de baixo**
>
> Todos os indivíduos guindados a posições de comando recebem poder sobre os demais. Ocorre que esses indivíduos que ocupam cargos formais ou não (gestor/líder de projeto, por exemplo) sabem que os resultados são obtidos *com* e *por meio das* pessoas. Pessoas motivadas apresentam resultados exponencialmente superiores aos daqueles que simplesmente fazem determinada tarefa porque alguém mandou. É por isso que, sem o apoio dos liderados, os resultados não terão a significância desejada.
>
> Uma diferença significativa entre o poder formal (hierarquia) e o poder pessoal (liderança) é que, enquanto o primeiro flui de cima para baixo, em cascata, o segundo brota e cresce de baixo para cima. Por isso, existem chefes que são líderes também, pois obtêm o apoio dos liderados. Porém, existem os que não conseguem esse apoio fundamental e, por decorrência, não formam um verdadeiro time alinhado, com elevados índices de participação, *feedback* e sinergia.
>
> Em termos gerais, a hierarquia tende a gerar obediência, e a liderança, comprometimento.
>
> **Faça sua reflexão.**

1. **O poder de recompensa** baseia-se em uma pessoa (o influenciador) que tem a capacidade de recompensar outra (o influenciado) pelo cumprimento de ordens ou pela realização de outras exigências. É onde as recompensas são mais bem usadas para reforçar as ações desejáveis dos subordinados.
2. **O poder coercitivo** é o lado negativo do poder de recompensa. Neste caso, a punição pode ir desde a perda de pequenos privilégios até a perda do emprego. Esse poder geralmente é usado para manter um padrão mínimo de desempenho ou de conformidade entre os subordinados.
3. **O poder legítimo** pode ser tanto de cima para baixo quanto de baixo para cima. Por exemplo: o encarregado de um setor que exige o cumprimento de um horário ou o vigia que exige do gerente o uso do crachá para entrar na empresa.
4. **O poder de competência** é o resultado que podemos chamar de "conhecer o assunto", pois há total confiança no que o "conhecedor do assunto" recomenda.

> **Quadro 1.6**
> **As fontes de poder**
>
> As diversas fontes de poder podem apresentar resultados totalmente diferentes, principalmente quando utilizadas em níveis de maturidade (baixa/alta) que não se coadunam com a forma como o poder é utilizado.
>
> Algumas fontes de poder possuem forte apelo manipulativo, o que, sem dúvida, poderá gerar problemas de confiabilidade no médio/longo prazos.
>
> O poder de referência pode ser exercido de forma consciente e inconsciente, pois muitas vezes líderes são admirados e imitados sem que eles próprios saibam disso.
>
> **Faça sua reflexão.**

5. **O poder de referência** existe no colega de trabalho que nos atrai para o seu lado na hora das reuniões de departamento, devido ao seu carisma e ao seu prestígio e admiração.

O poder das organizações

Nos últimos anos, o poder e os processos políticos nas organizações se tornaram grandes preocupações dos autores da área de Administração. David McClelland, por exemplo, aborda "as duas faces do poder" – uma negativa e outra positiva.*

A face negativa geralmente é expressa em termos de domínio/submissão: se eu vencer, você perde (ver Quadro 1.7). Ter poder implica ter poder sobre alguém que, por causa disso, é menos afortunado. A liderança baseada na face negativa do poder vê as pessoas como pouco mais do que peões de um jogo de xadrez a serem usados ou sacrificados de acordo com a necessidade.

Já a face positiva do poder é caracterizada por uma preocupação com os objetivos do grupo. Isso implica exercer a influência *em favor de* e não *sobre* os outros (ver Quadro 1.8). Os administradores que exercem positivamente seu poder incentivam os membros do grupo a desenvolver a força e a competência necessárias para terem sucesso como indivíduos e como membros da organização.

---

*Apostila de liderança e poder do Cenex no programa de desenvolvimento de líderes para a Copesul (Companhia Petroquímica do Sul) em 2008/2009.

> **Quadro 1.7**
> **A face negativa do poder**
>
> Em uma organização em que pessoas disputam o poder para benefício ou engrandecimento pessoal, a resultante é a equação "para alguém ganhar é necessário que alguém perca". Na verdade, é sempre o todo que perde – no caso, a organização.
>
> O foco da disputa pelo poder nunca são os objetivos organizacionais ou os das pessoas que são o seu fator produtivo. O objetivo maior da busca é satisfazer as vaidades e as metas pessoais daquele que busca o poder a qualquer custo.
>
> A submissão de uns sobre outros também se dá pela insegurança dos primeiros em se manterem como parte desse grupo.
>
> **Faça sua reflexão.**

Esses administradores estimulam o espírito de equipe, apoiam os subordinados e recompensam suas realizações, levantando, com isso, o "moral". Além disso, alguns estudiosos argumentam que o ambiente externo das organizações também contribui para a necessidade crescente de capacidades relacionadas ao poder entre os administradores.

Características das pessoas que exercem o poder com sucesso

Kotter (apud Silva, 1996) enumera seis características das pessoas que exercem o poder com sucesso. São elas:

1. São sensíveis à fonte de seu poder. Mantêm suas ações coerentes com as expectativas das pessoas.
2. Reconhecem os diversos custos, riscos e benefícios das cinco fontes de poder. Utilizam-se da fonte de poder que seja mais apropriada para uma situação ou pessoa em particular.
3. Admitem que cada uma das cinco fontes de poder tem seus méritos. Tentam desenvolver suas habilidades e credibilidade de forma a utilizar o método mais adequado.
4. Possuem objetivos de carreira que lhes permitem desenvolver e usar o poder. Buscam cargos que desenvolvam suas habilidades, que façam as pessoas se sentirem dependentes deles, e empregam um tipo de poder com o qual se sentem confortáveis.

> **Quadro 1.8**
> **A face positiva do poder**
>
> A verdadeira liderança, a que obtém resultados melhores, fundamenta-se no tipo de poder legitimamente compartilhado, o qual se preocupa em ouvir e compreender a visão de cada um para a busca de objetivos comuns.
>
> O uso do poder *em favor dos outros*, em detrimento do poder *sobre* os outros, gera alianças positivas e sistêmicas na busca do que se quer.
>
> O uso do poder para beneficiar o todo não significa envolver a todos o tempo todo no processo decisório. A intensidade da participação irá depender do nível de maturidade coletiva do grupo.
>
> **Faça sua reflexão.**

5. Agem com maturidade e exercitam o autocontrole. Evitam demonstrações egoístas e impulsivas de seu poder e procuram não ser desnecessariamente ásperas com os que estão ao seu redor.
6. Compreendem que o poder é necessário para realizar as coisas. Sentem-se confortáveis usando o poder.

Como alcançar o poder organizacional

Em seu livro, Kotter (apud Silva, 1996) aponta as seguintes estratégias para a obtenção do poder.

Atividades extraordinárias: realizar mudanças, ser a primeira pessoa a ocupar um cargo ou obter sucesso após assumir riscos excepcionais são atitudes que podem levar a pessoa a um poder maior.

Visibilidade: ser notado, obter visibilidade dos que estão no poder ou até mesmo fazer que certas atividades pareçam mais arriscadas do que na verdade são também pode aumentar o poder.

Relevância: resolver um autêntico problema organizacional pode ser uma fonte de poder e pode dar uma credibilidade extraordinária aos fatores "atividade" e "visibilidade".

Patronos: ter um patrono ou um mentor – alguém que o aconselhe a como ter sucesso na organização – pode ser uma fonte informal de poder, especialmente se o patrono for muito poderoso.

Delegação

Delegação é atribuir a outras pessoas a autoridade formal e a responsabilidade por realizar atividades específicas. É saudável e necessária para o funcionamento eficiente de qualquer organização.

O que pode ser delegado a outrem é a autoridade e a responsabilidade – esta é a base do princípio escalar. Mas esta delegação de poder pode ser bem discutível, pois, para um administrador, mesmo ao delegar, há a responsabilidade de prestar contas aos seus próprios superiores (ver Quadro 1.9).

O que a delegação não é

Delegação não é abdicar. Não é simplesmente uma questão de designar trabalhos para as pessoas e mandar que elas os realizem. Quando essa abordagem é utilizada, raramente os resultados pretendidos pelo administrador são alcançados. As pessoas que recebem esse tipo de delegação são colocadas em uma situação de importância secundária ao final do trabalho.

Delegação também não é o abandono da responsabilidade do administrador. Não significa que o administrador perde o controle ou evita tomar decisões. O administrador que delega continua tomando decisões. O ponto importante é que ele pode se concentrar nas decisões e questões de maior importância e deixar que os subordinados tomem determinadas decisões que só o contato direto com o problema permitem.

Quadro 1.9
A delegação e a responsabilidade de prestar contas aos superiores

A delegação deve estar sempre associada ao poder concedido para realizar algo, e não à responsabilidade – esta será sempre daquele que, tendo o poder, delegou-o a alguém.

Delegar significa confiar, creditar e apostar no sucesso do uso do poder por outros. Significa compartilhar um dos fatores mais significativos para a visibilidade dentro de uma organização ou estrutura: o poder.

Delegar significa ter uma mente de desenvolvimento coletivo e democrático. Ninguém delega para quem não tem condições de cumprir uma tarefa com proficiência. O agente que delega, portanto, deve ser o primeiro *coaching* e avaliador do nível de competência daquele que está sendo preparado para o exercício do poder via delegação.

Faça sua reflexão.

> **Quadro 1.10**
> **As vantagens da delegação**
>
> Delegar cria desafios, tanto para quem delega quanto para quem recebe a delegação. Portanto, a delegação é uma força motivadora muito importante.
>
> Delegar pressupõe o exercício do estado da arte em gestão/liderança. Significa aceitar a competência do(s) outro(s) e dar espaço ao crescimento do(s) mesmo(s).
>
> Delegar coloca as questões hierárquicas formais em segundo plano, prevalecendo o poder e a competência pessoal.
>
> **Faça sua reflexão.**

As vantagens da delegação

A vantagem mais importante da delegação é que, quanto mais tarefas os administradores conseguem delegar, mais oportunidades têm de solicitar e aceitar maiores responsabilidades de administradores de níveis mais altos. Delegando tarefas em todos os níveis organizacionais, principalmente nos que exigem raciocínio e iniciativa, é possível obter o máximo de eficácia para nossas organizações (ver Quadro 1.10).

Barreiras à delegação

As barreiras à delegação são percebidas quando os administradores não confiam nos seus subordinados ou quando há uma resistência desses em aceitar a delegação devido a não terem responsabilidade por tarefas específicas. Por outro lado, existem administradores que temem delegar, porque podem correr o risco de terem as tarefas mais bem feitas do que se fossem executadas por eles próprios. A delegação também pode ser utilizada como forma de manipulação e articulação de armadilhas quando existem conflitos interpessoais, oportunidades em que o líder delega tarefas comprovadamente inexequíveis e com o objetivo único de prejudicar alguém (ver Quadro 1.11).

A liderança como poder

Liderança combina com a maestria que ensina a escutar, que demonstra que tudo está ligado sistemicamente, que tudo está mudando rapidamente e que, nos dias atuais, só há mutação.

> **Quadro 1.11**
> **Barreiras à delegação**
>
> O detentor do poder hierárquico, ou mesmo do poder pessoal, teme, ao delegar para alguém, ser considerado um gestor/líder fraco e despreparado.
>
> Pessoas acomodadas, inseguras, desatualizadas e que não apreciam desafios e superação pessoal não gostam de receber delegação. A mesma afirmativa também diz respeito a pessoas que não querem assumir responsabilidades com o agente promotor da delegação.
>
> Culturas organizacionais altamente competitivas conduzem a níveis muito baixos de delegação.
>
> **Faça sua reflexão.**

O líder de excelência, em essência, é o que assume os seus passos, é o que desenvolve todas as dimensões da visão humana e que busca o bem comum. Ele tem gosto pelo risco, pelos desafios, pela participação democrática e pela liberdade. Líder é o que se doa no que tem de melhor, sem medo de perder nada.

Ser um líder situacional ou centrado nas pessoas é refletir a realidade, o momento, é demonstrar a maturidade alcançada e estar atualizado e em aderência com o meio.

O líder mutante é o que busca desenvolver-se constantemente, é o que valoriza e aproveita, pela visão, o que as pessoas têm de melhor. Ele não está dissociado do grande universo que forma os diversos ambientes da matéria, da tecnologia, da competência e da espiritualidade humana, mas sabe que todos esses ambientes se integram de forma sistêmica. Está conectado aos eventos universais e aos processos de mudança, conseguindo unir os hemisférios cerebrais na compreensão das múltiplas visões. Consegue empreender uma viagem pelo coração e promover a necessária sinergia entre as duas naturezas humanas: conhecimento/ciência e intuição/emoção. Ele tem a compreensão de que cada pessoa é um universo tão próprio que não poderá ser comparada com ninguém, a não ser consigo mesma.

Quando o líder é verdadeiro, o que ele pensa coincide com as atitudes que toma. Ele mantém a coerência, apesar dos apelos materiais, das simpatias e dos interesses pessoais.

O líder dá importância também para a espiritualidade e eficácia dos relacionamentos. Ele sabe que todo o poder que dispõe para influenciar comportamentos vem dos liderados, que, em razão disso, estão dispostos a se comprometer fortemente com as visões do líder. Esse compromisso é a essência do poder da liderança e, da mesma forma que foi conferido a

> **Quadro 1.12**
> **A liderança como poder**
>
> O poder da liderança emana do compartilhamento legítimo da visão que busca o bem comum.
>
> Ninguém é líder porque quer, mas somente o será se um grupo de pessoas (liderados) assim o desejar e lhe outorgar esse poder.
>
> Na relação entre líderes e liderados, esses são mais importantes do que os líderes, pois é dos liderados que emana o poder. Da mesma forma que eles o concederam, podem, a qualquer momento, retirá-lo.
>
> **Faça sua reflexão.**

alguém, poderá ser retirado, caso o direcionamento do esforço coletivo não conduza a benefícios comuns.

Para a busca desses objetivos comuns, os líderes, ao longo da história, desenvolveram uma competência inerente a todos eles, sem a qual não teriam obtido uma adesão tão consistente que, em alguns casos, correspondeu ao sacrifício da própria vida.

Essa competência, que é a mais legítima régua para medir a eficácia de um líder, denomina-se capacidade de diagnosticar as necessidades, sonhos e desejos dos liderados, promovendo o seu alinhamento de tal forma que se transformem em objetivos comuns, alinhados com a comunidade maior a que esse agrupamento humano pertence – família, empresa, sociedade civil, organizações produtivas, esportivas, religiosas e outras (ver Quadro 1.12).

Entendendo os estilos eficazes e não eficazes de liderança

A liderança pode se manifestar em estilos eficazes e não eficazes, conforme descritos a seguir.

- **Autocrático e centrado:** comportamentos que determinam e definem rumos (liderança positiva) *versus* comportamentos de impaciência e agressividade (liderança negativa).
- *Coaching* **educativo e orientador:** comportamentos que orientam e ensinam (liderança positiva) *versus* comportamentos manipuladores e sem transparência (liderança negativa).
- **Democrático e envolvente:** comportamentos que incentivam a participação de todos e compartilham visões (liderança positiva) *versus* comportamentos paternalistas e protetores (liderança negativa).

* **Delegador e confiável:** comportamentos que confiam e geram crescimento (liderança positiva) *versus* comportamentos desinteressados e abandono dos membros da equipe (liderança negativa).

Utilizando o estilo mais adequado ao ambiente e à maturidade dos liderados

Não existe um estilo correto ou mais adequado de liderar. O estilo dependerá:

* do nível de maturidade dos liderados em determinada situação (conhecimento da tarefa, cargo, função, mudança, projeto, etc.) e do nível de relacionamento entre eles, que reflete a produtividade do grupo
* da situação de mudança, de desafio, de inovação que o grupo e o líder irão enfrentar em termos de segurança e domínio ou insegurança e desconhecimento
* do nível de produtividade que o grupo estiver atingindo no andamento do trabalho coletivo

Para liderados com maturidade baixa (reduzido conhecimento dos processos técnicos/tarefas e relacionamento incipiente ou conflitos internos), o líder utiliza-se de um estilo mais centrado, determinador, com controle muito próximo.

Para liderados com maturidade média/baixa (conhecimentos e relacionamentos em evolução), o líder utiliza um estilo educador, de *coaching*, com controle próximo e relação de ajuda.

Para liderados com maturidade alta (bons conhecimentos e relacionamentos em construção), o líder utiliza um estilo mais participativo, envolvendo mais seus liderados, com reduzido controle e comprometendo-os com resultados esperados.

Para liderados com maturidade plena (total domínio da tarefa e excelente relacionamento), o líder utiliza um estilo caracterizado pela confiança, delegação e mínimo controle.

A Figura 1.1 demonstra a evolução dos estilos eficazes e facilitadores de liderança a partir da maturidade dos liderados. Conforme ela evolui, de baixa para plena, evolui também o estilo que o líder deve adotar. Da mesma forma, demonstra os estilos ineficazes e dificultadores.

A Figura 1.2 demonstra os diversos fatores/competências que constituem e interagem na formação da maturidade do líder.

O Caso 1, narrado a seguir, ilustra os aspectos apresentados até aqui.

16 O líder em xeque

Estilos facilitadores e dificultadores de liderança

Estilo de liderança
Facilitador (F)
Dificultador (D)

Como devia ter liderado:
- E3 + compartilhar
- E2 + orientar
- E4 + delegar
- E1 determinar

Como liderou:
- E3 - proteger
- E2 - manipular
- E4 - omitir
- E1 - agredir

Eixos: Comportamento / Conhecimento

Estilos facilitadores / Estilos dificultadores

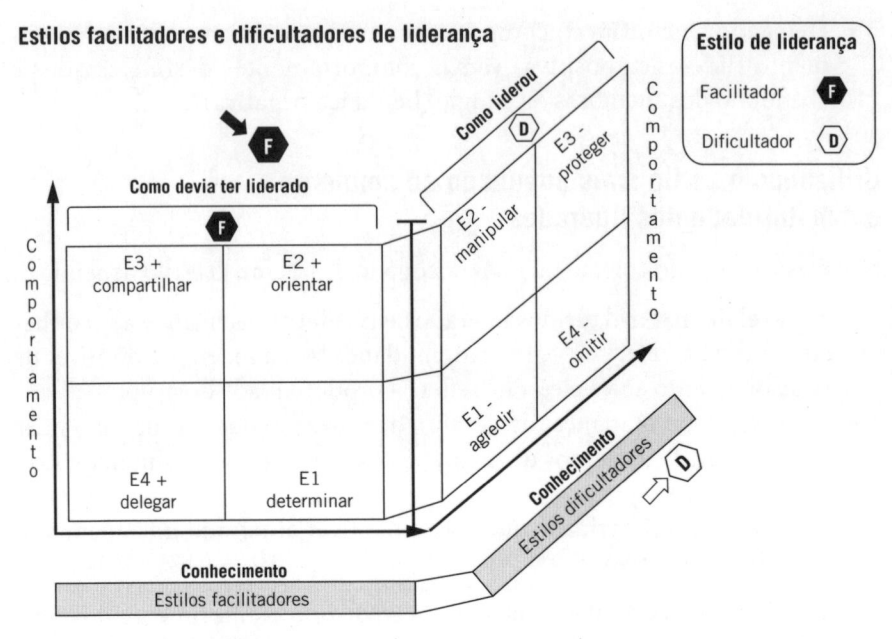

Figura 1.1 Estilos de liderança.
Fonte: Adaptação de Situational Leadership / Paul Hersey & Kenneth Blanchard (EUA).

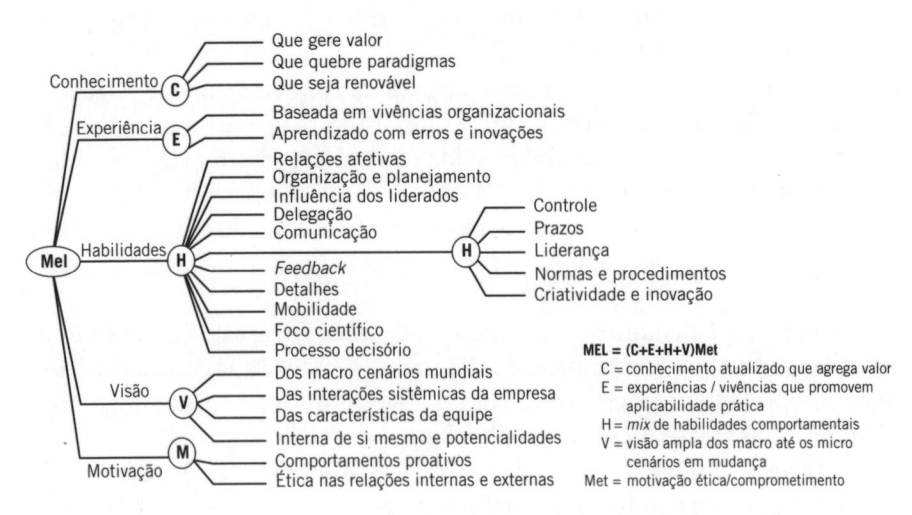

Mel

- **Conhecimento (C)**
  - Que gere valor
  - Que quebre paradigmas
  - Que seja renovável

- **Experiência (E)**
  - Baseada em vivências organizacionais
  - Aprendizado com erros e inovações

- **Habilidades (H)**
  - Relações afetivas
  - Organização e planejamento
  - Influência dos liderados
  - Delegação
  - Comunicação
  - Feedback
  - Detalhes
  - Mobilidade
  - Foco científico
  - Processo decisório

  (H)
  - Controle
  - Prazos
  - Liderança
  - Normas e procedimentos
  - Criatividade e inovação

- **Visão (V)**
  - Dos macro cenários mundiais
  - Das interações sistêmicas da empresa
  - Das características da equipe
  - Interna de si mesmo e potencialidades

- **Motivação (M)**
  - Comportamentos proativos
  - Ética nas relações internas e externas

MEL = (C+E+H+V)Met
C = conhecimento atualizado que agrega valor
E = experiências / vivências que promovem aplicabilidade prática
H = *mix* de habilidades comportamentais
V = visão ampla dos macro até os micro cenários em mudança
Met = motivação ética/comprometimento

Figura 1.2 Fatores e competências que constituem e interagem na formação da maturidade do líder.
Fonte: W&W Human Technology.

Caso 1

Tema: Quando o poder é fim e a liderança, manipulação.
Perfil da empresa: empresa multinacional europeia do ramo de serviços, distribuidora de produtos.
Personagens:
Peter, gerente regional
Derek, supervisor de vendas
Carlos, cliente 1
Milene, cliente 2
Juca, motorista de caminhão terceirizado

A situação ocorreu em uma empresa multinacional com controles rígidos, com uma estrutura de poder fragmentado e com múltiplos níveis. Peter fora nomeado gerente regional da empresa havia apenas um ano. Deveria atender a toda a malha de clientes de um dos mais prósperos estados do país. A empresa tinha por norma definir metas quantitativas e qualitativas anuais e era muito rígida nos seus controles. Peter queria subir rapidamente na estrutura de poder da empresa e estava, conforme sua própria perspectiva, diante de uma excelente oportunidade. Era natural da cidade de São Paulo, onde estudou e formou-se em administração de empresas.

Apesar de ter 37 anos de idade e ser este o seu segundo emprego, considerava-se maduro e apto para encarar os desafios e as metas propostas pela empresa, pois já tinha vivenciado uma cultura empresarial de muito trabalho e competitividade.

Peter sabia que sua ambição de subir na estrutura de poder dependeria muito da visibilidade que pudesse obter junto ao colegiado de diretores sediados no Brasil, já que a matriz europeia estava distante. A estrutura da empresa no Brasil era constituída de um gerente regional, de um pequeno grupo de apoio administrativo e de uma equipe de supervisores de vendas lotados nas principais cidades e sob os quais a gerência exerce a chamada *autoridade formal*.

Transcorria o mês de agosto, e as vendas estavam em torno de 5% aquém da meta estabelecida. Não era um percentual muito significativo, mas a empresa pressionava para que houvesse uma recuperação nos próximos 30 dias.

O verão, que estava próximo, era historicamente uma época difícil para o cumprimento de metas. Em uma manhã de terça-feira, já no final do inverno, chegou ao gerente regional a notícia de que uma partida de produtos entregues na semana anterior estava abaixo dos padrões de qualidade exigidos. Produtos nessa condição acarretariam problemas com o consumidor final.

Ao saber desse fato e considerando que a substituição do produto dificultaria ainda mais o cumprimento das metas, o gerente regional convocou uma reunião urgente com o supervisor de vendas da região onde o produto tinha sido entregue, Derek, que estava totalmente desinformado desse fato.

Ao sentarem-se frente a frente, o gerente regional deu início à conversa, seguindo o seguinte diálogo:

Peter: Caro Derek, estamos com um problema sério e necessito que você me apoie incondicionalmente. Você bem sabe a dificuldade que estamos encontrando para a recuperação das metas, e o mês de agosto é crítico.

Derek: Eu estou ciente desse desafio e tenho cobrado muito dos vendedores e parceiros da minha região. Acredito que as vendas deverão reagir com esse esforço adicional. Acabamos de entregar dois lotes grandes na semana passada, que nos dão um bom alento na retomada dos números exigidos pela empresa.

Peter: Foi bom mesmo você ter mencionado essa entrega da semana passada. A nossa reunião de hoje é para resolvermos um problema inesperado surgido com esses dois clientes.

Derek : Trata-se de dois dos melhores clientes que temos, tanto em volume de vendas como em garantia de pagamento das faturas no vencimento. Além de serem parceiros fiéis, eles mantêm conosco uma relação de amizade e...

Peter: Calma! Deixe eu lhe interromper. Não se trata disso. Ocorre que os dois pedidos entregues estão com a qualidade comprometida. Tive que adotar algumas providências urgentes para não sermos prejudicados. Você sabe muito bem que um problema dessa natureza, bem agora que estão cobrando metas, faria cair muito o nosso conceito na matriz.

Derek: Bem, dos males o menor. Vamos substituir os dois lotes e diagnosticar as causas dos problemas na qualidade do produto, já que elas são bem incomuns.

Peter: Mas você não percebe que o fato de substituir os produtos vai derrubar ainda mais as nossas metas, que já estão abaixo do desejável? Quando eu soube do fato, determinei que os dois lotes com problemas fossem adicionados a outros dois com qualidade superior. Assim, acredito que o risco de problemas com a qualidade de desempenho do produto se reduzirá ao mínimo.

Derek: E como você fez isso?

Peter: Bem, como você sabe, o transporte é realizado por empresas terceirizadas, e não foi difícil efetuar as misturas no próprio caminhão de entregas. Os motoristas simplesmente não se envolvem com a carga, apenas com o frete.

Derek: Os nossos clientes foram avisados para que se previnam no caso de surgirem problemas com os consumidores?

Peter: Claro que não, Derek! Se fosse avisá-los, eu teria que trocar o produto todo, tendo em vista que eles jamais aceitariam esse risco. Agora está feito. No caso de problemas com o consumidor final, nós vamos alegar que desconhecemos o fato, que houve contaminação ou que não foram tomados os devidos cuidados por parte deles com o manuseio do produto e assim por diante. Nesse ponto é que eu quero a sua ajuda.

	Os clientes envolvidos no problema são seus, e você tem que segurar essa barra para mim.
Derek:	Não sei se vou conseguir fazer isso. São meus clientes antigos e confiam muito em mim. Além do mais, eles não são ingênuos e têm muita experiência no negócio.
Peter:	Agora não se trata mais de melhores clientes e melhores amigos. Trata-se da nossa sobrevivência na empresa, e você tem a obrigação de me obedecer e cumprir as minhas ordens. Estamos todos no mesmo barco, e o capitão sou eu.
Derek:	Acredito que você não tenha refletido muito sobre as consequências desse procedimento. Peter, não lhe ocorreu que você poderia ter me chamado antes e me consultado sobre o problema? Com certeza teríamos conseguido uma alternativa ética e de acordo com os nossos valores e com os da empresa. Afinal, temos uma excelente relação com esses dois clientes e não seria difícil encontrarmos um meio termo. Quem sabe poderíamos até compartilhar os prejuízos.
Peter:	Agora está feito e não adianta questionamentos referentes ao que não fizemos ou deixamos de fazer. Na situação atual, eu não estou disposto a aceitar nem meio e nem nada de prejuízos. Estamos em uma guerra e, quando um vence, o outro perde. Fique atento e que essa nossa conversa não saia dessa sala.

Três dias após esse diálogo, chegou a notícia tão temida. Os dois clientes "premiados" com o produto fora de especificação e qualidade começaram a receber reclamações dos consumidores finais e chamaram o supervisor de vendas, a quem relataram o que estava ocorrendo, estranhando a baixa qualidade do produto.

Derek foi até a sala de Peter tão logo retornou de seu encontro com os clientes, a quem, muito constrangido, prometeu investigar o ocorrido. Ao entrar na sala do gerente, este, como que adivinhando o assunto, tomou a dianteira e disse:

Peter:	Derek, não venha me dizer que você não conseguiu contornar o problema da qualidade com os dois clientes. Só me faltava essa.
Derek:	Foi pior do que eu pensava, Peter. Não consegui encarar as pessoas, que, além de serem meus melhores clientes, sempre me trataram com o máximo respeito.
Peter:	Você não disse para eles que o problema é difícil de diagnosticar e que pode ter uma causa qualquer, até mesmo no depósito deles?
Derek:	Não adiantaria. Como eu já falei, eles conhecem o negócio há muitos anos e, pelo que deduzi da nossa conversa, o Carlos e a Milene já estão tentando fazer contato com o Juca para descobrir o que houve.
Peter:	Mas quem são o Carlos, a Milene e o Juca, pelo amor de Deus!
Derek:	Desculpe-me. Achei que você iria lembrar o nome de dois dos nossos maiores clientes, o Carlos e a Milene. O Juca é o motorista do caminhão que entrega os nossos produtos e que eles conhecem há muito tempo.

É só falar com ele e a verdade começará a surgir. Eu não vou contar uma versão que não corresponda aos fatos.

Peter: É essa a sua posição, mesmo sabendo dos possíveis desdobramentos futuros e que atingirá a todos? Gostaria de entender bem: afinal, de que lado você está?

Derek: Sim, essa é a minha posição final, pois não vou mentir.

No dia seguinte, o gerente convocou uma reunião com todos os supervisores para comunicar a demissão de Derek. Alegou apenas que houve desobediência às suas ordens.

Algum tempo depois, faltando apenas um mês para o encerramento daquele ano e tendo a empresa sido acionada judicialmente pelos dois clientes, Peter recebeu o mesmo tratamento da diretoria nacional, ou seja, foi demitido diante de todos os seus colaboradores e subordinados, não tanto pelas perdas na qualidade do produto, mas principalmente pela liderança autocrática e pelo comportamento manipulador e opressivo que exercia com todos.

O uso de um poder coercitivo e punitivo gerou na equipe uma relação de domínio-submissão, ou seja, um desempenho baseado em uma relação de medo e de baixíssimo comprometimento.

Procedimento adotado pela gerência regional: não permitir, sob hipótese alguma, contestar o poder autoritário e colocar prioridades pessoais acima das prioridades da empresa.

O Caso 1 pode ser utilizado para uma análise focada em três aspectos comportamentais bem claros:

1. motivações do gerente regional
2. características de utilização do poder formal/hierárquico
3. estilo de liderança utilizado pelo gerente regional

1. Motivações de Peter

Utilizando a hierarquia das necessidades de Maslow, vejamos o diagnóstico.

A Figura 1.3 demonstra a grande necessidade de autoestima como a principal motivação de Peter, justificando o seu comportamento centralizador e autoritário. Peter necessitava destacar-se perante o grupo ao qual pertencia. Havia uma busca por cargos de chefia, por crescimento na carreira, por cargos de destaque, por reconhecimento público e por comportamentos que promovessem *status* e poder.

A análise motivacional de Peter naquele momento de sua vida profissional demonstra que ele estava totalmente voltado ao crescimento rápido na

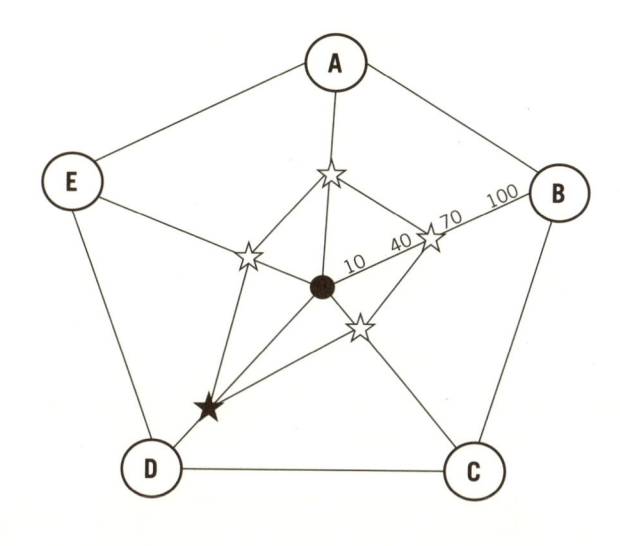

Necessidades:
A = fisiológicas
B = de segurança
C = sociais
D = de autoestima
E = de autorrealização

Figura 1.3 Gráfico motivacional do gerente regional Peter.
Fonte: W&W Human Technology.

carreira e nas estruturas de poder. Nada iria detê-lo e, ao que parece, ele estava disposto a alguns desvios éticos para alcançar seu objetivo.

O que mais reforçava o seu comportamento totalmente voltado ao poder formal era a sua própria insegurança na função que exerce (necessidade de segurança com pontuação muito elevada), ou seja, Peter era um gerente regional muito inseguro e com pouca autoconfiança. Na sua visão, somente mais poder pessoal poderia mantê-lo na empresa, proporcionando-lhe mais segurança.

2. Características de utilização do poder formal

Na busca da compreensão do estilo de liderança do gerente Peter, a ferramenta Inventário dos Estilos de Poder pode nos ajudar.

A Figura 1.4 demonstra claramente, a partir do exercício de um poder totalmente egocentrado, a necessidade de o gerente regional utilizar o poder como meio de atingir seus objetivos de crescimento na estrutura formal da empresa.

A dominância do poder egocentrado demonstra, no caso, a tendência comportamental de Peter de valorizar e desejar o poder como forma de en-

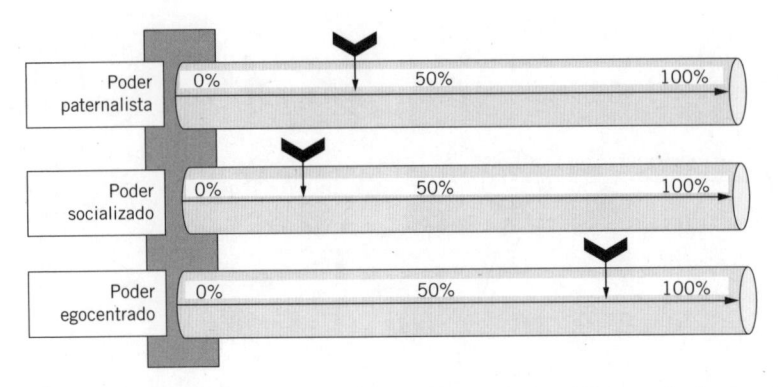

Figura 1.4 Inventário dos estilos de poder do gerente regional Peter, principal avaliado.
Fonte: W&W Human Technology.

grandecimento pessoal, fortemente calcado nos processos de controle e submissão dos demais.

Há uma necessidade compulsiva de ser o centro das atenções. Peter exerce uma atitude de predomínio constante sobre os demais, a necessidade de aprovação o caracteriza. A não aceitação desse estilo por parte dos demais tem como consequência atitudes duras e punitivas por parte do líder.

3. Estilo de liderança utilizado pelo gerente regional

A Figura 1.5 demonstra os quatro estilos eficazes de liderança (F) e os estilos distorcidos (D) que dificultam o processo de obtenção de resultados otimizados. Peter utilizava o estilo mais autoritário, enquanto deveria utilizar um estilo de maturidade elevada, mais de acordo com o conhecimento e experiência do supervisor Derek.

Pode-se inferir, portanto, que o estilo utilizado por Peter não se coadunava com a maturidade de seus liderados, que já o conheciam há um ano e dispunham dos conhecimentos técnicos e processuais para bem conduzir os trabalhos da regional.

O equívoco na utilização do estilo de liderança

O estilo de liderança utilizado pelo gerente regional choca-se duplamente com a realidade da maturidade das pessoas que ele gerencia. O primeiro e mais grave equívoco foi ele ter utilizado comportamentos caracterizados por autoritarismo e agressividade (D), totalmente desvinculado da maturidade de seus liderados e, principalmente, de seu supervisor de vendas. Essas pessoas,

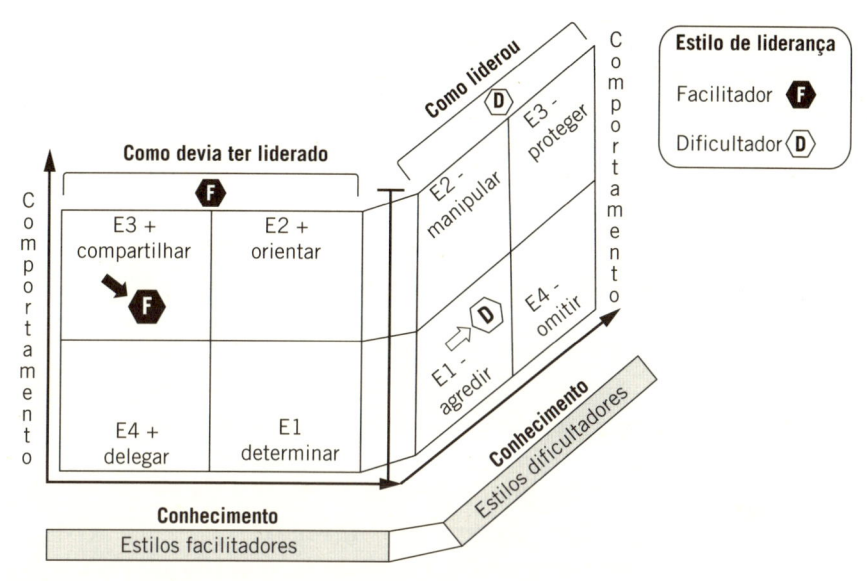

Figura 1.5 Estilos de liderança do gerente regional Peter.
Fonte: W&W Human Technology.

por dominarem o foco de seu trabalho e gozarem de bom relacionamento profissional entre si, deveriam estar sendo lideradas de uma forma mais participativa (F), a mais adequada a eles.

Esse estilo (F) gera comprometimento com o líder e motivação para o trabalho. Peter mais uma vez se deixou levar pelas suas necessidades de poder imediato e a qualquer custo. O resultado não poderia ser pior: receio de punições, baixa criatividade e baixa apresentação de sugestões, inexistência de *feedback* ao gerente, falta de espírito de equipe e preservação, por parte de cada um, da integridade de suas individualidades.

Peter deveria ter compartilhado mais com o seu grupo, reforçando, inclusive, a necessidade da colaboração com os aspectos de constantes melhorias e com os cuidados com riscos de queda no desempenho e na qualidade dos produtos.

A sua atitude personalista e egocentrada desvirtuou todo o processo acarretando um conjunto de consequências previsíveis. Os atavios do poder influenciaram significativamente a sua frágil personalidade. Ele encarava o poder da mesma forma que Adolf Hitler apregoava aos seus seguidores na Alemanha.

Afirmava Hitler: "A sua existência era uma dádiva da Providência ao povo alemão, a ser explorada apenas para resgatar a Alemanha de seu estado de debilitação e vergonha." Discursava Hitler em seu comício em 1937 "(...) vocês me encontraram entre tantos milhões. E eu encontrei vocês. Esta é a sorte da Alemanha." (Overy, 2009).

Agir de forma a tornar o grupo mais participativo e responsável faria com que o envolvimento de todos na solução do problema proporcionasse maiores condições para o surgimento de soluções criativas. O fato de ter imposto suas ideias por meio de um estilo centralizador e valores éticos questionáveis, precipitou os acontecimentos com um resultado final indesejável para todos.

Pontos para reflexão

1. Por que Peter não consultou Derek, já que os clientes se relacionavam com a empresa por meio do supervisor de vendas?
2. Por que o gerente tomou decisões apressadas, sem um mínimo de avaliação sobre as possíveis consequências disso? Quais seriam os seus motivos?
3. Por que Peter não delegou a Derek a solução do problema, já que o mesmo era mais antigo na empresa e conhecia melhor os clientes?
4. Quais eram os valores e os princípios éticos do gerente regional?
5. Quais foram os valores que fizeram o supervisor de vendas não concordar em esconder a verdade, conforme proposto por Peter?
6. Você já percebeu em sua empresa uma visão alinhada com a de Peter com relação à forma como ele conduziu a solução do problema?
7. Qual o histórico de vida profissional do gerente Peter e qual a sua visão do uso do poder, considerando a forma como ele conduziu o problema?
8. Por que Peter não confiava em Derek?
9. Por que Peter demitiu Derek, considerando os riscos de o assunto tornar-se público?
10. Por que o gerente regional foi demitido daquela forma?

Conclusão

As motivações e objetivos pessoais do gerente regional estavam acima dos objetivos da empresa e do grupo. Houve imediatismo na solução do problema, com visão de curto prazo. O diagnóstico de Peter sobre a maturidade de seus liderados foi equivocado e, consequentemente, foi utilizado um estilo de liderança incompatível.

A confiança mútua entre líder e liderados era extremamente baixa e sensível ao estilo autoritário e centralizador do gerente regional. A punição para os colaboradores com pontos de vista discordantes e valores diferentes conduziram o grupo na direção do individualismo, visando à sobrevivência de cada um no emprego.

Durante o processo, Peter, o principal líder, poderia ter assumido a responsabilidade pela articulação da visão, conferindo-lhe legitimidade. Ao compartilhar essa visão com seus colaboradores, ele a tornaria cativante e mexeria com a imaginação e a emoção de todos os liderados.

Por meio da construção dessa visão em comum, ele poderia conceder poder aos demais para tomar as decisões que levariam à execução das tarefas de forma unida e motivada. Tal visão precisaria ter-se tornado parte de uma arquitetura social nessa organização, mas Peter, inadequadamente, centralizou em si todo o poder e a competência para tomar as decisões.

Capítulo 2

O conhecimento

Conhecimento real é saber a extensão da própria ignorância.

Confúcio, sábio
China, 551 a.C-479 a.C

Desde o tempo do filósofo grego Platão, as civilizações discutem o significado do termo conhecimento. Os filósofos tentam desvendar o significado, enquanto outros *experts* discutem as diferenças entre conhecimento, informação e sabedoria.

Como cita com propriedade Jerry P. Miller em seu livro *O milênio da inteligência competitiva* (2002, p.183): "Em termos de seu relacionamento com a melhoria da vantagem competitiva, sabemos que o conhecimento não se comporta como os tradicionais recursos da terra, trabalho e capital. Utilizá-lo não é esgotá-lo".

Compartilhar o conhecimento não significa perdê-lo, mas sim gerar novos conhecimentos. Nas organizações produtivas é também o conhecimento e o uso dele que as alavanca ao sucesso e às grandes conquistas, logicamente alinhavado com outras competências sistêmicas.

Para mim, a maturidade profissional expressa-se da seguinte maneira: $MP = (C + E + H + V)\ Met.$, em que o C do conhecimento complementa o E de experiências/vivências, o H de habilidades comportamentais, o V de visão ampla (mundo, empresa, equipe, si mesmo), o M de motivação/comprometimento e o *et* de ética.

Ao longo da evolução humana, o conhecimento cresceu de forma exponencial, a ponto de passarmos, em menos de 100 anos, da era das carroças embarradas circulando pelas ruas das cidades para a era das estrelas. Estamos desenvolvendo membros e órgãos artificiais do corpo humano, clonando células e seres vivos, quase com a perspectiva de, em um futuro próximo, sermos imortais. O conhecimento é um tesouro imenso, porém transferível e virtual. Nunca se soube de alguém que tivesse transferido o que sabe e tivesse perdido esse conhecimento. Pelo contrário.

A filosofia e os propósitos de Peter Senge ao desenvolver e propor a quinta disciplina, entre elas o aprendizado organizacional continuado, já antevia a necessidade de uns apreenderem com os outros o tempo todo.

O desafio maior para líderes e liderados é interagir com o extraordinário volume de conhecimento que se amontoa e se reproduz como uma pandemia incontrolável em todos os ambientes humanos, sejam eles científicos ou não.

A par desse desafio de depuração do volume de conhecimentos visando viabilizar a relação tempo × necessidade de aprendizado/atualização, devemos todos desenvolver uma complexa e difícil missão: substituir os conhecimentos que já deram resultado, mesmo em um passado recentíssimo, por novos conhecimentos que, muitas vezes, sequer foram devidamente testados.

Quando o conhecimento tinha maturação e sobrevida mais longas – 15, 20, 30 anos –, essa quebra paradigmática ocorria de forma gradual e, assim, era aceita com mais facilidade. Hoje não só o volume de informações é maior; também são maiores a velocidade do novo, a competitividade entre países, empresas e pessoas e, em consequência, o ritmo do sucateamento intelectual.

No passado recente, o conhecimento novo era recebido de braços abertos porque havia uma premissa fundamental: a de que ele era necessário porque da maneira como as coisas estavam sendo feitas até então não se obtinha mais os resultados esperados. Hoje o conhecimentos novo assusta porque não há tempo hábil para compreendê-lo com clareza, pois sua vida útil é muito fugaz e, principalmente, porque a competitividade exige mudanças, mesmo quando o conhecimento atual ainda proporciona bons resultados.

Quando a concorrência obtém resultados melhores que os nossos, o nosso bom desempenho pode ser pouco, ou seja, novos e diferenciados paradigmas escorados em novos conhecimentos deverão ser adotados por nós. Por meio de educação continuada, universidades corporativas, ensino a distância, MBAs, treinamento e desenvolvimento massificado e por tantas outras formas, eficazes ou não, as pessoas procuram, freneticamente, atender a essa aquecida e constante demanda pelo conhecimento.

Essa procura desenfreada pela salvação de empregos e oportunidades nas empresas proporcionou, pelo descontrole governamental nos credenciamentos sem critérios qualitativos, uma série de desvios nos processos de aquisição dessa rara e valorizada mercadoria. O conhecimento transformou-se no produto de maior valor agregado no mercado. Alunos tornaram-se clientes, universidades adotaram propaganda massiva, MBAs de fim de semana surgiram, e cursos de mestrado, doutorado e pós-doutorado passaram a ser oferecidos como produtos de varejo.

É o mercado do conhecimento, representado por muitas entidades de ensino sérias e competentes, competindo com o surgimento de outras instituições oportunistas, que nada têm para oferecer e que fazem desaparecer a ilusão daqueles menos atentos à baixa qualidade do ensino/aprendizagem.

O Caso 2, a seguir, trata dos aspectos do conhecimento útil, aplicável, meritório e, quem sabe, de uma oportunidade da empresa dispor de mais um agente de mudança. O desvio comportamental fica por conta dos líderes da empresa que tiveram a incumbência de lidar com um conhecimento reconhecidamente superior aos seus. Suas atitudes, discernimento e fantasmas, bem como a resultante da forma como agiram, ilustram, de forma cabal, o quão ameaçador pode ser o conhecimento e quanto dano à empresa isso pode representar.

Como afirma Tom Peters (1998, 2004):

> Fingimos apoiar mais do que realmente apoiamos o 'poder pessoal' dos outros, mesmo porque ainda nos agarramos à tendência de toda uma vida de contratar e cultivar funcionários 'obedientes'. Dizemos que levamos talentos a sério ao mesmo tempo em que falhamos em transformar nossas organizações de tal forma que elas sejam verdadeiramente atraentes para os talentosos.

Eu acrescentaria que falhamos em transformar não só as organizações, mas também a nós mesmos.

Conclui Tom Peters (1994, 2004):

> Precisamos compreender que, numa era em que o valor agregado flui da criatividade, um *pool* de talentos singular, energético e (sim) desobediente passa a ser a base principal da vantagem competitiva (...) talvez a única base da vantagem competitiva.

Também aí eu complementaria o pensamento de Tom Peters, assinalando que o valor agregado hoje flui também do conhecimento e da participação efetiva.

Caso 2

Tema: Quando o conhecimento incomoda.
Perfil da empresa: empresa privada de grande porte do ramo industrial.
Personagens:
Jorge, diretor de engenharia
Paulo, gerente de engenharia
Richard, engenheiro candidato a uma vaga na área de engenharia de produto

Este caso envolve uma tradicional e conceituada indústria familiar com mais de 2 mil empregados, com atuação no cenário nacional e vendas no mercado internacional. Sua estrutura de poder contemplava cinco níveis hierárquicos. Tratava-se de uma empresa privada, com mando familiar, estruturada de forma fragmentada e pouco sistêmica, em início de intensivo processo de mudança.

O diretor de engenharia, Jorge, era um homem de 47 anos, nascido ainda no período de alta inflação no país. Filho único de ex-militar formado na Escola de Engenharia da Universidade de São Paulo (USP), descendente em terceira geração de alemães que chegaram ao Brasil na década de 1860, Jorge, assim como o pai, tinha se formado também em engenharia, com muito esforço e dificuldade intelectual. Jorge já estava formado há 15 anos.

Diferentemente de seu pai, colou grau em uma universidade pequena e sem renome, no interior do Paraná. Era um homem taciturno e de poucas palavras, direto e com pouca paciência para escutar. De compleição pequena e com o rosto permanentemente contraído, via no trabalho somente uma forma de realização pessoal. Ainda adolescente começou a trabalhar como aprendiz de torneiro mecânico em uma fábrica de metalurgia num povoado do interior, onde conviveu com as dificuldades econômicas da época e com um regime gerencial calcado no poder autoritário e centralizador.

Sua experiência no campo profissional foi conviver com um ambiente de trabalho pouco sociável, com baixa politização comunitária e, de certa forma, com um isolamento forçado pelas características pessoais e da comunidade, tendo apenas como atividade social participar, eventualmente, do time de futebol amador da empresa.

Jorge não era um homem feliz. Sonhava apenas em crescer na estrutura organizacional da empresa para, sempre que possível, imitar o estilo centralizador e unilateral utilizado pela empresa e que, de certa forma, se coadunava com a educação rígida recebida na sua infância.

Quando essa metalúrgica em que Jorge trabalhava foi adquirida por outro grupo familiar com a mesma cultura centralizadora e fundamentada na desconfiança e em controles rígidos, Jorge conseguiu fazer carreira na estrutura formal, passando de supervisor de fábrica para gerente e, um tempo depois, já com 45 anos, para diretor de engenharia de produto.

Comenta-se que os dois fatores preponderantes para a sua promoção foram sua formação em engenharia e a sua forma de agir, alinhada com a cultura organizacional (centralização + trabalho + obediência).

Quando exercia a gerência da área de engenharia, conheceu Paulo, engenheiro de produção formado em uma universidade do Sul do Brasil. A afinidade foi imediata, até porque Paulo tinha uma dificuldade enorme em assumir as responsabilidades e decisões que lhe eram exigidas pelo cargo que exercia, preferindo sempre consultar e submeter-se ao seu superior – no caso, Jorge.

Após uma acurada análise interna, Paulo, que havia assumido o cargo de gerente de engenharia, avaliou e decidiu, em conjunto com o diretor, Jorge, que seria necessária a contratação de mais um engenheiro que viesse agregar *know-how* e *performance* à área de engenharia. O novo profissional deveria ter experiência e formação em engenharia eletrônica compatível com o nível de desenvolvimento de um novo produto que estava em fase de *design*. Estabelecida a demanda junto ao departamento de recursos humanos, este foi a campo, visando a recrutar um mínimo de 20 candidatos com o perfil desejado.

Decorridas algumas semanas e utilizados os tradicionais procedimentos para a seleção de profissionais qualificados, e após entrevistas e testes de conhecimento e psicológicos, a meta quantitativa foi atingida. Restaram cinco candidatos que estavam muito próximo do solicitado pela área de engenharia. O gerente de RH agendou com seus clientes internos (Jorge e Paulo, diretor e gerente de engenharia) as entrevistas pessoais e finais para que fosse escolhido o profissional mais adequado.

Realizadas as entrevistas, Jorge tomou para si a decisão de informar aos cinco candidatos qual seria o selecionado e, consequentemente, quais seriam os quatro preteridos, bem como as respectivas razões para isso. Paulo não demonstrou interesse em participar do processo final de seleção, pois sabia que Jorge tinha critérios muito pessoais para encaminhar todos os procedimentos da área.

Na opinião de Jorge, tudo seria feito de acordo com as transparentes e normatizadas políticas de recursos humanos da empresa. Paulo sequer foi convidado para participar do momento do anúncio do profissional escolhido.

Para um dos quatro engenheiros não selecionados, Richard, foi dito que seu não aproveitamento era explicado pelo seu currículo (formação, atualizações e especialização). Isso tendo sido dito pelo diretor de engenharia, estabeleceu-se o seguinte diálogo entre Jorge e Richard:

Jorge: É por isso, pelos problemas detectados em seu currículo, que a empresa não irá contratá-lo, apesar de você ser um dos candidatos que está mais próximo do que procuramos.

Richard: Caro diretor, eu sei que a minha formação ainda é muito genérica e carece de uma atualização mais profunda. De qualquer maneira, como o senhor pode observar, eu estou concluindo o meu curso de especialização e já estou me inscrevendo no curso de mestrado exatamente na área que a empresa necessita. Procuro sempre proceder assim, visando a adequar cada vez mais o meu currículo às exigências da área de engenharia e do mercado.

Jorge: Mas esse é o ponto: eu não posso contratar um profissional de engenharia com tal nível de formação e atualização profissional, se o meu gerente de engenharia e eu mesmo não temos essa base conceitual e científica que você possui e que está prestes a aprimorar. Com certeza isso se constituiria em um problema interno difícil de administrar. A nossa empresa tem uma cultura muito arraigada no fato de que os níveis de comando tenham que possuir, obrigatoriamente, um *background* de conhecimentos em engenharia mais avançado do que o pessoal da área técnica. Não ficaria bem rompermos com essa cultura no momento em que se anunciam grandes mudanças no mercado em que atuamos. Veja, o seu Ferreira foi o fundador da empresa há quase 50 anos e tinha somente o ensino fundamental. Ele construiu essa potência de empresa baseando-se apenas no seu espírito empreendedor e na coragem. Não estou afirmando que o conhecimento não é importante, mas o tempo de "casa" é muito mais. Não me parece correto contratarmos pessoas com conhecimentos e formação muito além do que necessitamos. Seria um princípio de avanço à tecnocracia que eu não gostaria de patrocinar. De qualquer forma, a empresa agradece muito o seu interesse em trabalhar conosco. Quem sabe no futuro surja uma nova oportunidade?

Mudanças na cultura empresarial

Uma das questões que pretendo abordar com o estudo do Caso 2 está no campo das habilidades e competências para o exercício da liderança eficaz. Para tanto, foram contemplados os 15 fatores comportamentais mais identificados com um desempenho desejável. Como se pode perceber no relato, a cultura consolidada na empresa não permite contratar qualquer pessoa que disponha de conhecimento técnico maior que o dos atuais ocupantes da estrutura formal de poder.

Por certo, a observância dos 15 fatores que serão analisados a seguir evitaria não só o constrangimento detectado no relato, mas também a consolidação de uma cultura organizacional maculada pelo autoritarismo e pelo jogo do poder.

Perfil de líder eficaz desejável para o diretor de engenharia

Visando a aprimorar os modernos conceitos de empresa aprendiz e que cresce com a competência de seus colaboradores, independentemente da posição relativa dos mesmos na estrutura formal, é proposto um perfil pessoal para o líder (diretor) de engenharia a fim de que este não tolha, mas sim incentive processos de aprendizagem continuada, principalmente se for ele o principal foco desse crescimento profissional.

A Figura 2.1 demonstra o perfil de habilidades desejado para um diretor de engenharia, considerando as suas atribuições e o cenário em que ocorrem as ações de liderança – agrupadas como essenciais, muito importantes e importantes – e considerando o grau de intensidade de cada uma das habilidades – divididas em conjuntos de alta (A), baixa (B) e média (M).

Descrição do perfil desejado para o diretor de engenharia

Estando o diretor de engenharia de uma empresa de grande porte em um nível de comando estratégico, pressupõe-se que tenha desenvolvido ao longo de sua trajetória de gestor/líder um conjunto de habilidades sistêmicas que complementem o seu conhecimento técnico. Essas habilidades e competências comportamentais se configuram de acordo com o demonstrativo fragmentado exposto na Figura 2.1, em que há um conjunto de 15 fatores-chave, sendo cinco essenciais, cinco muito importantes e cinco importantes, distribuídos em con-

Habilidades exigidas para um diretor de engenharia: maturidade para o exercício eficaz da liderança – Mel

Legendas (I):
LID – Liderança
COM – Comunicação
DEL – Delegação
OPL – Organização e planejamento
INL – Influência dos liderados

Legendas (II):
ERF – Receber *feedback*
VPD – Processo decisório
CPR – Cumprimento de prazos
MFI – Mobilidade física
FDE – Foco em detalhes

Legendas (III):
CPP – Controle de processos
FCR – Foco científico
RAF – Relações afetivas
FNR – Normas e regulamentos
CRI – Criatividade e inovação

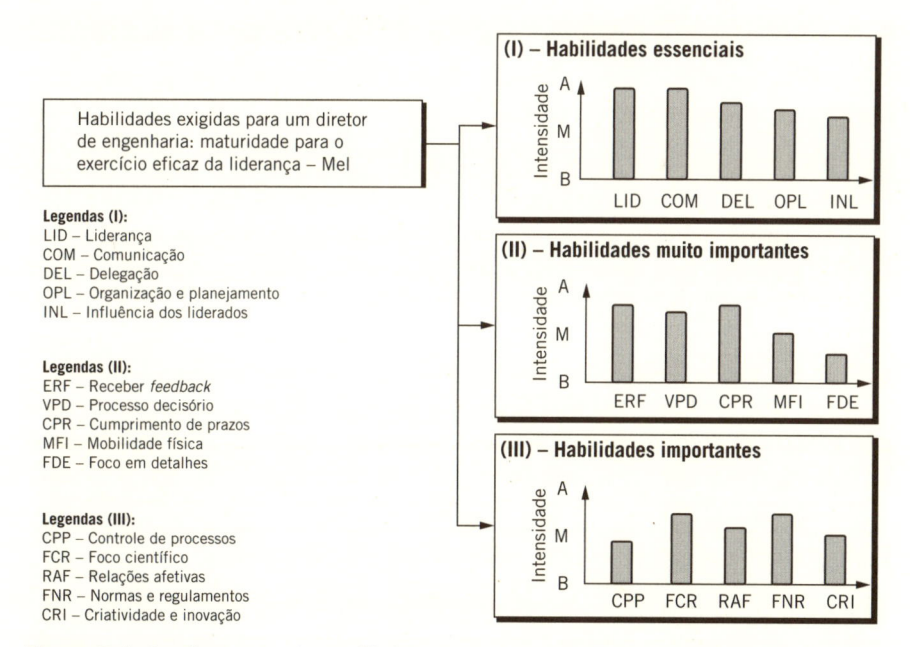

(I) – Habilidades essenciais: LID, COM, DEL, OPL, INL

(II) – Habilidades muito importantes: ERF, VPD, CPR, MFI, FDE

(III) – Habilidades importantes: CPP, FCR, RAF, FNR, CRI

Figura 2.1 Configuração de perfil desejável de habilidades e competências para o diretor de engenharia.

Fonte: W&W Human Technology.

juntos harmônicos relacionados com o cargo de Jorge, diretor de engenharia. Uma maneira mais estruturada e ordenada de enxergar esse conjunto de competências é por meio da fórmula estruturada na Figura 2.2, comentada a seguir.

A Figura 2.2 consolida todas as habilidades do perfil desejado do diretor de engenharia em relação à intensidade com que o líder deve utilizá-las para obter sucesso com seus liderados.

O perfil do diretor de engenharia deveria contemplar um *mix* de competências e habilidades com intensidades diferenciadas, em função de suas atribuições técnicas e, principalmente, relacionais. Assim, liderança, comunicação, cumprimento de prazos e mobilidade física deveriam ser de intensa competência comportamental. Com intensidade média-alta, deveriam estar contempladas no comportamento de Jorge as habilidades de delegação, organização e planejamento, processo decisório, receptividade a *feedback*, relacionamento humano e afetivo, bem como a preocupação com o cumprimento das normas e dos regulamentos. Já com intensidade média-baixa e considerando as características do cargo, o diretor de engenharia deveria promover o controle dos processos/atividades delegadas, envolver-se tecnicamente com seus liderados, promover pessoalmente atividades de criatividade e inovação e promover o foco em detalhes, pois seu principal papel situa-se mais no nível estratégico da organização.

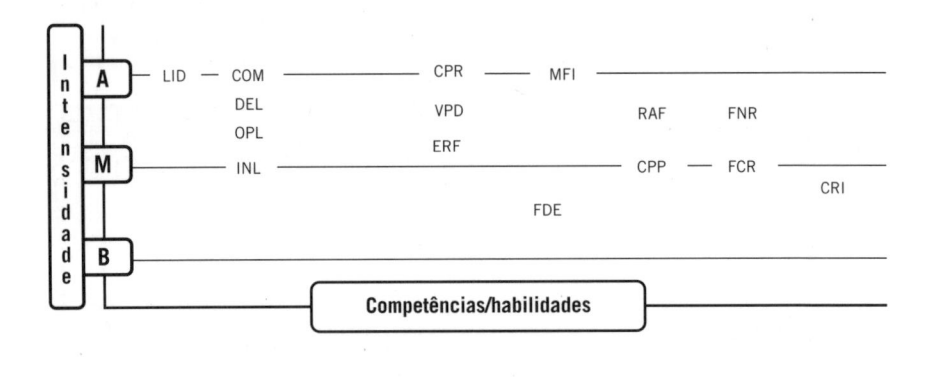

Figura 2.2 Perfil desejado para o cargo de diretor de engenharia.

Fonte: W&W Human Technology.

Legendas

A – Alta
M – Média
B – Baixa

LID – Liderança
COM – Comunicação
DEL – Delegação
OPL – Organização e planejamento
INL – Influência dos liderados

ERF – Receber *feedback*
VPD – Processo decisório
CPR – Cumprimento de prazos
MFI – Mobilidade física
FDE – Foco em detalhes

CPP – Controle de processos
FCR – Foco científico
RAF – Relações afetivas
FNR – Normas e regulamentos
CRI – Criatividade e inovação

A Figura 2.3 demonstra, pelo critério de habilidades essenciais, muito importantes e importantes, o perfil atual do diretor de engenharia, bem como a intensidade com que o mesmo as utiliza (alta, média ou baixa).

Descrição do perfil atual do diretor de engenharia

Diferentemente do perfil desejado, apesar de algumas convergências, podemos observar que a harmonia necessária entre as habilidades e a intensidade das mesmas não existe no caso do diretor de engenharia do Caso 2, Jorge, pois, com relação às habilidades e competências essenciais, Jorge tem o seu impacto de liderança (LID) abaixo da intensidade desejada.

Trata-se, em princípio, de um líder com baixa autoconfiança, sustentando sua autoridade mais como diretor do que como líder. O poder formal é mais utilizado por ele do que o poder pessoal, caracterizando um estilo autocrático e egocentrado (veja o inventário de poder mais adiante).

Além desta característica pessoal, outros aspectos que contribuem para dificultar seu papel de verdadeiro líder são suas dificuldades em comunicação e relacionamento interpessoal (COM). O fato de a delegação (DEL) ter pontuação muito baixa caracteriza-o como uma pessoa centralizadora e com

Legendas (I):
LID – Liderança
COM – Comunicação
DEL – Delegação
OPL – Organização e planejamento
INL – Influência dos liderados

Legendas (II):
ERF – Receber *feedback*
VPD – Processo decisório
CPR – Cumprimento de prazos
MFI – Mobilidade física
FDE – Foco em detalhes

Legendas (III):
CPP – Controle de processos
FCR – Foco científico
RAF – Relações afetivas
FNR – Normas e regulamentos
CRI – Criatividade e inovação

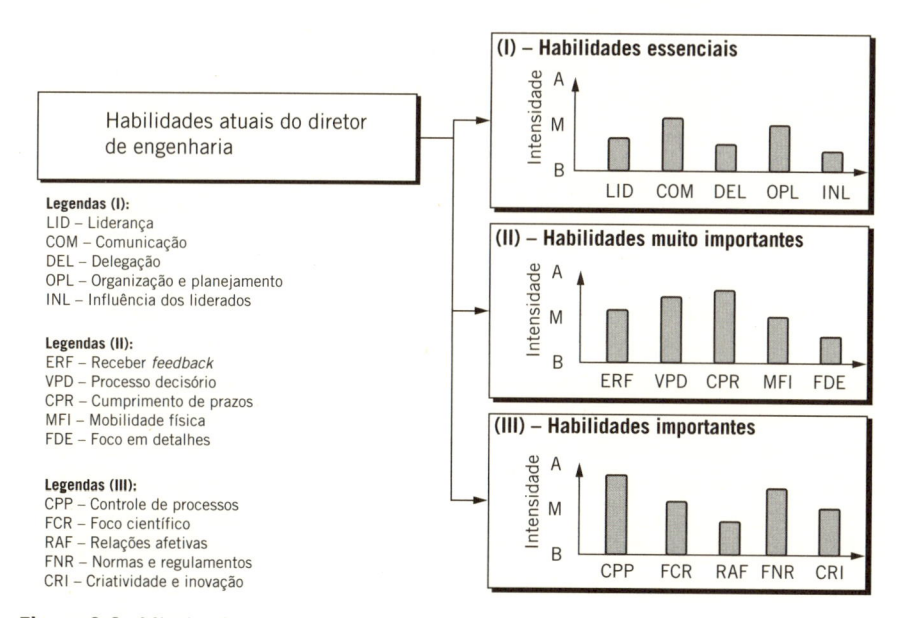

Figura 2.3 *Mix* das habilidades do perfil atual do diretor de engenharia.
Fonte: W&W Human Technology.

pouca tendência à delegação. Quanto a organização e planejamento (OPL), ele é relativamente organizado e planejador (até por ser esta uma característica bastante valorizada pela área de engenharia), e a influência dos liderados (INL) complementa um perfil de habilidades essenciais de alguém que se deixa influenciar muito pouco pelos seus colaboradores.

Com relação às habilidades e competências muito importantes, Jorge não é muito propenso e oferece pouca abertura para receber *feedback* negativo/crítico dos demais membros de sua equipe, invariavelmente reagindo de forma desconfortável e até agressiva. Possui uma velocidade no processo decisório (VPD) de acordo com as características de suas responsabilidades, ou seja, tem uma característica de adotar processos decisórios com bastante rapidez.

Da mesma forma ágil é o seu cumprimento dos prazos estabelecidos (CPR). Já a mobilidade física (MFI) do diretor de engenharia é coerente com as ações de planejamento (baixa mobilidade física) e com a implantação (alta mobilidade física) das atividades e projetos sob sua responsabilidade. Finalmente, no campo das habilidades muito importantes, seu foco em detalhes (FDE) está um pouco elevado para a função estratégica que exerce como diretor.

Analisando as cinco habilidades importantes que complementam o perfil atual de Jorge, podemos constatar que se trata de uma pessoa com elevado controle de pessoas e de processos (CPP), validando ainda mais seu perfil centralizador e de baixa confiabilidade nos seus colaboradores, o que, por certo, lhe traz muitas dificuldades para envolver, motivar e comprometer os seus liderados com os objetivos da empresa.

O foco acadêmico e científico (FCR) que promove nas relações de trabalho estão coerentes com os conhecimentos e responsabilidades técnicas da área de engenharia que dirige. A mesma coerência entre os fatores e o estilo de Jorge nós encontramos quando o relacionamos com a habilidade de valorizar normas e regulamentos (FNR) e com a de promover abertura e valorização da criatividade (CRI).

A primeira está relacionada com normas técnicas e regulamentos relacionados com os processos produtivos que devem, em princípio, ter aderência a certos padrões e conceitos. Quanto à segunda habilidade, que trata da criatividade e inovação, entende-se que o equilíbrio entre os padrões técnicos e a possibilidade de inovar está adequado à função que Jorge exerce atualmente.

No tocante à intensidade das relações afetivas com pessoas e grupos (RAF), verifica-se, mais uma vez, uma dificuldade palpável em termos de relacionamentos interpessoais. Não há uma intensidade nem facilidades que favoreçam o seu relacionamento interpessoal com seus liderados e pares, pois Jorge atribui um peso muito grande às questões técnicas em detrimento das comportamentais.

Capítulo 2 O conhecimento **37**

Perfil atual do diretor de engenharia
Perfil desejado do diretor de engenharia
GAPS

Legendas (I):
LID – Liderança
COM – Comunicação
DEL – Delegação
OPL – Organização e planejamento
INL – Influência dos Liderados

Legendas (II):
ERF – Receber *feedback*
VPD – Processo decisório
CPR – Cumprimento de prazos
MFI – Mobilidade física
FDE – Foco em detalhes

Legendas (III):
CPP – Controle de processos
FCR – Foco científico
RAF – Relações afetivas
FNR – Normas e regulamentos
CRI – Criatividade inovação

(I) – Habilidades essenciais
LID COM DEL OPL INL

(II) – Habilidades muito importantes
ERF VPD CPR MFI FDE

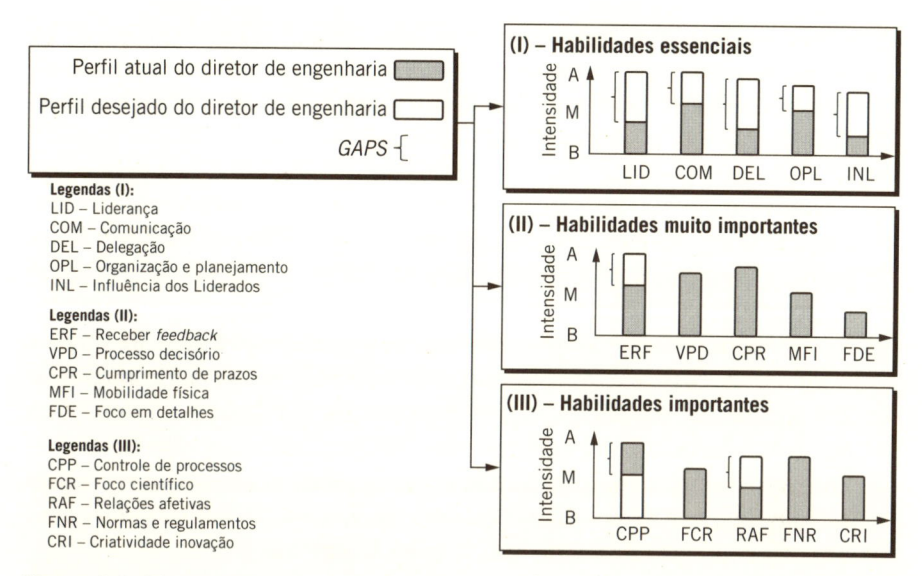

(III) – Habilidades importantes
CPP FCR RAF FNR CRI

Figura 2.4 Discrepâncias entre o perfil atual e o perfil desejado do diretor de engenharia.
Fonte: W&W Human Technology.

Esse *mix* de habilidades do diretor de engenharia, demonstrado na sua forma de agir e pensar, representa o principal motivo dos desdobramentos do Caso 2.

A Figura 2.4 demonstra as discrepâncias (*gaps*) entre o perfil desejado para o diretor de engenharia e o seu perfil atual de habilidades, ressaltando as diferenças.

Descrição dos *gaps* prejudiciais ao exercício de uma liderança eficaz

Da análise das diferenças entre o perfil desejado e o perfil atual (*gaps*), pode-se inferir em relação às habilidades essenciais de Jorge:

> **Liderança (LID):** Jorge deve desenvolver sua capacidade de diagnosticar a maturidade de seus liderados antes de adotar as atitudes centralizadoras e de alto foco no direcionamento não compartilhado, o que tem sido a sua característica principal. O seu relacionamento profissional com o gerente de engenharia, Paulo, em que há uma dependência deste em relação

a sua opinião e aprovação, está gerando um processo de "conforto e não de responsabilidade" do gerente. Esse processo continuado irá gerar uma relação não sadia, pois impedirá o crescimento de Paulo e da sua capacidade de assumir responsabilidades no futuro.

Comunicação (COM): apesar de ter alguma habilidade neste quesito, ainda falta um melhor aprimoramento para que o diretor de engenharia possa se comunicar melhor com seus liderados. Não podemos esquecer que o processo de comunicação interpessoal possui duas vias: facilidade em expor suas ideias de forma transparente e capacidade de ouvir e compreender os aspectos contraditórios, inovadores e, principalmente, os não aderentes à sua perspectiva de direcionamento dos processos sob sua égide. O líder não pode imaginar que sua interação com seus liderados, por meio da sua habilidade de comunicação, ocorra sempre com eficácia e objetividade. Esta condição pode ser apenas um pressuposto de quem informa e não, necessariamente, de quem é informado.

Delegação (DEL): o diretor Jorge não tem o hábito de delegar nem o de confiar no seu grupo de colaboradores. Por algum motivo, ou por vários, ele não delega tarefas nem processos relacionados com a sua competência. Isso pode ser um resquício de comportamentos mais centralizados e técnicos que adotava quando ainda era engenheiro de produto, os quais emolduraram o seu modelo mental voltado ao perfeccionismo e aos elevados padrões de qualidade exigidos nas atividades científicas que realizava como engenheiro. Pode ser também que o modelo centralizador e não compartilhado seja um reflexo contundente do fato de não ter preparado e desenvolvido sua equipe para assumir tais responsabilidades. Essa centralização de Jorge reforçará o difícil processo de crescimento de seu grupo e dos aspectos motivacionais envolvidos, pois a não delegação também está relacionada com falta de confiança na equipe e, em alguns casos, com o receio de que o crescimento de seus pares possa representar alguma ameaça à segurança de sua posição na hierarquia organizacional.

Organização e planejamento (OPL): Jorge falha também pelo fato de não ser um planejador no nível exigido pela sua posição de diretor de engenharia. O seu centralismo não tem permitido a participação dos demais nos processos de direcionamento e compartilhamento na formatação da visão da empresa para a área de engenharia (macro-objetivos e metas). Esse fato não promove a transparência necessária sobre o rumo a seguir, bem como a visão dos papéis e responsabilidades de cada um. Isso, mais uma vez, dificulta o crescimento do grupo e o devido comprometimento de todos com os resultados almejados.

Influência dos liderados (INL): Jorge não tem proporcionado o espaço necessário nem a intensidade desejável para que os seus liderados possam influenciar, sugerir ou interferir junto a ele quanto aos aspectos (rumos, projetos, mudanças) relacionados à área deles, pois, neste caso, fica clara a fantasia de Jorge de que sua posição está ameaçada pelos demais membros de sua equipe. Os liderados não são remunerados para fugir às normas definidas pela empresa e por ele. Ocorre que o conhecimento técnico e os processos inerentes sempre fluem da diretoria de engenharia, ou seja, dele. Quanto menos intensa for a influência exercida pelos liderados sobre Jorge, menor será a contribuição e o comprometimento que ele irá obter.

Fatores intelectuais

Da análise dos *gaps*, pode-se inferir em relação às habilidades muito importantes e às importantes:

Receber *feedback* (ERF): Jorge não tem como característica comportamental a aceitação e o hábito de dar e, principalmente, de receber *feedback* crítico e negativo de seus liderados, pela série de razões anteriormente já expostas. Ser centralizador, delegar pouco e confiar pouco em seus colaboradores remete à construção de um perfil fechado e com pouca abertura para enfrentar contraditórios, principalmente com relação às suas ideias, propostas e desempenho.

Controle de processos (CPP): extremamente controlador dos comportamentos e atitudes humanas, como também dos diversos processos que compõem a missão da área de engenharia, Jorge não abre mão de estabelecer uma política de "rédeas curtas" com todos os seus colaboradores. Também se caracteriza como um gestor muito pouco afeto a conceder qualquer nível de poder via delegação. Avoca a si mesmo o papel de "auditor", o que acaba afastando ainda mais as pessoas do seu convívio pessoal e da vontade de contribuir com novas ideias e sugestões. Explica-se, assim, por que o gerente de engenharia, Paulo, concordou que o processo final de contratação de um novo engenheiro fosse realizado diretamente por Jorge.

Relações afetivas (RAF): para o diretor de engenharia, o conceito de profissionalismo é focar apenas nas atividades técnicas da tarefa. Processos, padrões, controles, metas, parâmetros, insumos e tudo o que se relacionar com o conjunto material da atividade têm alta valorização. Participação, transparência, motivação, escuta, compartilhamento e busca de sinergia humana não fazem parte de seu dicionário pessoal. Jorge confunde o fator humano como diferencial para a competitividade com permissividade e descontrole. Seu histórico familiar, complementado pela sua trajetória profissional e formação eminentemente técnica, não favorecem uma visão mais abrangente, harmônica e complementar que deve haver entre as atividades técnicas e as de relacionamento interpessoal – exatamente duas das principais colunas que sustentam o conceito da liderança eficaz.

A Figura 2.5 representa as preferências do diretor de engenharia na utilização do poder formal (hierarquia). A partir das combinações de competências e habilidades diagnosticadas em seu perfil de líder, pode-se concluir que Jorge se caracteriza por um estilo de poder pouco relacionado com a liderança eficaz. O gráfico demonstra claramente a sua dominância com-

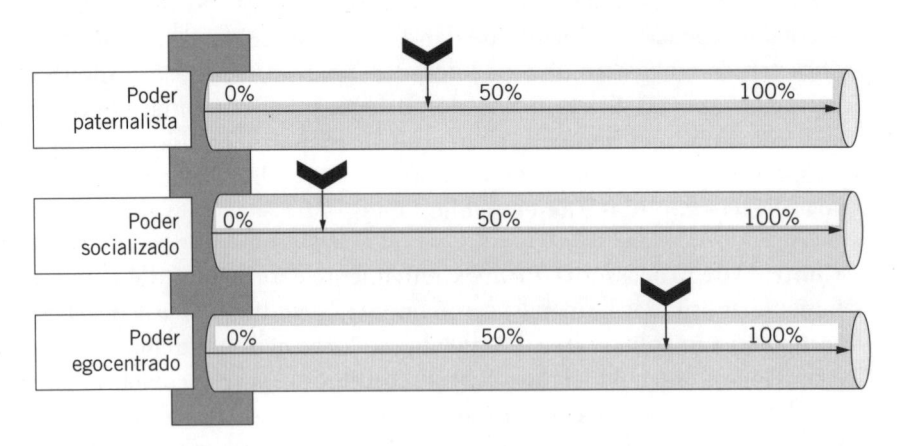

Figura 2.5 Diagnóstico do estilo de poder formal utilizado pelo diretor de engenharia nas relações com seus subordinados/liderados.
Fonte: W&W Human Technology.

portamental egocentrada e paternalista na condução dos profissionais que compõem a sua equipe.

Jorge tem uma tendência comportamental de valorizar e desejar o poder como forma de engrandecimento pessoal, fortemente calcada no controle e submissão dos demais. Há uma necessidade de ser o centro das atenções, tendo sempre em si a primeira e última instância decisória. Predomínio constante sobre os demais, dominação e sinais de aprovação pública caracterizam este tipo de poder. Resquícios de atitudes paternalistas, tanto protetoras como punitivas, também fazem parte da sua forma de agir, porém com menor intensidade. A única forma de reverter a situação a favor de um diretor que almeja, além do poder formal, o poder pessoal é rever todos os *gaps* detectados no seu diagnóstico comportamental, desenvolvendo processos que elevem tanto a sua maturidade quanto a de seus liderados.

Descrição do perfil desejado para o gerente de engenharia

Visando a aprimorar os modernos conceitos de empresa moderna e que cresce com a competência de seus colaboradores, independentemente da posição relativa dos mesmos na estrutura formal, é proposto um perfil pessoal para o líder (gerente) de engenharia. Tal perfil não dificulta, mas incentiva todas as atividades de aprendizado continuado, principalmente quando ele (o gerente de engenharia) se inclui nesse processo de crescimento profissional.

A Figura 2.6 demonstra o perfil desejado no campo das habilidades de liderança para um gerente de engenharia em uma organização com as características da de Paulo. São definidas as habilidades essenciais, as muito importantes e as importantes, bem como seu grau de intensidade (alta, média e baixa).

Estando o gerente de engenharia de uma empresa de grande porte em um nível de comando estratégico, pressupõe-se que tenha desenvolvido, ao longo de sua trajetória de gestor/líder, um conjunto de habilidades sistêmicas que complementem o seu conhecimento técnico. Essas habilidades e competências comportamentais se configuram de acordo com o demonstrativo fragmentado exposto na Figura 2.1, em que há um conjunto de 15 fatores-chave, sendo cinco essenciais, cinco muito importantes e cinco importantes, distribuídos em conjuntos harmônicos relacionados com o cargo de Jorge, diretor de engenharia. Uma maneira mais estruturada e ordenada de enxergar esse conjunto de competências é por meio da fórmula estruturada na Figura 2.7, comentada a seguir.

Habilidades exigidas para um gerente de engenharia: maturidade para o exercício eficaz da liderança – Mel

Legendas (I):
LID – Liderança
COM – Comunicação
DEL – Delegação
OPL – Organização e planejamento
INL – Influência dos liderados

Legendas (II):
ERF – Receber *feedback*
VPD – Processo decisório
CPR – Cumprimento de prazos
MFI – Mobilidade física
FDE – Foco em detalhes

Legendas (III):
CPP – Controle de processos
FCR – Foco científico
RAF – Relações afetivas
FNR – Normas e regulamentos
CRI – Criatividade e inovação

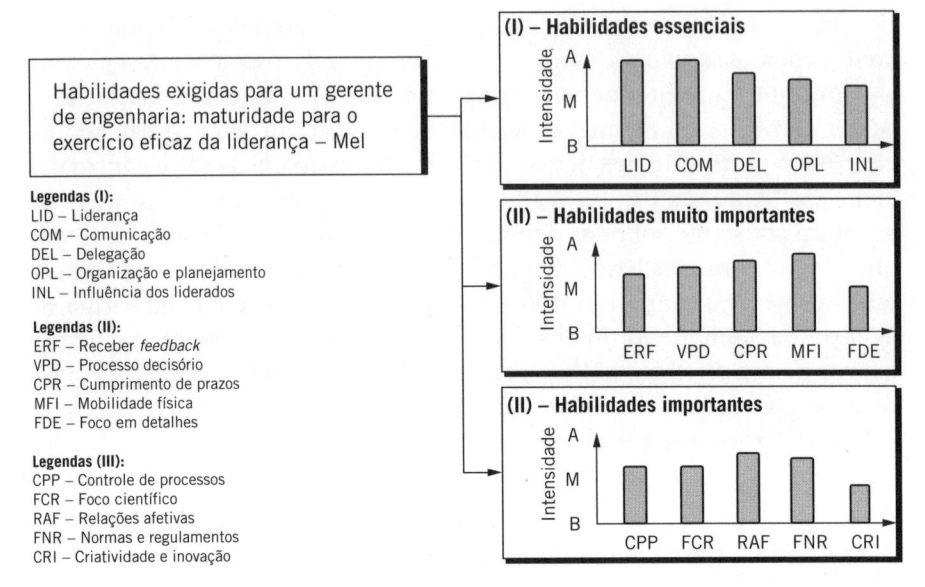

(I) – Habilidades essenciais: LID, COM, DEL, OPL, INL

(II) – Habilidades muito importantes: ERF, VPD, CPR, MFI, FDE

(II) – Habilidades importantes: CPP, FCR, RAF, FNR, CRI

Figura 2.6 Configuração do perfil de habilidades e competências para o gerente de engenharia.
Fonte: W&W Human Technology.

A Figura 2.7 consolida todas as habilidades do perfil desejado do diretor de engenharia sob o quesito de intensidade que ele deve utilizá-las para obter sucesso junto aos seus liderados.

O perfil do gerente de engenharia, Paulo, deve contemplar um *mix* de competências e habilidades específicas com intensidades diferenciadas em função de suas atribuições, tanto técnicas como comportamentais. Assim, além do conhecimento das atribuições específicas de engenharia, ele deveria ter como habilidades comportamentais um alto foco nos procedimentos de liderança de pessoas, com habilidades amplas de comunicação e relacionamento interpessoal.

Paulo também deveria: ser um profissional preocupado com o crescimento e desenvolvimento da maturidade de seus liderados, para poder delegar poder e cobrar responsabilidades; organizar e planejar, recebendo sugestões e influências de sua equipe; ter alta mobilidade física, com presença constante entre seus liderados e com foco no cumprimento dos prazos estabelecidos. Paulo necessita ainda exercer e incentivar o *feedback* interno como forma de aprendizagem e *coaching* permanentes. Complementando seu perfil de líder eficaz para a área de engenharia, suas relações afetivas com o grupo devem

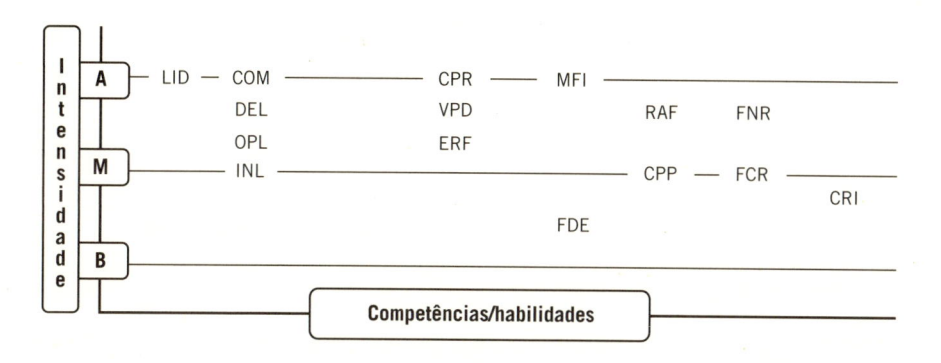

```
I
n        A ──── LID ─── COM ─────────────── CPR ──── MFI ──────────────────────
t                       DEL                 VPD             RAF        FNR
e                       OPL                 ERF
n
s        M ───────────── INL ────────────────────────────── CPP ──── FCR ──────
i                                                                          CRI
d                                              FDE
a
d        B ────────────────────────────────────────────────────────────────────
e
                                    ┌─────────────────────────┐
                                    │ Competências/habilidades │
                                    └─────────────────────────┘
```

┌─────────────────────────────────── Legendas ───────────────────────────────────┐
└──┘

A – Alta   LID – Liderança   ERF – Receber *feedback*   CPP – Controle processos
                  COM – Comunicação   VPD – Processo decisório   FCR – Foco científico
M – Média   DEL – Delegação   CPR – Cumprimento prazos   RAF – Relações afetivas
                  OPL – Organização e planejamento MFI – Mobilidade física   FNR – Normas e regulamentos
B – Baixa   INL – Influência dos liderados   FDE – Foco em detalhes   CRI – Criatividade e inovação

Figura 2.7 Configuração unificada do perfil de habilidades e competências para o diretor de engenharia.

Fonte: W&W Human Technology.

equilibrar-se com a capacidade de exigir o cumprimento de metas e de assumir responsabilidades. O controle de processos, hoje estabelecido como uma intensidade média/alta, poderá regredir com o passar do tempo, desde que o gerente incentive o aprendizado técnico de sua equipe.

A Figura 2.8 demonstra, pelo critério de habilidades essenciais, muito importantes e importantes, o perfil atual do gerente de engenharia, Paulo, bem como a intensidade em que ele as utiliza.

Descrição do perfil atual do gerente de engenharia

Diferentemente do perfil desejado, apesar de algumas convergências, pode-se observar que a harmonia necessária (habilidades entre si × intensidade das mesmas) também não ocorre no caso do gerente de engenharia, Paulo.

No tocante às habilidades e competências essenciais, Paulo tem o seu impacto de liderança (LID) muito abaixo da intensidade média/alta, a mínima desejável. Trata-se de um gerente com dificuldades em assumir o papel de líder tanto diante de seu grupo, quanto diante de seu diretor. O poder paternalista é o mais utilizado em praticamente todas as suas relações de trabalho, conforme se depreende do perfil descrito.

Habilidades atuais do gerente de engenharia

Legendas (I):
ID – Liderança
COM – Comunicação
DEL – Delegação
OPL – Organização e planejamento
INL – Influência dos liderados

Legendas (II):
ERF – Receber *feedback*
VPD – Processo decisório
CPR – Cumprimento de prazos
MFI – Mobilidade física
FDE – Foco em detalhes

Legendas (III):
CPP – Controle de processos
FCR – Foco científico
RAF – Relações afetivas
FNR – Normas e regulamentos
CRI – Criatividade e inovação

(I) – Habilidades essenciais
LID COM DEL OPL INL

(I) – Habilidades muito importantes
ERF VPD CPR MFI FDE

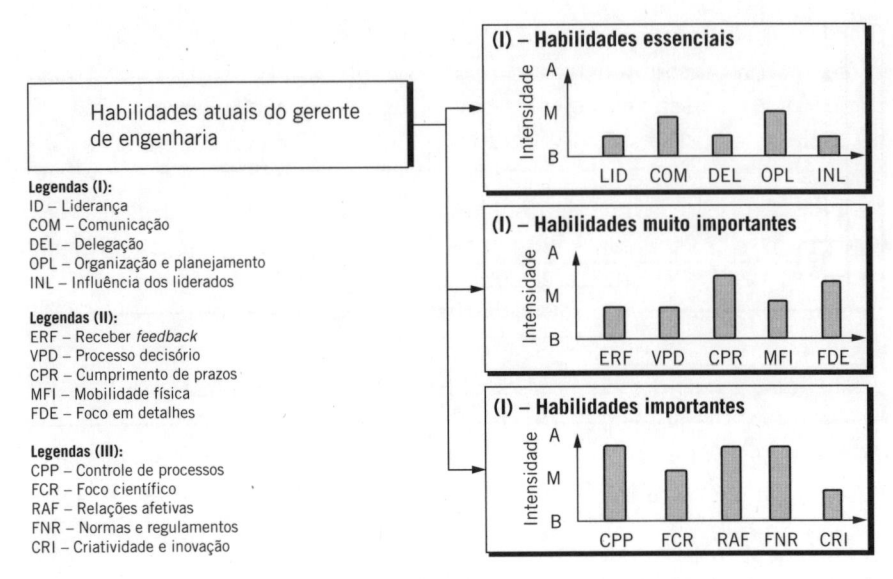

(I) – Habilidades importantes
CPP FCR RAF FNR CRI

Figura 2.8 *Mix* das habilidades do perfil atual do gerente de engenharia.
Fonte: W&W Human Technology.

Além dessa característica pessoal no exercício do poder formal, outros aspectos que contribuem ainda mais para dificultar seu papel de líder são suas carências e dificuldades em comunicação e relacionamento interpessoal (COM). O fato de praticamente não utilizar os processos de delegação (DEL) caracteriza-o como uma pessoa que não delega para ninguém, mas que centraliza em si praticamente todas as tarefas, não por falta de confiança no grupo, mas certamente para protegê-los de possíveis críticas por fraco desempenho.

Quanto à organização e planejamento (OPL), ele os realiza com intensidade aparentemente boa, e a influência dos liderados (INL) complementa o perfil das habilidades essenciais de alguém que se deixa influenciar muito pouco pelos seus colaboradores, assumindo todos os riscos para si.

Já com relação às habilidades e competências muito importantes, quanto a receber *feedback* (ERF), Paulo oferece pouca abertura para receber o *feedback* negativo ou crítico dos demais membros de sua equipe, evitando, assim, a possibilidade de conflitos interpessoais. Lida com os processos decisórios (VPD) de acordo com sua personalidade, evitando conflitos a todo custo e tomando decisões com muito vagar e dependência dos níveis superiores.

Quanto ao cumprimento dos prazos (CPR) estabelecidos, procura atendê-los de acordo com o demandado. Já a mobilidade física (MFI) relativa do gerente de engenharia está coerente com as ações que desenvolve, adaptando-se tanto às atividades movimentadas quanto àquelas que demandam uma baixa movimentação.

Finalmente, no campo das habilidades muito importantes, em relação ao foco em detalhes (FDE), Paulo apresenta uma intensidade muito alta para a função estratégica que exerce como gerente. Essa tendência quase perfeccionista de ser muito voltado aos pequenos detalhes é explicada pelo fato de Paulo ser um executivo centralizador e com baixo nível de delegação.

Analisando as cinco habilidades importantes que complementam o perfil atual do gerente de engenharia, pode-se constatar que se trata de uma pessoa com elevado controle de pessoas e processos (CPP), validando ainda mais seu perfil centralizador e protetor de seus colaboradores, o que, por certo, induz seu grupo a acomodar-se em uma zona de conforto, pois o "chefe" cuida de tudo.

O foco acadêmico e científico que Paulo promove nas relações de trabalho são coerentes com os conhecimentos e com as responsabilidades técnicas da área de engenharia que gerencia. Ele equilibra bem os aspectos técnicos com os operacionais, quando necessário.

A importância atribuída por Paulo às normas e regulamentos (FNR) é muito elevada, pois ele procura, assim, reduzir a margem de erro de seus colaboradores protegidos. Quanto às habilidades de criatividade e inovação (CRI), as possibilidades são muito reduzidas, pois Paulo é um homem afeto às normas rígidas que envolvem os processos de engenharia.

No tocante à intensidade das relações afetivas com pessoas e grupos (RAF), confirma-se seu perfil paternalista e protetor de seus colaboradores diretos. Não há um equilíbrio favorável às relações humanas e racionais, pois ele atribui um peso muito grande às questões afetivas com seu grupo.

Esse *mix* de habilidades de Paulo, da forma como foi desenvolvido ao longo de sua vida profissional, condiciona e interfere na sua forma de agir e pensar, tendo sido, por decorrência, responsável pelas dificuldades de relacionamento maduro e profissional com o diretor Jorge e pela liderança ineficaz junto ao seu time.

Sem dúvida, essas características pessoais também contribuíram fortemente para as consequências negativas do Caso 2.

A Figura 2.9 demonstra as discrepâncias (*gaps*) entre o perfil desejado para o gerente de engenharia e o perfil atual de habilidades, ressaltando as diferenças.

Perfil atual do diretor de engenharia
Perfil desejado do diretor de engenharia
GAPS

Legendas (I):
LID – Liderança
COM – Comunicação
DEL – Delegação
OPL – Organização e planejamento
INL – Influência dos liderados

Legendas (II):
ERF – Receber *feedback*
VPD – Processo decisório
CPR – Cumprimento de prazos
MFI – Mobilidade física
FDE – Foco em detalhes

Legendas (III):
CPP – Controle de processos
FCR – Foco científico
RAF – Relações afetivas
FNR – Normas e regulamentos
CRI – Criatividade inovação

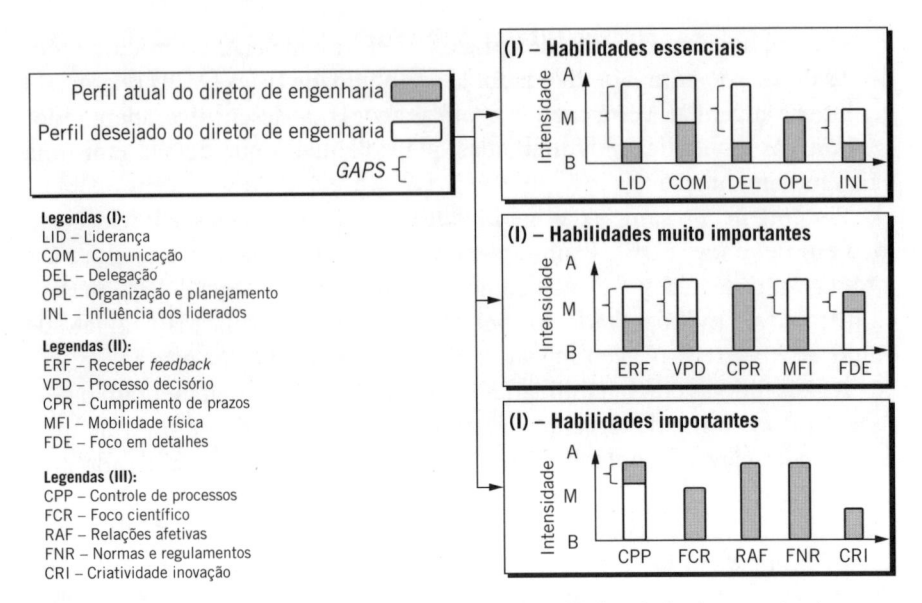

(I) – Habilidades essenciais: LID COM DEL OPL INL
(I) – Habilidades muito importantes: ERF VPD CPR MFI FDE
(I) – Habilidades importantes: CPP FCR RAF FNR CRI

Figura 2.9 Discrepâncias entre o perfil atual e o perfil desejado do gerente de engenharia.
Fonte: W&W Human Technology.

Descrição dos *gaps* prejudiciais para a liderança eficaz do gerente de engenharia

Da análise das diferenças entre o perfil desejado e o perfil atual (*gaps*), pode-se inferir em relação às habilidades essenciais de Paulo:

> **Liderança (LID):** Paulo tem que desenvolver sua capacidade de diagnosticar e desenvolver a maturidade de seus liderados, ao invés de apenas protegê-los. Tendo cumprido essa meta, poderá envolvê-los em maiores responsabilidades, proporcionando à sua equipe o necessário crescimento profissional. Já o seu relacionamento profissional com o diretor de engenharia, Jorge, é de profunda dependência e submissão, tornando muito confortável para o diretor intervir na sua área sempre que assim desejar. Esse processo continuado irá gerar uma constante frustração em si mesmo e na sua equipe.
>
> **Comunicação (COM):** existem muitas dificuldades nessa habilidade fundamental para o exercício da liderança junto aos membros de

sua equipe e ao próprio diretor de engenharia. Não podemos esquecer que o processo de comunicação interpessoal é a forma como o líder torna compreensível a sua visão junto ao grupo. Facilidade em expor suas ideias de forma transparente e capacidade inovadora aderente à sua perspectiva de direcionamento é o que se espera de um líder de excelência.

Delegação (DEL): Paulo não tem o hábito de delegar nem de confiar no seu grupo de colaboradores. É possível que o principal motivo para essa postura centralizadora seja o fato de seu uso do poder formal ser vinculado ao estilo identificado como paternalismo protetor. Pode ser, por outro viés, uma imitação da forma como ele mesmo é considerado e tratado por seu próprio diretor. Atitudes perfeccionistas e pouca confiança no grupo complementam esse estilo de pouca ou nenhuma delegação de poder. Prevê-se, com essa postura, baixo crescimento do grupo e reduzido comprometimento com as tarefas e resultados.

Influência dos liderados (INL): como já foi mencionado, Paulo se caracteriza como um pai protetor. Ele não quer correr o risco de expor-se à influência de seus pares e colaboradores, com o único propósito de evitar conflitos. Não concede o espaço necessário nem a intensidade desejável para que seus liderados possam influenciar, sugerir ou interferir junto a ele quanto aos aspectos relacionados à sua gerência. O conhecimento técnico e os processos inerentes devem sempre fluir da diretoria de engenharia, passando por ele.

Receber *feedback* (ERF): seguindo o exemplo de seu diretor, Jorge, Paulo não tem o hábito de dar e, principalmente, de receber *feedback* crítico de seus liderados, nem pensa em criar qualquer condição para isso, visando a evitar conflitos internos, sejam eles quais forem. Assim, Paulo desenvolve um perfil fechado e com pouca abertura para enfrentar contraditórios, principalmente com relação às suas ideias, propostas e desempenho.

Controle de processos (CPP): extremamente controlador dos comportamentos humanos, como também dos diversos processos que compõem a missão da gerência de engenharia, Paulo não abre mão de estabelecer uma política de "rédeas curtas" com todos os seus colaboradores, independentemente da maturidade desses.

Processo decisório (UPD): como era de esperar, em função das demais habilidades e competências de Paulo, bem como da cultura organizacional muito bem representada pelas atitudes de seu diretor, o gerente de engenharia evita e não se sente confortável em assumir as decisões que afetam a área sob sua responsabilidade. Para evitar transtornos, é melhor compartilhar as decisões com o seu diretor e, se possível, deixar que esse decida em seu nome.

Mobilidade física (MFI): como homem de "gabinete", Paulo pouco sai de seu escritório, fazendo contato com seus colaboradores eventualmente. É um gestor paternalista que não busca a convivência com seus afilhados, pelo menos de uma forma mais assídua, criando uma cultura de pessoas "abandonadas" à sua própria sorte.

Foco nos detalhes (FDE): finalmente, complementando seu perfil, Paulo demonstra ser um profissional detalhista e extremamente minucioso, não lhe ocorrendo que, neste momento, ele não é mais um engenheiro operacional, mas sim um gerente de engenharia que necessita de uma visão mais sistêmica dos processos e que, portanto, deve desenvolver uma competência de liderança fundamental que é a de trabalhar e conviver com inúmeros detalhes e informações simultâneas.

A Figura 2.10 demonstra os critérios de utilização do poder formal (hierarquia) pelo gerente de engenharia. Pelo diagnóstico de estilos de poder realizado com o gerente Paulo, pode-se notar que ele apresenta uma tendência muito acentuada a valorizar o desejo de ser estimado e considerado pelos demais como uma pessoa simpática e fraternal.

Indica uma forte necessidade pessoal de estar a serviço, de dedicar-se e de dar apoio aos outros, promovendo tranquilidade e fazendo que todos os membros do grupo sintam-se à vontade, mesmo quando isso é feito às suas custas ou em detrimento de suas aspirações pessoais.

Muita identificação com atitudes paternalistas é a sua principal característica no exercício do poder formal, que é utilizado com a finalidade de criar uma forte dependência afetiva entre ele e seus colaboradores.

Comentários e conclusões sobre o Caso 2

Ao analisarmos atentamente as diferenças (*gaps*) entre os perfis atuais dos executivos Jorge e Paulo, respectivamente, diretor e gerente de engenharia,

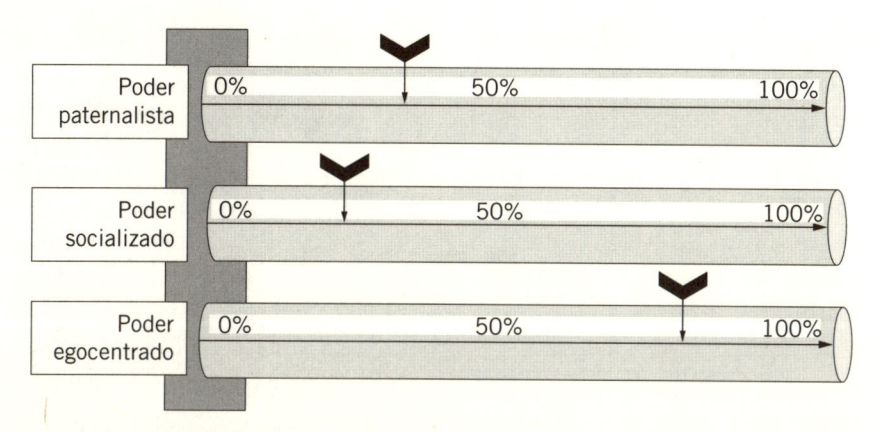

Poder paternalista	0%	50% ▼	100%
Poder socializado	0% ▼	50%	100%
Poder egocentrado	0%	50%	▼ 100%

Figura 2.10 Diagnóstico do estilo de poder formal utilizado pelo gerente de engenharia nas relações com seus subordinados/liderados.
Fonte: W&W Human Technology.

podemos inferir que pelo menos quatro áreas de habilidades e competências estão em dissintonia entre eles.

Some-se a isso a cultura organizacional, que reforça ainda mais o *status quo* relacionado ao uso do poder formal, e teremos todo um conjunto de fatores contribuindo para o exercício de uma liderança não comprometida com os objetivos maiores da organização, ainda mais nesse caso específico, em que houve uma supervalorização da competência técnica via conhecimento, causando ameaças aos dois executivos, como demonstra a Figura 2.11.

Gaps diagnosticados entre Jorge e Paulo

Na análise comparativa entre as competências do diretor e do gerente de engenharia, pode-se verificar que quatro habilidades fundamentais para o bom exercício da liderança eficaz estão comprometidas:

Liderança (LID): percebe-se que Paulo não possui habilidades para o exercício de uma liderança eficaz, ficando um pouco abaixo de Jorge em relação a esta competência. Jorge, por sua vez, também não desenvolveu uma liderança eficaz, estando bem abaixo do desejável.

Comunicação (COM): na mesma intensidade da liderança, a competência de comunicação e relacionamento interpessoal dos dois executivos é muito baixa e há um desnível acentuado entre Jorge e Paulo. É possível

50 O líder em xeque

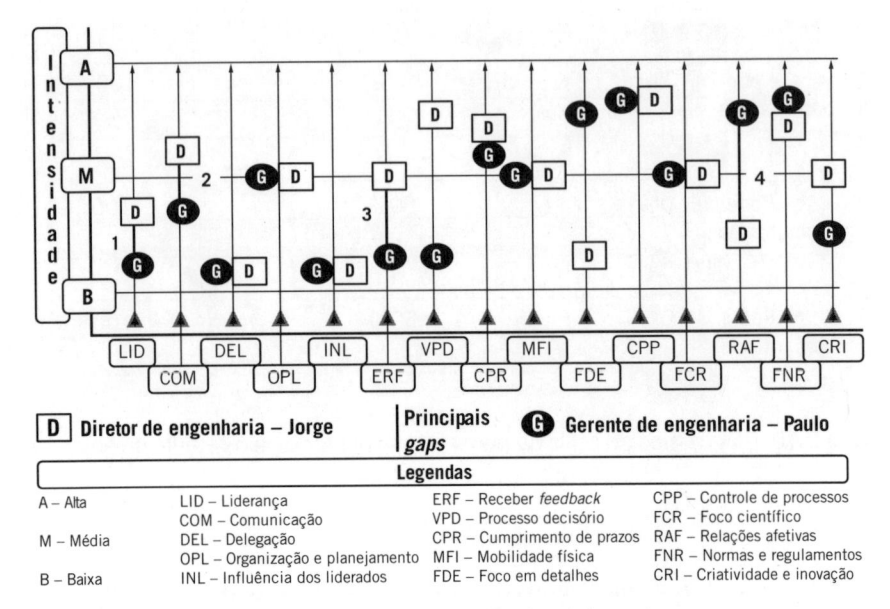

Figura 2.11 Análise comparativa entre os perfis dos dois gestores.
Fonte: W&W Human Technology.

D Diretor de engenharia – Jorge	Principais gaps	G Gerente de engenharia – Paulo

Legendas

A – Alta
M – Média
B – Baixa

LID – Liderança
COM – Comunicação
DEL – Delegação
OPL – Organização e planejamento
INL – Influência dos liderados

ERF – Receber *feedback*
VPD – Processo decisório
CPR – Cumprimento de prazos
MFI – Mobilidade física
FDE – Foco em detalhes

CPP – Controle de processos
FCR – Foco científico
RAF – Relações afetivas
FNR – Normas e regulamentos
CRI – Criatividade e inovação

que esta habilidade, muito pouco desenvolvida no gerente de engenharia, esteja se refletindo na forma quase totalmente centralizada como o diretor vem conduzindo alguns processos que deveriam ter a participação do gerente.

Receber *feedback* (RF): o diretor Jorge apresenta uma maior resistência em receber *feedback* crítico de seus liderados, principalmente de seu gerente de engenharia, que não aprecia conflitos na área do poder e tem dificuldades no campo da comunicação interpessoal, como já vimos no item anterior. De parte do gerente de engenharia, o diretor Jorge não recebe *feedback*, o que o faz deduzir, por certo, que o seu liderado está de acordo com a forma como vem agindo ao interferir e centralizar tarefas da competência gerencial.

Relações afetivas (RAF): neste quesito comportamental, a diferença entre os dois se acentua muito. Enquanto Paulo é extremamente relacional e afetivo, seu diretor é extremamente fechado, frio e não valoriza os aspectos mais humanos vinculados à dinâmica relacional entre líder e liderado (motivação, equipe, sentimentos, etc.).

O fato de Paulo ser um profissional muito preocupado com os sentimentos das pessoas é possivelmente a principal causa de sua quase impossibilidade de dirigir um *feedback* crítico ao seu diretor. Na visão de Paulo, não vale a pena criar qualquer tipo de conflito ou mal-estar com quem quer que seja e, principalmente, com seu superior.

Receando que seus liderados demonstrem as suas competências, quem sabe até maiores do que as dele, Jorge procura não deixar espaço para que Paulo participe do processo decisório e veda a sua participação na escolha do melhor profissional a ser contratado. Não bastasse isso, interfere diretamente para que um profissional com formação e atualização superiores às suas não seja contratado, principalmente quando este demonstra atitudes de busca de atualização e crescimento permanentes.

Do gerente Paulo pouco se pode esperar, já que, por um lado, ele percebe que o melhor é adaptar-se à cultura do poder hierárquico e, por outro, carece de maior aprimoramento nas questões que envolvem diversas habilidades comportamentais.

Ambos estão para vivenciar um tremendo dilema, que, por certo, definirá seu futuro profissional na empresa. Tanto para Jorge como para Paulo, a encruzilhada da mudança se aproxima rapidamente, e a história não tem sido nem um pouco favorável àqueles que, ao resistirem, não se modificam para com ela interagir e agregar valor.

Ao trilharmos, já há mais de uma década, o século XXI, em que tudo se acelera e se modifica em um piscar de olhos, não parece crível que alguns que se autodenominam líderes ainda estejam tentando se proteger, não só não buscando uma atualização necessária e conveniente, mas impedindo que outros o façam.

O conhecimento é parte integrante e fundamental de qualquer proposta que envolva maturidade. Sem ele, o líder não terá condições de exercer seu principal papel na liderança, que é o de educador (*coach*).

Muitos ainda imaginam que a experiência vivencial, tanto nos níveis de comando quanto nos operacionais, seja suficiente para substituir os novos conhecimentos que se aceleram. No entanto, mudança e conhecimento devem caminhar lado a lado e, por isso mesmo, alguns líderes devem abandonar, enquanto é tempo, a sua zona de conforto, pois ela se transformará no garrote que o levará à morte profissional de forma lenta e gradual.

Aos líderes não cabe nem é possível dominar todos os conhecimentos em todas as áreas. Entretanto, são eles os maiores responsáveis por adotar atitudes de desenvolvimento e atualização permanentes, criando condições de aprendizagem para todos e entre todos.

Pontos para reflexão

1. Qual era a verdadeira e fundamental preocupação de Jorge em contratar Richard?
2. Por que Paulo não quis se envolver na contratação do novo engenheiro para a sua área?
3. Quais eram os principais sinalizadores da cultura organizacional na empresa?
4. Quais os sentimentos pessoais e qual a imagem que o candidato à vaga de engenheiro, Richard, teria da empresa após o processo?
5. Em que habilidades de liderança deverão melhorar Paulo e Jorge?
6. Qual deveria ser o estilo de poder formal mais adequado para Jorge tratar com seu gerente de engenharia?
7. Quais as deficiências (*gaps*) comuns entre Jorge e Paulo?
8. Para a construção de um plano de desenvolvimento de competências em liderança para Jorge quais habilidades deveriam ser contempladas?
9. Para a construção de um plano de desenvolvimento de competências em liderança para Paulo, que habilidades deveriam ser contempladas?
10. Como deveriam ser o ambiente de trabalho e as perspectivas de crescimento na carreira para os subordinados de Jorge?

Conclusão

Pode-se constatar, no Caso 2, uma situação típica de combinação entre diversos fatores comportamentais arraigados ao longo do tempo nos modelos de gestão e que se tornaram, por essa conjugação de fatores, aquilo que defino como vícios de gestão e/ou lideranças em desvio comportamental.

Os principais motivos e pressupostos que geraram esses comportamentos são:

- A necessidade de sobreviver na "família" organizacional, pois muitos são os selecionados para entrar, mas poucos são os que permanecem.
- Os níveis de poder formal estão se tornando escassos, e a competição está aumentando.
- Quem está nas estruturas mais elevadas de poder deve ter mais conhecimento do que aqueles que estão nos níveis estruturais mais baixos.
- Não pode haver alguém abaixo dos atuais ocupantes do poder, com mais conhecimento/competência, pois representará uma ameaça.

- Pessoas muito "motivadas" se esforçam apenas por motivos pessoais e estão determinadas a ocupar seu espaço.
- A existência de uma cultura organizacional construída em um momento histórico em que o poder formal era o mais importante. Sempre foi assim nos governos, nas religiões, nos exércitos, nas famílias e, portanto, assim deve ser nas empresas.
- A pessoa que chegou até as estruturas mais elevadas da hierarquia e do poder formal fez por merecer e deve proteger-se de ameaças, principalmente daquelas que vêm de baixo da estrutura.
- Não se deve competir ou ter visões contraditórias com o chefe maior. Isso poderá gerar problemas para a parte mais fraca, ou seja, para aqueles que estão abaixo dele.

Se o diretor de engenharia, Jorge, tivesse uma visão mais abrangente dos principais pilares que garantem uma longa e exitosa sobrevida profissional dos líderes nas empresas, com certeza as suas atitudes seriam diferentes. Um desses pilares é o autoconhecimento, a visão de si mesmo, principalmente com referência aos aspectos relacionados com o seu estilo de liderança, com como utiliza o poder formal e com quais as suas principais motivações para o exercício da gestão.

O gerente de engenharia, Paulo, poderia ter sido uma importante força complementar e crítica às atitudes de seu diretor, caso ele mesmo não tivesse características muito similares às de Jorge. Jorge temia, no seu inconsciente, todas as pessoas que possuíssem conhecimentos mais avançados do que os seus. Já Paulo temia Jorge, e o ciclo de insegurança se fechava entre eles.

Dois diagnósticos foram realizados com os principais personagens deste caso: o do perfil de habilidades para a liderança e o dos estilos de poder formal. Ambos revelaram deficiências e deveriam ser trabalhados com intensidade pelo diretor e pelo gerente de engenharia.

Bloquear o conhecimento técnico como ameaça e não dispor das competências comportamentais necessárias constrói um *mix* explosivo que redundará, no curto e médio prazos, em sofrimento e baixa produtividade, tanto para os liderados, como para os próprios líderes.

Com o intuito de aproveitar os novos conhecimentos que porventura traria o novo contratado, os dois executivos da empresa precisavam estar mais abertos para a implantação de mudanças e novos processos.

A resistência de ambos, diagnosticada pelos seus comportamentos defensivos, até poderia ser encarada como normal, a partir do ponto em que não pudessem enxergar benefícios pessoais, mas apenas ameaças. Isso sempre é mais difícil de ocorrer em organizações de resultados, em que o conhecimento existe como patrimônio das pessoas e da empresa.

Aproveitar os novos conhecimentos com uma atitude de humildade só incentivaria ainda mais o interesse e a motivação na busca de atualização e aplicação dos novos conceitos e práticas. É responsabilidade do líder a construção de processos de geração de conhecimentos para a sua equipe e a garantia de que eles sejam executados.

Quando Peter Druker* introduziu o conceito de "profissionais do conhecimento", ele desafiou os gestores a tratar esses profissionais como um ativo da empresa, e não como um custo. Ainda agora muitas organizações, por meio de suas lideranças, teimam em não valorizá-los como deveriam.

Os verdadeiros líderes conseguem tratar desse assunto em alto nível. Eles apreciam pessoas talentosas e sabem onde encontrá-las. Na verdade, todos, líderes e liderados, devem se considerar aprendizes entusiásticos, abertos a novas experiências, procurando novos desafios e tratando os possíveis erros como oportunidades de aprimoramento pessoal. Devem estar cônscios de seu papel de aprendizes técnicos e comportamentais, mesmo quando esse conhecimento flui de novos talentos.

---

*Apostila de liderança e poder do Cenex no programa de desenvolvimento de líderes para a Copesul em 2008/2009.

Capítulo 3

Sucesso, resultados e inveja

> *O homem que faz coisas comete erros, mas ele nunca comete o maior erro de todos – não fazer nada.*
>
> Benjamin Franklin, cientista e estadista
> Estados Unidos, 1706-1790

Neste capítulo, concentrado na análise do Caso 3, o objetivo é focar os temas sucesso, resultados e inveja de uma maneira diferente. Optei por migrar dos roteiros tradicionais, presentes na maioria dos livros de administração, que sinalizam a busca do sucesso via planejamento, pessoas e utilização de toda uma parafernália de ferramentas aplicativas, para uma abordagem mais histórica e focada em culturas e personalidades de sucesso que se consolidaram ao longo do tempo.

Para isso, selecionei, de forma aleatória, alguns líderes que tiveram significativo impacto na sociedade de sua época, pois estavam obstinados com a busca do sucesso pessoal e de resultados significativos para as suas comunidades. Pode parecer um exagero a comparação daquela realidade com a realidade do Caso 3, que descreve alguns comportamentos desvirtuados em um microcosmo da denominada instituição A, como poderá ser comprovado logo adiante.

De qualquer forma, julguei oportuno fugir um pouco do padrão empresas de sucesso × empresas de insucesso, já que, muitas vezes, o elemento comum nessas comparações é a cultura de gestão adotada em cada uma delas. Para essa análise comparativa, selecionei sete personagens completamente diferentes uns dos outros, de épocas e realidades distintas, apresentados em ordem alfabética na Tabela 3.1.

Tabela 3.1

Personagem	Atuação	Resultado obtido
Alexandre, o Grande	O mais célebre conquistador do mundo antigo	Homem de visão e habilidades incomuns, ampliou e reorganizou o exército macedônio, transformando-o em uma das mais poderosas máquinas de guerra. Alexandre foi educado na crença de que a cultura grega representava a verdadeira civilização e de que todos os demais povos eram considerados bárbaros, pensamento esposado pelo próprio Aristóteles. O seu feito mais importante foi aproximar as civilizações gregas e as do Oriente Médio. Fundou mais de 20 cidades novas.
César Augusto	Fundador do Império Romano	Acabou com as guerras civis que desorganizaram a república durante o século I a.C.; reorganizou o governo romano e manteve a paz e a prosperidade, que duraram dois séculos.
Constantino, o Grande	Primeiro imperador cristão de Roma	Derrotou seus opositores e unificou o Império Romano. Dedicou-se profundamente ao avanço do cristianismo. Reconstruiu a velha cidade de Bizâncio, renomeada Constantinopla (hoje Istambul). Promulgou leis que ajudaram a criar a base de toda a estrutura social da Europa medieval.
George Washington	Primeiro presidente dos Estados Unidos da América	Comandou os exércitos continentais na luta pela independência. Foi presidente da Convenção Constituinte que elaborou a Constituição americana, aprovada pelo seu prestígio junto aos governadores. Estabeleceu um precedente de transição pacífica de poder que é adotado até hoje nos Estados Unidos.
Gêngis Khan	Conquistador mongol que chegou a ser o homem mais poderoso do mundo.	Construiu uma poderosa máquina de guerra e conquistou o noroeste da China, toda a Pérsia, a Ásia Central, o Paquistão e o norte da Índia. Deixou filhos e netos que estabeleceram uma dinastia que durou até o século XVI e uma província na Crimeia até o ano de 1783.

Tabela 3.1 (*continuação*)

Personagem	Atuação	Resultado obtido
Lao Tzu	Redigiu os 81 versos que se tornariam a síntese de sua sabedoria e que entraram para a história sob o nome Tao Te Ching	Escreveu o livro mais traduzido e lido fora de seu país, intitulado Tao Te Ching. Foi contemporâneo de Confúcio, apesar de alguns duvidarem disso, pois o livro começou a ser mencionado em torno de 300 a.C. O taoísmo iniciou como uma filosofia secular e desenvolveu um movimento religioso que vem influenciando milhões de pessoas. Tao Te Ching é o livro mais vendido do mundo após a Bíblia. Influenciou decisivamente o desenvolvimento da filosofia budista e o zen-budismo.
Napoleão Bonaparte	General e imperador francês	Destacou-se, em 1793, no cerco a Toulon, que estava sob o domínio britânico. Participou de um golpe que resultou em um novo governo, do qual foi o primeiro cônsul, transformando-se, logo após, em ditador. Aos 30 anos, era o soberano da França, mantendo-se no poder por 14 anos. Reformulou a estrutura financeira e o poder judiciário. Criou o Banco da França e a Universidade da França.

Quais os objetivos e as habilidades comuns a esses sete líderes? Eles tinham uma visão clara de onde queriam chegar, como e com quem fariam isso. Havia um *mix* de interesses pessoais alinhados com os dos seus liderados. Sempre havia, no final do esforço coletivo e da conquista do objetivo, uma certeza por parte de todos de que os ganhos seriam compartilhados.

Todos os líderes citados valorizavam as pessoas e contemplavam os seus sonhos nessa busca. Fossem as expectativas relacionadas a guerras, a conquistas, a glórias pessoais, a caminhos espirituais ou ainda outras, eles se destacavam pela capacidade de envolver, convencer, induzir e influenciar os comportamentos dos liderados na direção de suas visões.

Pode-se constatar que ter uma visão e uma linguagem única e compartilhar objetivos em comum realmente criam uma força diferenciada para o enfrentamento dos obstáculos e ajuda na obtenção dos resultados esperados. Mas não foi isso o que ocorreu com os personagens do Caso 3, narrado a seguir. Nele os objetivos eram pessoais, fragmentados, não havia uma visão clara dos caminhos a seguir. A visão não contemplava a busca de sonhos comuns, havendo, ao contrário, um indisfarçável jogo de poder e paternalismo individualista.

A falta de uma visão sistêmica de processos, embasada em profissionais competentes e motivados, com planos de crescimento transparentes e regras claras, de uma liderança forte e inspiradora fez que a instituição financeira na qual ocorreu a situação relatada não conseguisse sobreviver em um mercado e em uma sociedade mais exigentes.

Seria como imaginar um Alexandre indeciso, um Napoleão covarde, um César Augusto desorganizado, um Constantino apático, um George Washington que não inspirasse confiança, um Gêngis Khan inseguro e um Lao Tsu sem fé. Se essa visão se confirmasse à época, com certeza a sociedade da qual eles faziam parte não os perceberia como pessoas diferenciadas e nem os teria apoiado como líderes extraordinários de sua época.

Caso 3

Tema: Quando o desempenho diferenciado causa desconforto: se o desempenho for positivo, ótimo; se não for, ótimo também.
Perfil da empresa: empresa privada de médio porte do ramo financeiro (instituição A).
Personagens:
Falcon, diretor presidente
Bier, diretor financeiro
Talles, diretor administrativo
Darvin, gerente de recursos humanos
Marco, gerente de desenvolvimento humano
Helen, assessora jurídica
Fidelli, presidente do sindicato da categoria

Por volta do ano 2000, a instituição A tinha um prestígio razoável junto a seu público (pequenos clientes) em sua área de atuação. Era um período de relativo desenvolvimento econômico no país, e a sociedade evoluía, de algum tempo e passo a passo, na busca de organizações que oferecessem qualidade e bom atendimento a um preço razoável.

Essa instituição operava no mercado havia mais de 30 anos e havia consolidado ao longo desse período uma cultura típica de serviço público: poucas alternativas de investimento, atendimento deficiente, rede limitada de agências, pessoal desmotivado. O sistema financeiro, entretanto, proporcionava meios para que, mesmo nessas condições de limitados serviços, com a oferta de poucos produtos aos seus clientes de baixa renda, conseguisse obter resultados que viabilizassem a sua sobrevivência, utilizando, por exemplo, aplicações de recursos no interbancário e base financeira de depósitos em conta corrente não remunerados dos clientes (a remuneração aos clientes somente era realizada sobre valores acima de determinado mínimo em conta corrente).

Havia um consenso interno e externo de que tanto os serviços quanto os produtos financeiros da instituição A poderiam ser melhorados. Outro consenso à época era o fato de não haver vontade política alguma de promover as mudanças necessárias. Os cargos diretivos eram providos para períodos curtos (2 a 4 anos) e, para esses dirigentes eventuais, era mais cômodo manter "as coisas" como estavam.

A área mais profissionalizada da instituição A, que contava com funcionários de carreira, era a de recursos humanos. Ali havia uma visão diferente da empresa e do mercado, e a percepção era de que havia condições de implantar profundas melhorias por meio da profissionalização da equipe.

O encerramento das atividades de uma empresa privada no setor de captação de poupança popular, tida como um referencial de excelência no campo do atendimento aos clientes, poderia ser uma bela oportunidade para a instituição A. O caminho seria aproveitar esses profissionais altamente qualificados que seriam disponibilizados ao mercado. E assim foi feito.

Em poucos meses, a instituição A havia contratado em torno de 600 funcionários treinados da empresa que havia cerrado as portas. Euforia e elevada expectativa eram os principais sentimentos dos profissionais de recursos humanos, que acreditavam que essa nova cultura profissional iria oxigenar e mudar a velha e deslocada cultura enraizada na instituição A.

Os novos profissionais foram quase todos distribuídos nas agências da capital e do interior do Estado. Em pouco tempo a euforia passou e a expectativa frustrou-se. A velha e surrada cultura da instituição A havia vencido, pois os novos funcionários foram totalmente condicionados pelos mais antigos aos procedimentos vigentes.

Cada vez que um dos novos funcionários se destacava em atendimento e cortesia, dedicação e superação de metas, ele era imediatamente cobrado (por que não dizer ameaçado) com a seguinte frase, que se transformou um refrão à época: "Por que você está se esforçando tanto, está querendo aparecer para o gerente? Aqui você não precisa disso".

A vitória da velha cultura sobre a nova não trouxe somente frustração ao pessoal de recursos humanos e àqueles poucos que desejavam ver a instituição A com um novo padrão de desempenho. Em torno de 200 desses funcionários novos (os mais capazes e motivados) deixaram a instituição para trabalhar em outra que os valorizasse mais. Os outros 400 adaptaram seus comportamentos à cultura paternalista para sobreviver.

Na época chamou a atenção que poucos gerentes de agência se candidataram para receber os novos funcionários. Somente os que estavam com um número pequeno demonstraram interesse. A elevação do nível de atendimento aos clientes em suas agências não foi motivo forte o suficiente. Pelo contrário, alguns foram requisitados e logo após colocados à disposição porque estavam "se esforçando muito" e criando problemas com os funcionários mais antigos.

O sindicato da categoria, que tinha conquistado um generoso espaço de influência junto aos funcionários antigos da instituição A, não se envolveu em contribuir com a integração dos novos. Havia o receio de que os dirigentes sindicais não fossem reeleitos ou que pudessem perder o espaço já conquistado. Novas cabeças poderiam gerar novas mudanças, inclusive no meio sindical.

A atitude do sindicato foi pressionar os gerentes de agências para que não promovessem funcionários novos por desempenho diferenciado, observando sempre o critério de antiguidade.

Nas poucas agências que requisitaram a lotação dos novos funcionários, o processo de integração dos mesmos foi decepcionante e com baixo nível de profissionalismo. A desculpa era sempre a mesma: "Não tenho tempo"; "Não sei fazer"; "Isso é tarefa da área de RH"; "Eles saberão se entrosar com o grupo de funcionários antigos" e assim por diante.

A maioria dos gerentes apenas apontou para o local de trabalho e disse: "Pessoal, esses novos colegas vieram da empresa que "quebrou" e vão trabalhar conosco a partir de hoje". Alguns diálogos foram mantidos a respeito do assunto nas reuniões da diretoria, como o registrado a seguir:

Falcon: Como está o processo de integração do pessoal novo? Façam isso logo, pois não quero sofrer pressões externas para proteger alguns "afilhados" dos políticos locais e do interior.

Darvin: Pressões já existem, diretor. Diariamente recebo telefonemas para colocar um e outro em posições de maior destaque na estrutura das agências.

Talles: A pressão é muito forte e o meu telefone não para de tocar. Acho que deveríamos estabelecer uma cota para que cada diretor pudesse atender aos seus interesses. Não se esqueçam que esses políticos podem querer nos tirar dos cargos.

Bier: Concordo. Sempre foi assim e acredito que não seja o melhor momento para implementar essas mudanças.

Marco: Os novos funcionários poderiam ser aproveitados como instrutores internos, tal o conhecimento que eles possuem do mercado financeiro, de técnicas de venda e de atendimento ao público.

Falcon: Você não pode estar falando sério. Agora não é o momento para isso e talvez nunca seja. Já estamos com dificuldades de colocá-los nas agências e você quer que eles ensinem o nosso pessoal? O sindicato já ameaçou com paralisação caso haja algum privilégio para os funcionários novos.

Darvin: Mas seria uma excelente oportunidade para darmos um salto de qualidade e de desempenho. Acredito que a ideia de Marco será muito bem aceita e que gerará bons frutos no médio e longo prazos.

Falcon: Minha preocupação e a da diretoria, que deve ser a de vocês também, por motivos óbvios, é o curto prazo. Os ganhos com esse pessoal todo não devem ser superiores a uma noite de aplicação no *open market*.

Os resultados estão bons, nenhum de nós vai ganhar mais com isso, e os clientes de baixa renda não dispõem de muitas alternativas além de aplicar seus recursos conosco. Não vamos agitar muito o caldeirão.

Helen: Concordo com o Falcon. Tive informações de que o sindicato está articulando uma visita à assembleia legislativa visando a pressionar os deputados para a instalação de uma sindicância interna para verificar algum procedimento protecionista ou de privilégios aos novos funcionários. Vamos deixar essa onda passar.

Com a manutenção do *status quo*, o gerente de desenvolvimento humano foi o primeiro talento a solicitar desligamento da empresa, transferindo-se para uma empresa privada similar, mas que apostava muito no sucesso empresarial voltado aos clientes e aos funcionários.

A instituição A perdeu a grande oportunidade de se consolidar como uma organização competente, voltada à meritocracia, promovendo seus talentos e desenvolvendo uma mentalidade de liderança voltada aos serviços de excelência direcionados aos clientes de baixa renda. Alguns anos após esses acontecimentos, a instituição A foi considerada superada, deficitária e sem condições de prestar os serviços mínimos desejados à comunidade. Outras empresas haviam ocupado o seu espaço, e ela desapareceu praticamente sem que isso fosse notado ou fosse sentida sua falta.

Análise comportamental do principal líder do Caso 3

A Figura 3.1 demonstra os diversos comportamentos dos agentes envolvidos no Caso 3, destacando o estilo de poder formal adotado pelos gerentes (paternalista/egocentrado) e os três momentos motivacionais dos funcionários novos, no ingresso e após o ingresso deles, e dos funcionários antigos.

O inventário dos estilos de poder formal atesta o comportamento paternalista/egocentrado dos gestores que, na verdade, exercem mais o papel de "pais protetores" do que de líderes focados no desenvolvimento da maturidade de seus liderados (A).

O diagnóstico da motivação dos funcionários novos antes do ingresso caracterizava um grupo inseguro e com necessidades prioritárias de integração social com os funcionários mais antigos (B).

Logo após os processos de integração, ficou claro que a necessidade de desafios profissionais demonstrada pelos novos funcionários foi percebida pelos antigos como uma ameaça.

O diagnóstico demonstra que os funcionários antigos sentiram-se ameaçados pelos novos e passaram a direcionar seus comportamentos para a busca de poder e/ou proteção de quem o tinha (D).

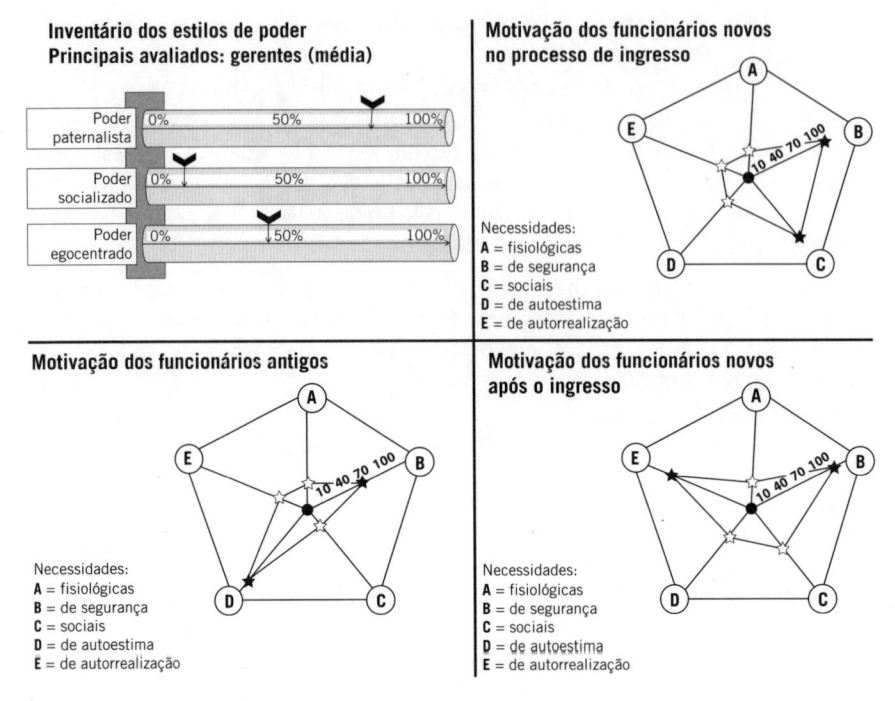

Figura 3.1 Análise comportamental do Caso 3 sob diferentes pontos de vista.
Fonte: W&W Human Technology.

Pontos para reflexão

1. Por que não fazia diferença alguma para os funcionários antigos o resultado financeiro da empresa?
2. Por que os funcionários antigos sentiam-se ameaçados pelos novos?
3. O que acontece quando duas culturas diferentes se defrontam e apenas uma deve sobreviver?
4. O que o sindicato da categoria buscava com a defesa dos funcionários mais antigos?
5. Como deveriam ser lotados/distribuídos os 600 novos funcionários?
6. Quais os procedimentos gerenciais que poderiam ter minimizado os conflitos entre os funcionários antigos e os novos?
7. Por que boa parte dos funcionários novos pediu demissão logo após os primeiros conflitos?
8. Qual foi a estratégia adotada pelos novos funcionários para sobreviverem na organização e serem aceitos?

9. Por que as ações gerenciais adotadas para integrar os novos funcionários falharam?
10. Caso a integração dos funcionários novos tivesse sido realizada com êxito, quais seriam os principais ganhos da empresa?

Conclusão

Sempre que observamos o comportamento humano nas organizações percebemos que algumas pessoas confundem felicidade com zona de conforto. Parece ser essa a situação do Caso 3, em que a expectativa de mudanças alavancadas pelo ingresso de um expressivo contingente de novos e capacitados profissionais gerou um processo desvirtuado no comportamento de todos os seus agentes.

Oliver Thomson (2002), em sua obra *A assustadora história da maldade*, oferece a oportunidade de refletirmos um pouco sobre essas atitudes. Em sua obra, ele cita o livro de Meng Tsé, que diz: "A natureza humana não é boa e nem má, dependendo da direção em que ela é conduzida". Hong Shing (298-238 a.C) também apoiou o despotismo, mas não compartilhava as ideias de Meng Tsé acerca da bondade da natureza humana. Afirmava ele:

> A natureza do homem é má. A bondade é adquirida pelo treinamento. Hoje a natureza original do homem é buscar a vantagem. Se esse desejo é seguido, o resultado é a discórdia e a rapacidade e a civilidade desaparece. Originalmente, o homem é invejoso e naturalmente odeia os outros (...), daí ser absolutamente necessária a influência civilizada dos instrutores e das leis, da orientação dos ritos e da justiça. (Shing apud Thomson, 2002).

Qual seria o interesse maior da cúpula diretiva, garantida no poder com um mandato de duração efêmera, de 2 a 4 anos? Sair de sua posição confortável promovendo o crescimento da competência da instituição, correndo o risco de alguns incômodos políticos, ou mantê-la como estava?

O próprio subsistema psicossocial da empresa já havia assimilado uma história de gestão paternalista e apadrinhadora. Havia um profundo sentimento interno de que o jogo do poder era esse e que, se não era o ideal, uma mudança poderia piorá-lo ainda mais. Consolidou-se, assim, ao longo da existência da instituição A, um acordo tácito entre os dirigentes de nomeados por influência da política partidária e uma poderosa massa crítica interna, representada pela grande maioria dos funcionários mais antigos.

Quem deve crescer na organização? Os mais capazes, os mais esforçados, os mais motivados e comprometidos? Não! A regra era: cresce quem tem amigos no poder.

É evidente que a necessidade de sustentação da instituição A no mercado competitivo que se avizinhava de modo célere dependeria diretamente da mudança de sua cultura de gestão e do seu posicionamento frente ao mercado, por meio de novos padrões de atendimento.

O relativo sucesso no passado, envolto no protegido mercado financeiro nacional e com remuneração garantida de seus ativos, independentemente da sua profissionalização, não iria mais lhe garantir o sucesso no futuro. Os resultados confortáveis obtidos nos últimos anos não mais seriam suficientes para consolidar a instituição A como um agente ativo no mercado e com margem suficiente para investir nas melhorias tecnológicas e humanas e nos processos que a nova sociedade pós-globalização iria exigir.

A migração de uma cultura paternalista/protecionista que contaminava de longa data todos os processos de gestão encontraria uma forte barreira nos próprios funcionários de carreira, que, em última análise, seriam os maiores beneficiados pela mudança. Essa relação entre gestores e subordinados consolidou uma doentia dependência comportamental entre os dois níveis. Quem eventualmente usufruía das benesses do poder estava feliz. Quem não as usufruía estava feliz também, porque sabia que chegaria o seu dia, mais cedo ou mais tarde, de ser apadrinhado, acariciado e protegido.

Dessa forma, era perdida uma importantíssima resultante das relações de liderança entre líderes e liderados que é consequência de elevada competitividade, ou seja, a lealdade e o comprometimento que deveriam ser direcionados ao sucesso do todo (organização) era direcionado aos gestores que eventualmente usufruíam do poder. A decorrência lógica desse desvio de foco era um comportamento fragmentário, individualista e desvirtuado, caracterizado pelo sentimento de inveja e competição pela atenção e pelos favores dos representantes do poder.

Em *O paradoxo global*, John Naisbit (1994) contribui com a reflexão afirmando:

> Códigos de conduta que ajudem os empregados e os líderes com as complicações éticas podem ser um ideal anglo-saxônico, mas têm funcionado em muitas empresas. Fortalecem-se os indícios de que estabelecer diretrizes compensa na forma de um empenho e credibilidade maiores nas relações com os funcionários.

Capítulo 4

Convicção por imitação

> *Nunca imites ninguém. Que a tua produção seja como um novo fenômeno da natureza.*
> Leonardo Da Vinci, pintor, escultor, arquiteto, músico, engenheiro e cientista
> Itália, 1452-1619

Certa vez, um gerente de banco recém-nomeado, após participar de diversos processos seletivos internos, me confidenciou: "Vejo que hoje a gestão está mais focada na participação, na motivação e no comprometimento das pessoas. Vejo também que para isso é fundamental que o líder oportunize que as pessoas participem mais. O gerente deve ouvir os seus funcionários e valorizá-los. Mas por que logo agora que chegou a minha vez de ser gerente, após 20 anos como subordinado? Agora que eu poderia dar o troco, agindo como sempre agiram comigo, eu devo ser diferente?".

Vemos que os seres humanos não só defendem o seu território, mas sentem-se tentados a agir da mesma forma que seus "espelhos" de gestão, a quem tiveram de aceitar.

Vejamos o que dizem Henry Gleitman, Daniel Reisberg e James Gross (2009) quando tratam do tema processo de pensamento: resolvendo problemas:

> A resolução de problemas é um processo que nos leva de um estado inicial para um estado objetivo e depende muito de como entendemos o problema. A resolução do problema às vezes é bloqueada por um modelo mental inadequado. Esse bloqueio nos leva à necessidade do desenvolvimento do pensamento criativo visando buscar alternativas até mesmo radicais. Mui-

tos estudos sobre como as pessoas raciocinam analisam a capacidade da pessoa de avaliar silogismos. Normalmente o desempenho com silogismos é fraco, como nos testes de seleção, por exemplo, quando as pessoas são obrigadas a avaliar afirmações condicionais.

Além desses aspectos, a verdade é que também somos muito influenciados por aqueles que nos cercam, sejam pais, esposa, amigos, chefes, líderes e assim por diante. É importante compreender por que agimos em conformidade com as pessoas ao nosso redor. Essa compreensão poderá levar a comportamentos muito mais adequados e eficazes quanto ao nosso desempenho organizacional. Não podemos simplesmente imitar os outros ou mesmo apenas seguir seus modelos.

Quando da mudança do principal executivo de uma organização de grande porte para qual eu prestava consultoria, em 2005, ocorreu um fato muito interessante e que diz muito sobre o comportamento humano em determinadas situações. O cargo foi ocupado por um executivo que já fazia parte da organização, mas que executava uma atividade isolada. Com isso, poucas pessoas o conheciam em profundidade.

O executivo que estava agora no centro do poder tinha verdadeira compulsão por leitura, sendo um dos mais contumazes frequentadores da biblioteca da empresa. A biblioteca ficava vinculada à área de recursos humanos, exatamente o foco da minha consultoria.

Conversando informalmente com a bibliotecária, ela comentou que tinha havido uma verdadeira "corrida" dos funcionários da empresa à biblioteca em busca de livros. Quando a questionei sobre o inusitado interesse dos funcionários, ela simplesmente respondeu: "As pessoas querem ler qualquer livro que o novo diretor presidente tenha lido recentemente".

Parece que as pessoas buscam, consciente ou inconscientemente, imitar aqueles a quem elas admiram, aqueles que têm poder ou qualquer outro atributo percebido por elas como interessante. Também é comum observarmos a necessidade de aceitação pelo grupo. Adotar modismos, imitações, aparências e, muitas vezes, abrir mão de opiniões divergentes e da própria personalidade podem ser decorrências desse tipo de comportamento.

Organizacional, ou seja, o período em que as empresas cumprem seus objetivos e razão de ser de forma profícua.

Convém observar que o conceito de ciclo de vida se aplica tanto às estruturas familiares quando às organizacionais. Quando um filho substitui o pai na condução de uma empresa familiar, há uma interação entre o ciclo de vida da família e da organização, afetando, de uma forma ou de outra, todos os seus membros.

No Caso 4, apresentado a seguir, o filho passará por essa transição simultânea em sua vida pessoal e profissional ao substituir o pai, que havia construído uma longa vida de sucesso na empresa, consolidando procedimentos de gestão como líder daquela comunidade produtiva. O filho tem uma personalidade muito influenciada pelas opiniões de seu novo grupo social, ou seja, a comunidade de empresários que acabara de aceitá-lo pelo fato de ter assumido o principal cargo de uma tradicional empresa familiar.

A respeito desse aspecto comportamental, Manfred de Vries, Randel Carlock e Elizabeth Florent-Tracy (2009) citam o seguinte em sua obra *A empresa familiar no divã: uma perspectiva psicológica*:

> O narcisismo reativo constitui uma das causas mais comuns da liderança defeituosa/deficiente. Ocupa o centro de uma série de problemas de personalidade, tipificados por comportamentos (...) e compulsivos. Demonstrações de irracionalidade por parte dos tomadores de decisões podem afetar seriamente o processo gerencial como um todo. Caso essa situação se estenda por um tempo maior, as ações nocivas de seu líder poderão espalhar as sementes de declínio da empresa ou a sua autodestruição.

Todo o líder que assume uma posição de destaque na estrutura formal de uma empresa familiar, sendo integrante dela, deve questionar alguns pontos importantes:

- De que modo a minha experiência anterior modela o meu comportamento atual?
- O que posso fazer para evitar comparações e competição com as atitudes e o prestígio do CEO anterior, principalmente sendo eu seu filho ou irmão?
- Quais os valores e comportamentos me ajudarão a promover a minha geração seguinte ao poder, construindo relações interpessoais mais positivas no futuro?

Essas respostas promoverão as reflexões necessárias para uma transição pacífica, sem traumas e competições pessoais.

Caso 4

Tema: Quando a falta de discernimento confunde.
Perfil da empresa: empresa privada de médio porte, do ramo de transportes, com ação regional.
Personagens:
Washington, diretor presidente
Cléber, gerente da qualidade

Tratava-se de uma tradicional empresa familiar do ramo de transportes, muito conhecida na sua área de atuação pelos elevados e constantes investimentos na mídia regional e estruturada em níveis hierárquicos bem definidos. O diretor presidente havia sido eleito recentemente, em substituição ao pai. Os negócios estavam em fase de ampliação dos serviços – até então prestados apenas na região Sul do Brasil – para os mercados do centro do país.

Os sentimentos que o filho nutria em relação a si ao assumir tão importante posto hierárquico na empresa oscilavam entre a necessidade de autoafirmação e de comprovar que a escolha se dera pela sua competência, e não pelo fato de ser da família. Nesse contexto, era intolerável qualquer sensação de ser controlado pelos outros, fosse por meio de interferências diretas ou de simples sugestões, pois ele imaginava que colegas de diretoria, amigos e subordinados queriam tolher a sua liberdade. Se o pai desfrutara de plena liberdade em todos aqueles anos, por que ele também não a poderia ter?

A única saída que o novo diretor presidente percebia para contornar airosamente essa situação era conduzir sempre todas as coisas a seu modo. A consequência dessa postura era que as únicas pessoas que conseguiam sobreviver profissionalmente na empresa trabalhando ao seu lado e sob a sua liderança eram as que concordavam com tudo, sem oferecer a menor resistência.

Em comparação com os concorrentes, os serviços prestados pela empresa eram bem avaliados em constantes pesquisas de opinião. O cenário econômico era otimista e promissor. A inflação sob controle e a globalização dos mercados sinalizavam que era o momento adequado para crescer e aproveitar as oportunidades.

Paralelamente a essa situação positiva, as organizações vivenciavam um inusitado período de ampla e acirrada competição pelos mercados emergentes, os quais se expandiam tanto geograficamente quanto pelo significativo acréscimo no nível de emprego e na renda da população.

As empresas, em sua maioria, sentiam-se estimuladas e desafiadas a realizar elevados investimentos para manter a competitividade. No caso da empresa em análise, não foi diferente. A expansão da rede de atendimento importava em ampliação da frota e do número de armazéns, implantação de novas filiais e contratação de profissionais.

Ao final de uma rotineira manhã de segunda-feira e tendo uma série de providências a tomar no período da tarde, o gerente da qualidade, Cléber, e dois de seus colaboradores dirigiram-se ao restaurante da empresa. Eles sabiam que nos próximos dias estariam todos profundamente envolvidos na implantação das novas filiais em mercados até então não explorados.

Isso significava alterações na estrutura organizacional, implantação de novos sistemas de logística, dispensa e contratação de novos profissionais e investimentos financeiros significativos. Ao aproximarem-se da entrada do restaurante, Cléber e seus colegas encontraram o diretor presidente, Washington, acompanhado de alguns empresários da região que estavam em visita à empresa.

Após rápidos cumprimentos, o diretor presidente disse a Cléber: "Procure-me ainda hoje, pois precisamos conversar sobre uma abordagem nova para o ganho de qualidade e competitividade da empresa. Fale com a dona Júlia e consiga um espaço em torno de uma hora na minha agenda, mesmo que seja após o horário normal de expediente". Cléber perguntou se era preciso levar mais alguém de seu grupo, ao que Washington respondeu: "Nesse momento não, pois não quero polemizar sobre o assunto, mas sim já encaminhá-lo para você".

Cléber ficou intrigado e demonstrou isso através de uma expressão facial bem conhecida de seus colaboradores. Refletia um misto de preocupação e desconforto pessoal pela forma como o presidente abordara o assunto diante de seus colaboradores. Temia que a situação passasse a eles a sensação de que Cléber era apenas um cumpridor de ordens, sem a mínima participação nas decisões sobre os processos de qualidade da empresa. Cléber gostava de transmitir aos seus pares e colaboradores a sensação de que tinha forte influência nesta área sobre o diretor Washington, da mesma forma como tivera no passado com o pai deste.

Restava, enfim, ao gerente da qualidade almoçar e tentar agendar um horário para se reunir com o presidente o quanto antes. Não que Cléber se importasse em ter que ficar na empresa bem mais do que o horário normal de expediente, mas ele sabia que seus dois colaboradores que presenciaram o encontro logo fariam comentários com os demais colegas.

Não foi uma refeição que apeteceu a Cléber e, pelo silêncio na mesa, tampouco a seus colaboradores, que o fitavam com um ar inquisidor, buscando, quem sabe, algum esclarecimento que ele ainda não tinha.

Obtida a confirmação de que a reunião ocorreria em torno das 17h daquele mesmo dia, Cléber muniu-se de todas as informações possíveis em relação aos projetos da qualidade em andamento. No horário previamente marcado, Cléber sentou-se diante do presidente, com quem teve o seguinte diálogo:

Washington: Caro Cléber, em primeiro lugar, deixe-me comentar um profundo constrangimento que passei hoje, ao almoçar com meus colegas empresários na Federação das Indústrias. Lá fui questionado, informalmente, se estava em andamento na minha empresa algum programa da qualidade, ao que respondi com muito orgulho que sim.

Cléber: Mas essa é uma excelente notícia, senhor presidente!

Washington: Sim, era, até o momento em que tomei conhecimento de que eles se referiam a uma abordagem de qualidade diferenciada e relacionada com uma nova metodologia que eu sequer conhecia.

Foi nesse momento que tive de revelar que o nosso programa da qualidade não contemplava essa nova ferramenta. Meus colegas empresários ficaram muito chocados com o fato, pois todos já a haviam implantado em suas organizações. Devo reconhecer, entretanto, que as empresas deles são de grande porte e todas, sem exceção, são exportadoras para a Comunidade Econômica Europeia.

Cléber: Mas, presidente, pelo que eu estou entendendo as características e os mercados das empresas que implantaram essa metodologia são diferentes, e essas empresas o fizeram em função das exigências de seus clientes no exterior, o que não é o nosso caso. Estamos melhorando gradualmente nossa qualidade nos serviços, conforme atestam todas as pesquisas que realizamos com nossos clientes.

Washington: Ocorre que o nosso programa de qualidade não tem grife e não encontrei empresa alguma que esteja adotando o nosso modelo. Realmente, foi muito constrangedor para mim. Como vamos pretender expandir nossa atuação para a região central do país com toda a competição que teremos lá?

Cléber: Entendo a sua preocupação com a abertura dos novos mercados, mas a reunião almoço de hoje, pelo que eu soube, era de exportadores, que têm outras normas a cumprir. A metodologia que eles utilizam é muito sofisticada e cara para nós, tanto que o mercado interno não a exige. Se, em algum momento no futuro, ficar definido que o nosso mercado irá se expandir para o exterior, talvez, então, seja o momento apropriado para estudar a aplicação da estratégia.

Washington: Olhe, Cléber, deixe comigo e com o diretor financeiro essa questão de custos e trate de buscar formas de implantar de imediato essa metodologia na minha empresa. O que eu realmente não vou admitir é que, na próxima reunião almoço, eu tenha que passar por outro constrangimento ao ter que admitir em público ou para quem quer que seja que ainda não estamos alinhados com essa nova metodologia.

Cléber: Mas, presidente, e se pensássemos um pouco mais sobre...

Washington: Cléber, se você não estiver confortável com as minhas determinações eu posso substituí-lo no programa da qualidade. Você se sentiria melhor assim?

Cléber: Está bem, presidente, vou começar a providenciar.

Washington: Rápido, porque eu tenho uma nova reunião almoço na semana que vem e já vou anunciar aos quatro ventos que agora estamos no caminho certo. Vou emitir uma carta circular interna da presidência anunciando esse fato novo e afirmando que agora sim temos um programa de qualidade de acordo com a modernidade.

Capítulo 4 Convicção por imitação

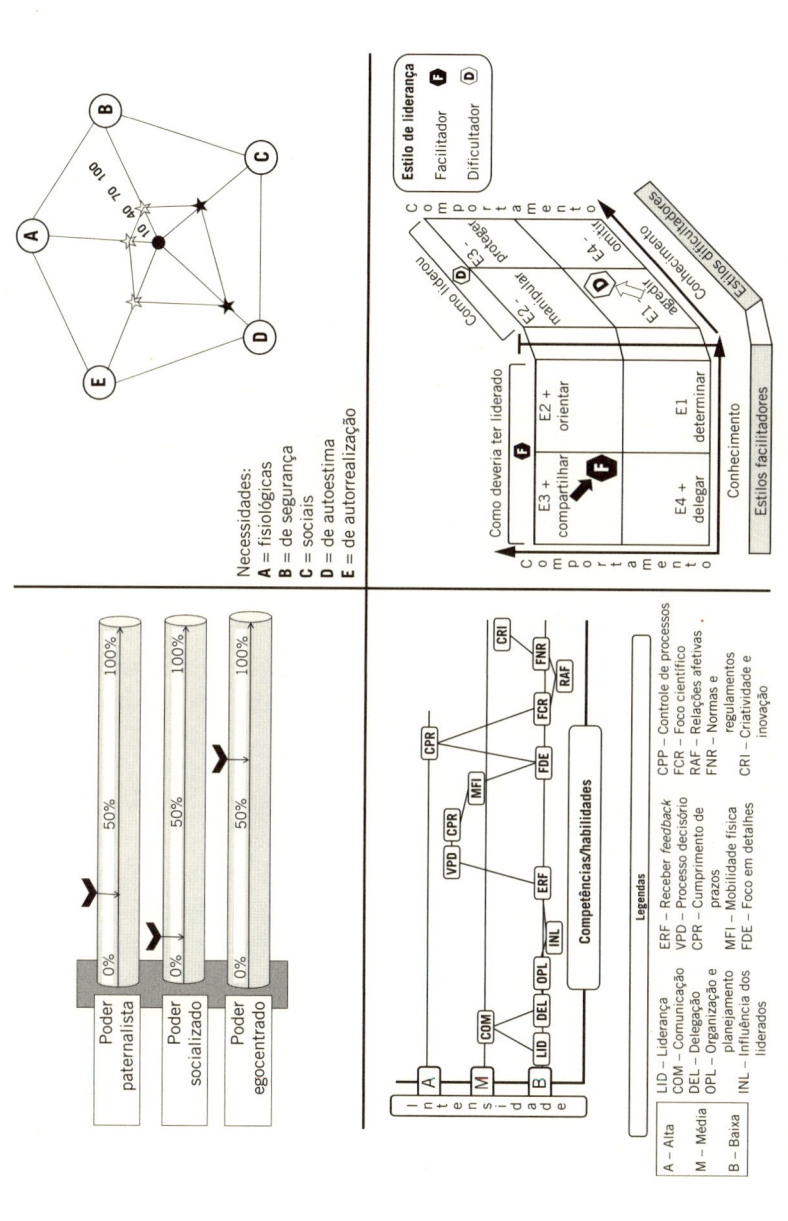

Figura 4.1 Análise comportamental do principal líder do Caso 4, Washington, sob o ponto de vista do poder, da motivação, das habilidades e dos estilos de liderança.

Fonte: W&W Human Technology.

Análise comportamental do principal líder do Caso 4

A Figura 4.1 demonstra, em seus quatro gráficos, o comportamento do líder Washington, diretor presidente, sob os aspectos de poder (A), motivação (B), habilidades comportamentais (C), estilo de liderança utilizado (D) e estilo que deveria ter utilizado (F).

O diagnóstico da utilização do poder formal demonstra uma necessidade de concentração de poder na figura de Washington, sem chances para sua equipe opinar. Sua motivação principal é suprir e resgatar a autoestima a partir do uso abusivo do poder. As necessidades sociais eram supridas pela sua "aceitação" no time dos outros empresários.

Já com relação às habilidades comportamentais, Washington demonstrava uma liderança insegura e nenhuma propensão para delegar qualquer tarefa. Não aceitava interferências nem mesmo sugestões de seus subordinados. Seu estilo de liderança era totalmente desvirtuado, agressivo e impositivo. O mais adequado para aquele momento seria uma atitude madura e voltada ao compartilhamento de ideias.

Pontos para reflexão

1. Com a pouca experiência de Washington no cargo de diretor presidente, pois estava sucedendo o seu pai, que encaminhamento ele deveria ter dado ao assunto?
2. Qual era a maturidade de Cléber como gerente da qualidade?
3. Qual a principal motivação do diretor presidente para a implantação do novo programa de qualidade?
4. Que outros argumentos deveriam ter sido apresentados por Cléber para convencer o diretor presidente a não proceder daquela forma?
5. As tradicionais reuniões na Federação foram um fator decisivo para o comportamento de Washington? Por quê?
6. Que estilo de poder formal o diretor presidente utilizou com seu gerente da qualidade?
7. Que previsões poderiam ser feitas sobre o sucesso na implantação do novo programa nessa situação?
8. Como ficaria o programa de qualidade que Cléber gerenciava? Poderia obter sucesso no campo das mudanças? Que dificuldades enfrentaria?
9. A cultura organizacional da empresa seria alterada pela atitude do diretor presidente ou tudo não passaria de um modismo rápido?

10. O que poderia acontecer no futuro caso o diretor presidente fosse questionado por seus colegas da Federação sobre estar implantando algum tipo de ferramenta/metodologia?

Conclusão

A evolução dos acontecimentos no Caso 4 levou Washington a tomar um conjunto de decisões equivocadas, não só quanto ao programa considerado por ele como "inovador", tendo em vista os comentários de seus colegas industriais, mas principalmente pelo efeito da baixa valorização da competência de seus colaboradores, visto que a opinião do gerente da qualidade não foi sequer colocada em pauta.

A necessidade de Washington assumir plenamente a condução de alguns processos era causada pela sua própria insegurança e pelo medo de falhar no mesmo cargo em que seu pai tinha tido muito sucesso.

Normalmente não afeito a sugestões e ordens alheias, Washington almejava, acima de tudo, controlar o seu negócio. Enquanto a empresa era pequena, essa atitude não prejudicou o seu funcionamento e as relações internas. Entretanto, quando cresceu, ela passou a exigir o apoio e o comprometimento de um número bem maior de pessoas.

Com certeza a empresa passaria a enfrentar um momento crítico em seus processos produtivos e no seu relacionamento inter e intra-áreas, com a possibilidade de interferências diretas do diretor presidente. O pior resultado para todos seria a absoluta falta de comprometimento de todos com os objetivos maiores da organização. Fragmentação e rompimento de um modelo sistêmico de gestão implantado na gestão anterior seriam os próximos eventos previsíveis. A cultura organizacional embasada na participação, na confiança e na valorização dos talentos internos estava em risco.

Para este caso, torna-se apropriada a citação de Her-Hu (2010) na obra *O Tao da Guerra* – os fragmentos perdidos da dinastia Zhao:

> Os homens têm muitos olhos para a cobiça, muitos ouvidos para a discórdia, muitas línguas para a calúnia, muitos corações para a vaidade (...) assim agem os que não conhecem o Tao. O verdadeiro caminho conduz à paz! Existem mistérios nesse mundo. A atividade pode ocultar a arrogância e a discrição pode demonstrar supremacia. O alvoroço pode esconder o medo e a quietude pode revelar hegemonia. A grande habilidade não exibe porque não necessita ser comprovada.

Capítulo 5

Zona de conforto

> *A derradeira medida de um homem não é onde ele se coloca em momentos de conforto e conveniência, mas onde ele se posiciona em momentos de desafio e controvérsia.*
> Martin Luther King, pastor e ativista
> Estados Unidos, 1929-1968

O tema deste capítulo, a chamada zona de conforto, remete a uma questão fundamental: por que algumas pessoas são tão empreendedoras, correm riscos, propõem mudanças e outras, ao contrário, procuram sobreviver à sombra de máximas como "não mude que pode piorar", "por que mudaram, se antes era muito melhor?", "sempre foi feito daquela maneira", "não se preocupem mais, vamos retornar aos modelos anteriores", etc.?

Muitos estudos já foram realizados em busca das principais causas desse fenômeno comportamental. Medo da mudança, insegurança, clima organizacional negativo, falta de confiança, jogo de poder são algumas das causas mencionadas.

Nas organizações privadas, normalmente essas pessoas não sobrevivem por muito tempo: ou são demitidas ou pedem demissão, pois passam por um incrível sofrimento diário ao ver que a organização busca, permanentemente, novos caminhos.

Já nas instituições públicas, em sua grande maioria, acontece o caminho inverso. Profissionais interessados e motivados por resultados diferenciados e melhorias constantes acabam se desligando face à resistência dessas organizações às mudanças, ao incentivo à manutenção do *status quo* e, principalmente, ao *lobby* tácito que parece existir entre quase todos os seus membros: mudar? Por quê?

A conclusão parece a mesma: alguns adoecem em função das mudanças e outros porque elas não ocorrem. Quando realizo consultorias e programas de desenvolvimento em algumas instituições públicas, o que mais me marca negativamente não é a resistência às mudanças em si, mas o esforço abnegado de uns poucos, lutando como Dom Quixote contra seus moinhos de vento, tentando fazer alguma diferença.

O Caso 5 trata de uma situação em que muitos "Dons Quixotes" inconformados com um possível retrocesso nas práticas de gestão não conseguiram demover, apesar de toda a argumentação lógica possível, uma única pessoa, tais eram as suas convicções retrógradas. Nem a famosa frase atribuída a Akio Morita, CEO da Sony, faria efeito neste momento: "Todas as pessoas são favoráveis à mudança, desde que a sua sobrevivência esteja em jogo".

No Caso 5, a mensagem de Morita teve efeito contrário, pois a ameaça percebida pelo executivo em questão era a mudança efetuada com sucesso no passado. Era necessário, portanto, revogá-la o mais rápido possível.

A mudança é o componente fundamental em qualquer negócio, em qualquer organização. Todos precisam mudar, de preferência antes que sejam forçados a mudar. Em seu livro *Paixão por vencer*, Jack Welch (2005) registra:

> As pessoas se arrepiam quando o chefe anuncia alguma reestruturação ou reorganização. Todos correm para os seus cubículos e freneticamente começam a trocar e-mails, expondo as razões porque a iniciativa será o mais completo desastre.

O executivo do Caso 5 era um homem ancorado em um passado de relativo sucesso e que foi guindado, depois de uma longa inatividade e sabe-se lá por quais motivos, à gestão de uma importante organização. Ele foi nomeado diretor presidente de uma estatal de educação de adultos quando, fundamentado em suas convicções passadas (zona de conforto), promoveu o caminho inverso do progresso e da sustentabilidade da instituição.

Este caso pode nos dizer muito sobre a força dos modelos mentais na indução dos comportamentos humanos, principalmente quando ancorados em procedimentos do passado que hoje não mais correspondem às expectativas dos usuários externos e dos fornecedores internos.

Caso 5

Tema: Se a maneira antiga dá menos trabalho, por que se preocupar?
Perfil da empresa: empresa estatal de médio porte de educação de adultos (Organização F).
Personagens:
J.F., diretor presidente
Clóvis, diretor administrativo financeiro
Rafael, diretor técnico (funcionário público cedido)
Bernadete, assessora do diretor presidente
Dirceu, gerente financeiro
Marco, gerente de recursos humanos
Obs.: Dirceu e Marco eram os mais antigos na empresa.

Cultura organizacional

Tratava-se de uma empresa pública de direito privado da área de educação de adultos. Caracterizava-se pela indicação política para os cargos de comando e por mudanças frequentes nos quadros de alta gestão.

A organização F, como todas as que integravam a administração direta e indireta do Estado, passava por mais um processo de transição em sua diretoria, historicamente nomeada por critérios políticos. Assumiam suas funções J.F. como diretor presidente, Clóvis como diretor administrativo financeiro e Rafael como diretor técnico (vindo na condição de funcionário cedido pela administração direta), Dirceu como gerente financeiro e Marco como gerente de recursos humanos. Esses dois últimos, funcionários de carreira da própria organização F, eram remanescentes da administração anterior, nas mesmas funções.

Já Bernadete, advogada formada havia muitos anos e assessora do diretor presidente, havia sido trazida por ele de outra instituição pública, conhecendo muito pouco da organização atual.

Poucas horas após a cerimônia de posse, o diretor presidente convocou a primeira reunião da diretoria e dos gerentes do primeiro nível. O objetivo de J.F. era conhecer a cultura, a situação financeira, os projetos em andamento, os contratos e os convênios mantidos com a esfera federal, bem como inteirar-se da situação, já que estava assumindo o cargo de principal dirigente. O diretor presidente deu início aos trabalhos:

J.F.: Senhores, vamos começar um novo mandato de quatro anos nessa prestigiosa organização educacional e gostaria de poder contar com o esforço, empenho e dedicação de todos, visando à realização de um grande trabalho. Nosso papel é o de capacitar os executivos da administração direta e indireta do Estado, por meio de estratégias focadas, seguras e já testadas. Apreciaria então, neste momento, conhecer os projetos educacionais e propostas em andamento, assim como os convênios já assinados. Acredito que ninguém melhor para me colocar a par do que o senhor Dirceu, do setor financeiro, e o senhor Marco, da área de recursos humanos, pois ambos são gerentes da organização há bastante tempo.

Dirceu: Senhor presidente e demais participantes da reunião, gostaria de iniciar a minha apresentação do ponto de vista financeiro, principalmente nos aspectos relacionados com a geração de caixa.

J.F.: Muito bem, podemos começar com esse aspecto, mas peço que faça uma apresentação sucinta e rápida. Já tenho experiências vividas em organizações similares e não creio que haja grandes novidades.

Dirceu fez sua exposição e ressaltou como mais importante o fato de o fluxo de caixa da organização estar suprido por diversas fontes de receita, o que lhe garantia uma tranquilidade muito grande quanto à disponibilidade de recursos para cobrir todas as despesas mensais. Apresentou a seguir uma tabela demonstrando isso (Tabela 5.1).

Analisando os dados fornecidos pelo gerente financeiro, o diretor presidente comentou com pouco interesse e de forma incisiva:

J.F.: Percebo que, nos últimos dois anos, está havendo um significativo incremento nas receitas próprias em detrimento da contribuição do Estado. Para esse ano, a redução é ainda mais drástica. Por que isso?

Tabela 5.1

Fonte	1990		1991		1992*	
Principais receitas	US$	%	US$	%	US$	%
Repasses do Estado	5.000.000	50	5.760.000	48	5.400.000	30
Convênios federais	2.000.000	20	2.520.000	21	6.300.000	35
Projetos p/ petroquímica	1.000.000	10	1.320.000	11	2.700.000	15
Projetos agroindustriais	800.000	8	1.200.000	10	2.160.000	12
Cursos em aberto	700.000	7	840.000	7	1.260.000	7
Outras receitas diversas	500.000	5	360.000	3	180.000	1
Totais	10.000.000	100	12.000.000	100	18.000.000	100

*Ano em que assumiu a diretoria atual.

Dirceu:	Bem, essa estratégia foi definida há quatro anos, em 1988, quando assumiu a diretoria anterior, e estamos nos saindo muito bem. A ideia era depender o mínimo possível da dotação do Tesouro Estadual. Naquele ano, não tínhamos recursos financeiros sequer para comprar uma caixa de alfinetes. Todas as compras dependiam de autorização da Secretaria da Fazenda. Além da dependência financeira, os processos de compra e liberação dos recursos eram muito demorados. Para agravar a situação, em 1989, a Secretaria do Planejamento emitiu uma circular informando que somente haveria recursos para o pagamento de salários e respectivos encargos. Tivemos que acelerar o incremento de novas receitas. Ainda bem que tínhamos iniciado no ano anterior e já estávamos com um bom caminho andado.
J.F.:	Isso foi naquele ano. Hoje o Estado tem condições de suprir todas as nossas necessidades.
Marco:	Uma vitória que conseguimos nos últimos três anos foi poder capacitar todos os nossos professores e pessoal de nível técnico com os recursos financeiros extras. O governo nunca aceitou liberar recursos para treinamento e desenvolvimento. Conseguimos também automatizar o nosso sistema de folha de pagamento e de fornecedores. Essa política de investir recursos próprios em *know how* é que tem colocado a organização F à frente das demais instituições congêneres. Hoje somos referência nacional no campo do desenvolvimento de executivos. Inclusive, mantemos diversas parcerias com universidades nacionais e estrangeiras.
J.F.:	Essa estratégia dispersa muito o nosso foco prioritário, que deve ser o serviço público. Nele, as mudanças são mais graduais, porque está tudo normatizado e definido. O que dispomos é de um grande público interno a atender.
Rafael:	Finalmente encontro um diretor presidente que tem uma visão focada na administração direta e indireta do Estado. Como funcionário público há muitos anos e hoje cedido à organização F posso contribuir de muitas maneiras com esse foco novo. Sempre fomos relegados a um segundo plano em termos de desenvolvimento profissional, tendo que realizar nosso trabalho através de esforço e motivação pessoais.
Dirceu:	Eu participava das reuniões estratégicas da diretoria anterior e posso atestar a existência de um consenso de que o serviço público só teria a ganhar com os modelos de gestão da iniciativa privada. Nunca fizemos uma distinção entre público e privado. Todos são profissionais que merecem ser desenvolvidos igualmente.

J.F.:	Isso é muito bonito como filosofia, mas, como você mesmo falou, foi uma estratégia definida no passado, e nós vamos implantar a nossa, que será bem diferente daquela.
Dirceu:	Mas, caro diretor, se tivéssemos mais tempo para pensar um pouco melhor, quem sabe...
Bernadete:	Acredito que as intenções do diretor presidente estão bem claras e transparentes. O nosso papel é apoiá-lo sem restrições, deixando de lado as ideias do passado e adequando os nossos procedimentos. Agora é a hora de formarmos um time coeso e liderado pelo presidente.
Clóvis:	Bem, pessoal, eu estou iniciando minhas atribuições de diretor juntamente com vocês e vejo que a receita dos convênios federais é bem significativa. Acredito que poderíamos mantê-los por enquanto, o que nos proporcionaria uma interessante independência financeira
J.F.:	Vamos dar por encerrado esse assunto por enquanto. Eu assumo a responsabilidade de garantir todos os recursos financeiros necessários junto ao Tesouro do Estado. Quero um relatório completo dos convênios em andamento e formas de encerrá-los o mais rápido possível. Da mesma forma, todos os cursos abertos para as empresas privadas e pessoas que não sejam funcionários ligados ao Estado devem ser cancelados. Vamos apenas concluir os que já estão em andamento.
Marco:	Mas, presidente, os recursos dos convênios e dos cursos abertos são valores que complementam o numerário necessário para pagarmos a folha de salários, encargos e fornecedores, inclusive as reformas nas salas de treinamento que estão sendo realizadas em todo o bloco D. Começamos essas obras contando com esses recursos.
J.F.:	Eu não sei se me fiz entender bem. Eu já disse que vou providenciar todos os recursos necessários de uma só fonte, que é o Tesouro Estadual. Você só tem que me informar todos os meses o valor necessário para cobrir as despesas. Vamos lá e façam o que foi determinado.

Análise comportamental do principal líder do Caso 5

A Figura 5.1 demonstra o inventário de estilo de poder formal (A) do diretor presidente, J.F, seu perfil de habilidades comportamentais (B), o estilo de liderança utilizado (C-D) e qual seria o estilo mais eficaz (C-F). O inventário de estilo de poder formal atesta um processo de gestão totalmente centrado

Capítulo 5 Zona de conforto

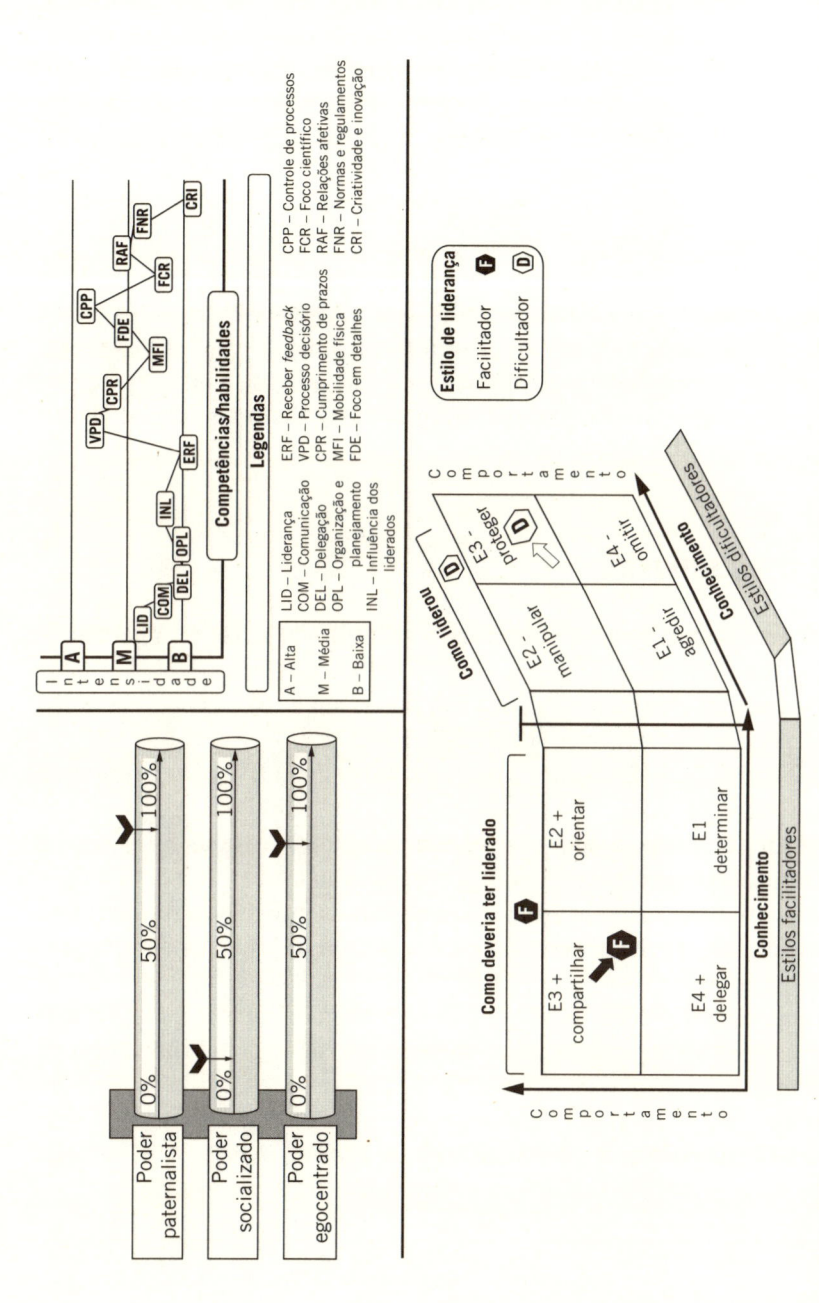

Figura 5.1 Análise comportamental do principal líder do Caso 5, sob o ponto de vista do poder, das habilidades e dos estilos de liderança.

Fonte: W&W Human Technology.

em si mesmo, atuando de forma paternalista autoritária, não reconhecendo maturidade contributiva nos subordinados mais antigos e experientes.

O diagnóstico de suas habilidades comportamentais demonstra muito baixa competência para a liderança de grupos, baixa delegação de poder e praticamente não aceitação da influência de ninguém. Complementando o seu perfil autocrático paternalista, o presidente utiliza como estilo principal de liderança o de líder protetor, designando-se como o defensor maior das pessoas, por meio do retorno às velhas práticas.

O estilo de liderança mais aconselhável no caso, já que seus subordinados tinham conhecimento e vivência dos processos operativos da organização F, seria o de compartilhar com eles os caminhos e a forma de geri-la nos próximos anos. Esse procedimento reduziria o nível de estresse e insegurança do grupo, promovendo o necessário comprometimento de todos com os objetivos propostos.

Pontos para reflexão

1. Qual a principal conquista obtida pela administração anterior para a organização F?
2. Por que e a quem interessava que a organização F retornasse à condição de dependência financeira absoluta do Estado?
3. Quais os motivos do diretor presidente ao reduzir a receita própria da organização F?
4. Além de ter obtido a sua independência financeira, qual era o grande diferencial competitivo que tinha a organização F?
5. Por que o diretor financeiro e o gerente financeiro, como funcionários mais antigos, tentaram convencer J.F. a manter a estratégia de independência financeira?
6. Por que o diretor técnico não tomava partido nem opinava sobre o melhor caminho a seguir, procurando sempre afastar-se das discussões financeiras quando elas ocorriam?
7. Quais os efeitos, no curto e no longo prazos, que a organização F sofreria quanto à sua posição de destaque no mercado com relação a tecnologias de ponta e professores altamente capacitados? Explique tais efeitos.
8. Quais as possíveis consequências na motivação e no comprometimento das pessoas da atitude do diretor J.F. de contínua dependência de uma única fonte de recursos financeiros?

9. Quais seriam as principais dificuldades da organização F no futuro quando optasse por incrementar novamente a sua receita própria, tornando-se financeiramente independente?
10. Após alguns anos agindo de acordo com essa estratégia de dependência do Estado, qual seria a cultura predominante na organização F?

Conclusão

O diretor presidente rompeu com uma cultura de gestão colocada em prática pela administração anterior, que buscava proporcionar a independência financeira da organização F do Tesouro Estadual, possibilitando à mesma um crescimento sustentado e diferenciado.

A mentalidade do principal executivo que assumia a organização após essa conquista estava ancorada em um passado distante, quando a dependência financeira do Estado era uma *práxis* comum, pois não havia riscos. A responsabilidade pela falta eventual de recursos ficava fácil de justificar, e atuar apenas dentro das "fronteiras" do governo estadual criava uma zona de conforto protegida e muito conveniente para ambas as partes.

A organização F, que tinha conseguido um espaço vital e invejável nas áreas de agroindústria e petroquímica nos cursos endereçados aos executivos das empresas privadas, estava agora condenada a enterrar a sua cultura de gestão progressista e construída a duras penas para transformar-se, novamente, em uma organização acomodada e sem brios.

O gerente financeiro, Dirceu, e o de recursos humanos, Marco, foram pressionados para mudar seus comportamentos e pontos de vista. Visto que toda a diretoria era nova e a maioria de seus representantes eram oriundos do próprio serviço público, os dois gerentes não encontraram parceiros internos para tentar manter a cultura inovadora e profissional já enraizada na organização F. Naquele momento, somente os dois gerentes antigos, que já tinham vivenciado as duas culturas anteriormente, sabiam bem do resultado final daquela desastrosa guinada ao passado.

Baixa autoestima dos funcionários, redução drástica nos investimentos em treinamento e desenvolvimento dos recursos humanos internos, falta de melhorias nos ambientes de trabalho e atualização tecnológica e outras consequências decorrentes da falta de recursos financeiros próprios fatalmente levariam a organização ao sucateamento material e humano.

A propósito do comportamento de líderes que se identificam com o diretor presidente do Caso 5, D.K. Carr (1992) comenta:

> Quando perdemos as fórmulas confortáveis que até então tinham sido nossos guias em meio às complexidades da existência, sentimos como se estivéssemos nos afogando num mar de fatos, até encontrarmos um novo apoio para os pés ou aprendermos a nadar.

O resultado final era totalmente previsível: a organização F seria uma organização voltada para dentro de sua própria casa, desatualizada, ineficaz e dependente de tudo e de todos, ou seja, uma instituição agregando pouco valor à sociedade produtiva, sem razão, inclusive, que justificasse a sua existência.

Como estímulo a todos, sociedade e servidores públicos, vale a pena tomar conhecimento dos comentários do primeiro-ministro português José Sócrates sobre a decisão da Comissão Europeia de atribuir nota 100 aos serviços públicos portugueses:

> Em apenas cinco anos nós mudamos a face da administração pública, (...) passamos de um modesto lugar, abaixo das médias europeias, para a liderança do Governo (...) em termos de disponibilização dos serviços públicos 'online' e de sofisticação dos serviços, qualquer que seja o ângulo pelo qual se analise o *ranking*.
>
> Eu venho aqui para homenagear todos os funcionários públicos portugueses, porque foram eles que deram o contributo para esta mudança. Este primeiro lugar que obtivemos é da administração pública, dos funcionários públicos,

afirmou José Sócrates, considerando que o trabalho desta classe precisa ser enaltecido.

> O país está farto da maledicência sobre a administração pública e daquilo que significa o apoucamento dos funcionários públicos. A verdade é que, em muitos domínios, Portugal está na linha da frente de uma administração pública eficaz, moderna e que presta bons serviços aos cidadãos.

Para o primeiro-ministro, os resultados do estudo da Comissão Europeia só foram possíveis graças a uma administração pública "competente, qualificada e capaz (...) com orientação e com políticas adequadas".

O serviço público português recebeu nota máxima em todos os parâmetros avaliados.

Capítulo 6

Planejamento estratégico e informações

> *A má informação é mais desesperadora que a não informação.*
> Charles Caleb Colton, clérigo e escritor
> Inglaterra, 1780-1832

Apesar de ser uma metodologia bastante estruturada, o planejamento estratégico depende fundamentalmente, como outras ferramentas de gestão, da motivação e do comprometimento de todos os agentes que nele se envolverão.

Quando um líder administra uma empresa, deve reconhecer que nenhum planejamento formal permite antever todas as mudanças que afetarão a organização em um futuro próximo. Isso significa que não se deve planejar? Em absoluto! Como afirma Andrew S. Grove (1997):

> Devemos planejar da mesma forma que um grupo de combate a incêndios planeja: como não se pode prever onde será o próximo incêndio, é necessário formar uma equipe suficientemente ágil e eficiente para responder tanto aos eventos comuns quanto aos imprevistos.

Essa habilidade de envolvimento das pessoas com os objetivos e caminhos definidos para a organização me lembra uma das fotografias mais publicadas na imprensa mundial em todos os tempos: o instante da fixação da bandeira americana, pelos fuzileiros navais, na ilha de Iwo Jima, no monte Suribachi, durante a Segunda Guerra Mundial.

James Bradley, o último sobrevivente dos sete fuzileiros que ergueram a bandeira, relata:

> Quando cheguei ao local eles estavam terminando de prender a bandeira ao mastro e estavam prontos para erguê-lo. Eu fiz apenas o que qualquer um teria feito. Dei uma mãozinha. É assim em combate. Você simplesmente ajuda quem precisa de ajuda. Eles não pediram a minha ajuda. Eu apenas me aproximei e ajudei. Em função deste episódio as pessoas se referem a nós como heróis (...). Certamente não fomos heróis. (Bradley; Powers, 2006, p. 365).

O que torna tão difícil a participação das pessoas nos movimentos estruturados e que fazem pensar? Seria a ameaça da mudança? A exposição nos grupos sobre o conhecimento das pessoas? O receio de perder espaço e as condições de exercício do poder centralizado?

Gostaria de gerar uma nova hipótese complementar (e, talvez, em alguns casos, fundamental), que trata da forte imantação que possuem as atividades operacionais em detrimento das estratégicas. Ao longo da construção de muitos planos estratégicos em diversas empresas, notei a seguinte sequência comum de eventos comportamentais:

- receio do processo, tendo em vista todo o "mistério" que ainda o cerca;
- motivação das pessoas em alta no momento em que são envolvidas;
- contagiante entusiasmo na fase do planejamento;
- relativo envolvimento comportamental nos primeiros passos da implantação;
- primeiras tentativas de "fuga" do processo;
- fábrica de desculpas para não mais se envolver;
- abandono gradual do planejamento estratégico, causado pela força de atração (e manutenção do emprego) que a atividade operacional e de curtíssimo prazo exige no dia a dia do trabalho;
- contaminação do grupo maior em forma de cascata invertida e que consegue chegar à área mais estratégica da empresa, representada pelos seus líderes.

O planejamento estratégico – prefiro o termo pensamento estratégico por este ser mais permanente e promover a necessidade de revisões diárias – tem o efeito de alterar a cultura de uma organização. No entanto, a cultura não muda por si e não pode ser influenciada diretamente por ele. O caminho que leva à mudança, como enfatizo neste livro, passa pelo comportamento dos líderes e dos liderados, pelas práticas transparentes e pela democratização da informação.

O efeito indireto do planejamento/pensamento estratégico na empresa é o fato de a cultura se modificar gradualmente, impregnando a todos dentro da organização, pois o processo deve vir apoiado nos valores esposados por ela. Se essa organização estiver satisfeita com o seu desempenho durante um tempo além do razoável (esse tempo depende da característica da empresa, do mercado e da concorrência), é provável que ela não tenha percebido o risco que corre.

É necessário que os líderes e seus colaboradores abram os olhos para as ameaças (e oportunidades) externas de negócios e para as deficiências internas que podem ser melhoradas. Nesse momento, a comunicação assume vital importância para o sucesso. Vejamos uma estratégia pontual da Dell, exposta pelo seu principal líder, Michael Dell (1999):

> Comunicamos com grande entusiasmo a necessidade de atingir nossas metas com os servidores [equipamentos]. [...] Realizamos um grande evento – The Great Dell Torch Event – para sete mil funcionários, que, por ser localizado no centro de Austin, facilitava a volta para casa. Alguém se vestiu de 'homem servidor' com uma capa, meia calça justa e um S enorme no peito e entrou em todos os prédios convidando pessoas para visitar o evento. [...] Eu inaugurei a noite correndo para dentro do auditório segurando uma tocha de proporções olímpicas. [...] Foi muito divertido e fez muito efeito. De acordo com os cálculos [...] 98% das pessoas que o visitaram entenderam a nossa estratégia do servidor e o papel de sua propagação.

O Caso 6, que ilustra os conceitos e práticas do planejamento/pensamento estratégico, foca a resistência tenaz de uma gerente financeira em fornecer as informações necessárias para o andamento de um processo. Diversos projetos, senão todos, ficaram inviabilizados ou distorcidos em função desse comportamento. Os olhos dela estavam abertos, a necessidade era percebida em toda a empresa, os concorrentes estavam avançando e tirando expressivas "fatias" de seus tradicionais clientes, mas a insegurança pessoal foi mais forte.

A gerente ocupava uma função de nível intermediário na estrutura formal de poder. Assim, manipulando e negando fornecer as informações necessárias aos líderes de projetos, ela exercia uma influência muito forte junto à diretoria.

Planejar e raciocinar estrategicamente significa compreender se o que se tem em mente poderá ser atingido. A informação necessária e a boa vontade devem fluir de cima para baixo, e não ao contrário. Quando a área financeira nega fornecer as informações necessárias ou dificulta esse fornecimento, todas as ações e iniciativas tomadas de baixo para cima se tornam infrutíferas, o que, no médio e longo prazos, afetará a credibilidade do processo.

Reforçando os conceitos e estudos a respeito dos modelos mentais, os quais interagem diretamente com o tema, é interessante citar a obra de Peter Senge e colaboradores (1995, p. 223), intitulada *A quinta disciplina: caderno de campo*. Diz o texto:

> O conceito de modelos mentais data da antiguidade, mas a expressão foi cunhada pelo psicólogo escocês Kenneth Craik na década de 1940. Desde então ela tem sido utilizada por psicólogos e cientistas cognitivos, tais como Philip Johnson-Laird da Princenton University, Marvin Minsky e Seymor Papart do MIT – Massachussets Institute of Technology, e gradativamente utilizados pelos gerentes. Na cognição o termo refere-se tanto aos 'mapas' tácitos semipermanentes do mundo em que as pessoas retêm a sua memória de longa duração quanto às percepções de curto prazo que elas constroem como parte de seus processos diários de raciocínio. De acordo com alguns teóricos da cognição, mudanças nos modelos mentais diários de curto prazo, acumulando-se com o tempo, gradativamente se refletem em mudanças nas crenças arraigadas de longa duração.

Quando uma empresa cresce e se torna uma organização maior, os líderes devem promover ações para encurtar a distância entre eles e as suas equipes, desenvolvendo estruturas flexíveis e processos de comunicação que democratizem a informação, visando a:

- mobilizar as equipes em torno de metas comuns;
- focar em metas de longo prazo, comprometendo as suas equipes com tais metas;
- participar efetivamente dos processos de escolha dos melhores talentos;
- promover oportunidades de crescimento pessoal;
- envolver-se com informações e pessoas;
- conectar-se com o mundo exterior e com as suas equipes, seu patrimônio maior.

Acredito que o Caso 6 fornecerá os *inputs* necessários para a compreensão dos desvios comportamentais ocorridos e suas possíveis causas.

Caso 6

Tema: Quando planejar é importante, mas esconder o jogo também é.
Perfil da empresa: empresa privada de médio porte do ramo de serviços (empresa M).
Personagens:
Carla, diretora superintendente
Bety, diretora de mercado
Joyce, gerente financeira
Carl, gerente de mercado
Raul, gerente de planejamento
Cris, gerente de recursos humanos
Robert, coordenador do planejamento estratégico

Com a aceleração da atividade econômica dos anos 2007/2008, a empresa M passava por um momento de euforia e crescimento em suas operações no mercado. Ela crescia de forma exponencial e sem planejamento. Como consequência, as decisões eram tomadas por impulso, de forma centralizada e sem uma análise mais aprofundada.

Após um investimento mal-sucedido em outro Estado, foi iniciado um programa de capacitação dos executivos da empresa, visando à implantação de um planejamento estratégico.

Nos momentos de implantação de qualquer ferramenta de gestão, o comportamento organizacional pode ser o mais diverso. Alguns ficam eufóricos com a possibilidade de organizar melhor os rumos e os esforços, e outros, não conhecendo o processo, reagem de forma negativa, resistindo à sua adoção.

Imaginando essas reações contraditórias, as lideranças da empresa M contrataram e utilizaram uma abordagem complementar e diferenciada. Em primeiro lugar, todos os líderes da empresa (aqueles que ocupavam os cargos de gestão em todos os níveis) foram preparados para o processo de planejamento, para somente depois ser iniciado o processo em si.

Após alguns meses dedicados ao desenvolvimento das lideranças internas, o processo de implantação do planejamento estratégico foi anunciado e foram dados os primeiros passos para sua implantação. Foram definidos cinco macro-objetivos estratégicos, desdobrados em 20 projetos sistêmicos.

Tanto a fase filosófica do plano estratégico (negócio, missão, visão e valores), quanto a fase de montagem das equipes e os primeiros passos diagnósticos para a definição dos projetos (objetivos) prioritários transcorreram de forma proficiente e motivadora. Dois obstáculos inesperados, entretanto, comprometeram o andamento do processo. Um estava relacionado com as atividades operacionais do dia a dia e o outro com o sistema de recompensas pecuniárias: todas as pessoas, inclusive os gestores, tinham a maior parte de sua remuneração mensal vinculada aos resultados de curto prazo. Ninguém era valorizado ou premiado financeiramente por adotar uma postura e atitudes voltadas ao longo prazo ou mesmo pela adoção do pensamento estratégico.

Transcorrido algum tempo, as pessoas preferiram atuar somente nas atividades de curto prazo, procurando, inclusive, desculpas para ausentar-se das tarefas inerentes ao planejamento estratégico. Um dos principais gestores da empresa chamou um de seus colaboradores mais entusiasmados com as atividades relacionadas à nova estratégia, protagonizando um diálogo que vale a pena registrar:

Gestor: Você não acha que está dedicando tempo demais às atividades relacionadas com o planejamento?

Colaborador: Mas não foi a própria diretoria que afirmou ser o planejamento uma atividade prioritária de todos, inclusive com o apoio explícito de todos os gerentes?

Gestor: Eu sei disso, mas só quero fazer uma pergunta para você: o seu salário e a sua avaliação anual irão valorizar o trabalho realizado para a implantação do planejamento estratégico ou as metas mensais a cumprir? Lembre-se de que, pelas regras atuais, sou eu quem vai fazer a sua avaliação de desempenho.

Seis meses depois, com a revisão realizada, o planejamento estratégico gerou novo ânimo em todos. Os resultados não mais correspondiam aos números desejados e a concorrência havia aumentado, bem como a exigência dos clientes em receber melhor qualidade e maior agilidade. O ciclo de aprendizagem do planejamento estratégico estava concluído e era o momento de funcionar como um sistema de apoio às decisões estratégicas da empresa M.

Nesta segunda fase, mais profissional e focada em números e indicadores, a área financeira tornou-se vital no suporte aos projetos em andamento. No entanto, surgiu um novo obstáculo, somando-se aos dois anteriormente mencionados: a resistência – quase sabotagem – da gerência financeira em fornecer as informações necessárias para embasar os caminhos a serem seguidos. Tudo era considerado segredo, todas as informações passaram a ser blindadas, como se solicitadas com propósitos escusos.

Os projetos começaram a ficar emperrados e sem a consistência técnica necessária para serem implantados. Alguns diálogos foram registrados em uma reunião convocada naquele momento de "cabo de força" entre o coordenador do planejamento estratégico e a gerente financeira. Nessa reunião participaram Carla, Bety, Raul, Cris e Robert. Seguem os diálogos:

Carla: Pessoal, a nossa reunião tem por objetivo conciliar as atividades de planejamento estratégico com o fornecimento de informações financeiras sem comprometer a segurança da empresa. Espero que possamos chegar a um entendimento do que e de como vamos fazer.

Joyce: Sinceramente, eu não vejo por que uma reunião com tanta gente para decidir esse assunto. Isso poderia ser resolvido internamente na minha área com o Raul, que é o gerente de planejamento. Quando muitas pessoas se envolvem acaba não dando certo.

Robert: Acontece que sou eu quem tem que obter os resultados esperados das equipes. Os coordenadores de projetos já estão querendo desistir, porque há um imenso desgaste pessoal na busca das informações necessárias para que os projetos deslanchem.

Bety: Estou totalmente de acordo com a Joyce. Ela tem a nossa confiança total. Está na função de gerente financeira desde que iniciou a empresa M e ninguém conhece mais do que ela os riscos que corremos ao proporcionar o pleno acesso a todas as informações solicitadas.

Robert: Mas, diretora, as informações de que os coordenadores de projeto necessitam são básicas e não são consideradas sigilosas ou de risco.

Joyce: Todas as informações financeiras são de risco. Imagine se alguém do grupo de trabalho resolve levar essas informações para fora da empresa? Sou totalmente contra e já estou estressada com esse assunto.

Raul: Talvez pudéssemos encontrar um meio termo, um filtro. Quem sabe se todas as informações passassem pelo crivo da diretoria antes de chegar aos grupos de projetos?

Joyce: Era só o que faltava! As duas diretoras não dispõem de tempo nem para os assuntos mais críticos da empresa, quanto mais para ficar analisando relatórios que seriam elaborados por nós. Isso é um trabalho desnecessário.

Carla: Ainda não ouvi a opinião da Cris, nossa gerente de recursos humanos.

Cris: Eu coordeno um dos projetos relacionados com o plano de cargos e salários e, por enquanto, não necessito de informações da área financeira. Vamos começar agora a fase de pesquisa de mercado. Quanto aos outros projetos, eu desconheço a necessidade dessas informações financeiras para eles.

Robert: Agora quem não está entendendo nada sou eu. Você vai fazer uma pesquisa de mercado com o seu pessoal, sem custos diretos, ou ela será feita por uma empresa especializada?

Cris: Nós, do RH, estávamos pensando em contratar uma empresa especializada. Nós não temos as mínimas condições de fazer isso diretamente.

Robert: Então como é que não vão precisar de informações da área financeira?

Nesse momento, estabeleceu-se uma discussão paralela sobre o custo da pesquisa, sobre a qual centro de custos seria vinculada, quem autorizou a contratação, quem decidiu a melhor parceria, se estava ou não no orçamento, quando a diretora superintendente interrompeu:

Carla: Está bem, pessoal. Vamos parar por aqui. Bety e eu decidiremos o que fazer e depois comunicaremos a vocês.

Enquanto todos retornavam para seus locais de trabalho, a gerente financeira ficou para trás e conversou com as duas diretoras em particular:

Joyce: Vocês não podem ceder. Eu não vou aceitar isso. Tenho sido o braço direito de vocês há muitos anos e devo ser atendida. Acredito ser melhor pararmos com esse tal de planejamento estratégico e voltarmos ao que era antes: decidimos nós três e pronto. Esta história de gestão participativa é tema teórico para livros, e não para a vida real.

Joyce saiu da sala com a certeza de ter obtido, mais uma vez, a aquiescência das duas diretoras. Afinal, nos últimos 10 anos, tinha sido sempre assim. Quando Joyce se retirou, a diretora de mercado desabafou:

Bety: Sabe de uma coisa? Joyce tem razão. Enquanto eu fico em São Paulo toda a semana, vocês ficam aqui decidindo pela empresa. Sinceramente, eu prefiro o sistema anterior de gestão. Sempre deu certo, e o que as pessoas aqui precisam mesmo é cumprir metas. Joyce sabe tudo da área financeira, mais do que nós duas juntas. Não podemos prescindir dos serviços dela. Estamos nas mãos dela.

Análise comportamental do principal líder do Caso 6

A Figura 6.1 demonstra o inventário do estilo de poder formal (A) da gerente financeira, Joyce, suas motivações (B), habilidades comportamentais (C), estilo de liderança utilizado (D) e qual seria o estilo mais eficaz (D-F).

O gráfico demonstra como era utilizado o poder formal por parte da gerente financeira com relação aos seus subordinados e pares. Toda a sua visão de poder estava centrada em si mesma. Ela e a área financeira deveriam comandar tudo e informar o mínimo possível.

Como era uma pessoa insegura de sua posição na empresa, pois tinha muitas informações sobre a situação econômico-financeira, Joyce procurava assegurar sua posição por meio da busca do poder formal e pela sonegação das informações necessárias ao planejamento estratégico.

Todas as habilidades para o exercício da liderança estavam desfocadas. Ela possuía baixa comunicação, desconfiava das pessoas, não aceitava a influência de ninguém no seu trabalho, era avessa ao planejamento e ao *feedback* construtivo e não tinha interesse em participar de qualquer atividade relacionada ao planejamento estratégico, omitindo dados e informações importantes. Seu estilo de liderança caracterizava-a como uma pessoa centralizadora, desconfiada e ausente. Poderia obter excelentes resultados se compartilhasse com seus pares e liderados que dispunham de uma maturidade alta e tinham muito com o que contribuir.

Capítulo 6 Planejamento estratégico e informações

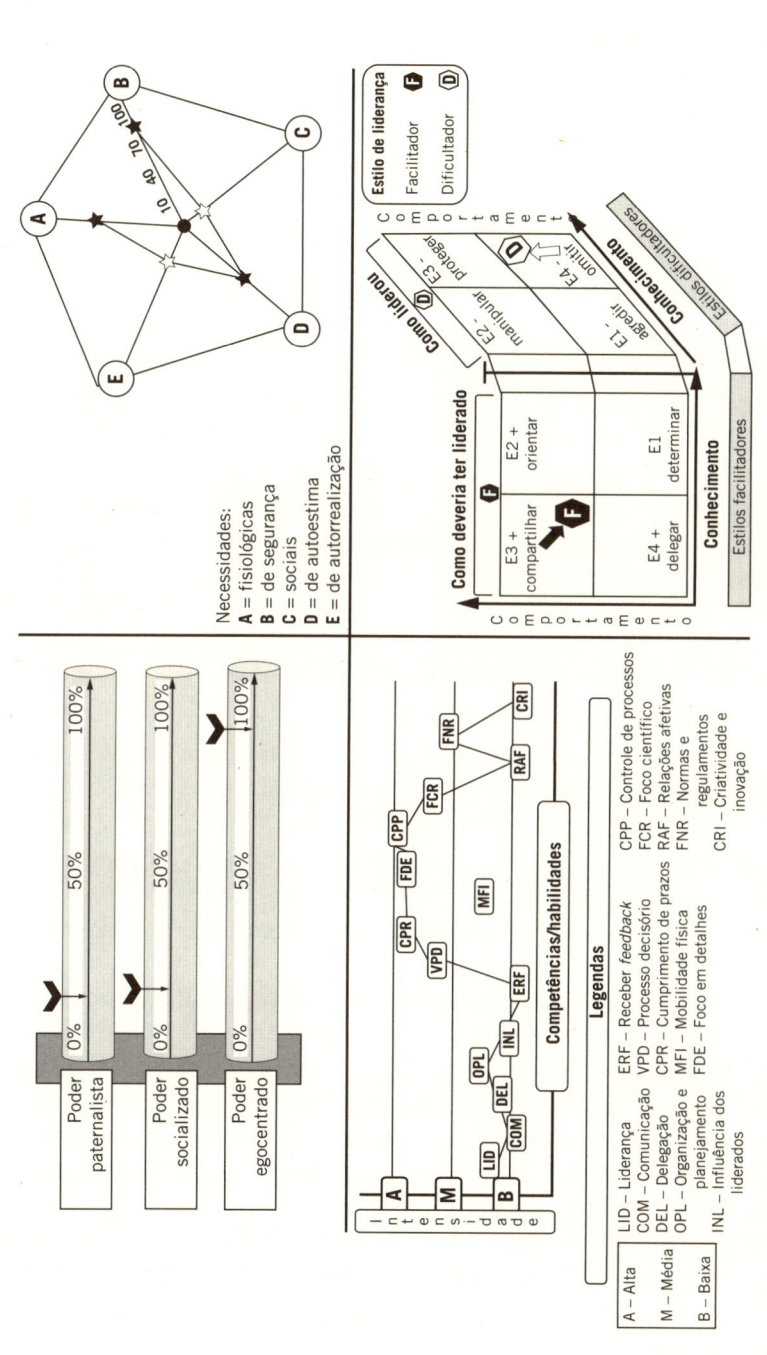

Figura 6.1 Análise comportamental do principal líder do Caso 6, sob o ponto de vista do poder, da motivação, das habilidades e dos estilos de liderança.

Fonte: W&W Human Technology.

Diagnóstico complementar

A gerente financeira, Joyce, estava muito segura de si e não reconhecia em seus pares da gerência financeira e nos demais colegas um nível de conhecimento e maturidade para manusear as informações financeiras da empresa. Ficou evidente que o seu diagnóstico era falho, nem tanto pelo diagnóstico dos outros, mas pela percepção que tinha de si mesma. Muita insegurança pessoal e a necessidade de manter a sua posição de mando em todo o sistema produtivo, na realidade, moldavam o seu comportamento.

A diretora superintendente, Carla, muito entusiasmada com o planejamento estratégico, deixou-se manipular pela gerente financeira quando os demais grupos de projetos começaram a solicitar as informações de que necessitavam. Ela tentou uma reação no início, mas logo sucumbiu aos argumentos de riscos superestimados e valorizados como segredo. Nesse aspecto, a posição existencial altamente negativista da sua colega diretora de mercado, Bety, foi fundamental para que ela não obtivesse o apoio necessário para continuar com o planejamento estratégico.

Como decorrência do retrocesso nas intenções e ações de implantação das mudanças via planejamento estratégico, os principais defensores do processo foram gradualmente desligados da empresa M.

Pontos para reflexão

1. Qual foi a principal motivação para a implantação do planejamento estratégico na empresa M?
2. Por que os projetos diretamente relacionados com a área financeira não deslanchavam?
3. Qual a postura da gerente financeira, Joyce, frente ao planejamento estratégico como um todo?
4. Quando as equipes de projeto começaram a solicitar informações da área financeira, qual foi o comportamento de Joyce? Por quê?
5. Quais seriam os motivos pelos quais as diretoras não tomaram providência alguma para que as informações financeiras fossem prestadas, já que elas tinham contratado a implantação do plano estratégico?
6. O que aconteceu com o andamento do planejamento estratégico após a reunião "secreta" entre as diretoras e a gerente financeira? Por quê?
7. Quem saiu fortalecido com o cancelamento da implantação do planejamento estratégico?

8. Quais foram as possíveis causas da demissão de Raul, Cris e Robert?
9. Qual seria a possibilidade de êxito da aplicação de uma nova ferramenta de gestão junto aos funcionários da empresa M? Por quê?
10. Por que até os projetos bem-sucedidos foram cancelados pela diretoria?

Conclusão

Pode-se inferir, sem medo de errar, que qualquer proposta de mudança futura com a aplicação de um modelo de gestão que não seja o identificado com a velha cultura paternalista não terá mais um ambiente de apoio e comprometimento de parte dos funcionários.

O desgaste com o abandono do planejamento estratégico pela diretoria, patrocinado pela gerente financeira, ficaria ainda marcado por muito tempo na memória daqueles liderados. Para auxiliar na conclusão do Caso 6, algumas perguntas importantes devem ser formuladas:

- Por que certas empresas com um relacionamento quase familiar na cúpula diretiva por vezes conseguem superar o desempenho exigido pelo mercado, mas não conseguem mantê-lo?
- Por que essas empresas fracassam após alguns anos de sucesso?
- Por que algumas vantagens competitivas obtidas em algumas áreas da empresa se perdem e se tornam desvantagens quando dependentes de outras áreas da mesma empresa?
- Por que, nessas empresas, há uma dificuldade imensa para manter uma rede de relacionamentos (*network*) com intensa comunicação e sólidos relacionamentos?
- O que faz que algumas áreas com características de controle travem o desenvolvimento e a produtividade dos demais?
- O que faz que as ações de médio e longo prazo tenham tanta dificuldade em consolidar-se?

Todos os líderes eficazes sabem que ninguém desenvolve a capacidade de pensar e influenciar os liderados em determinado direcionamento de liderança participativa para depois retornar para um modelo de gestão impositivo e egocentrado. O cerceamento da liberdade de pensar e sugerir caminhos, proporcionada pelo planejamento/pensamento estratégico, é irreversível em termos de desempenho individual e coletivo.

Isso significa algo como demonstrar confiança em alguém, delegar, dar espaço ao seu crescimento, aumentar a sua autoestima para, logo após, anunciar que esse procedimento foi apenas para demonstrar como poderia ser, mas que nunca será. O sentimento de frustração causado pela sensação de manipulação será evidente.

No caso da empresa M, muitos colaboradores demitiram-se por não quererem mais voltar a se submeter ao antigo modelo autocrático. Outros, mais rebeldes, querendo manter a nova forma de gestão participativa, foram sumariamente demitidos e substituídos por profissionais mais "dóceis" e fáceis de conduzir via métodos centralizadores, em que a palavra de ordem não se chama mais participação, e sim obediência.

A própria diretoria acabou refém da gerente financeira em função do estilo manipulador e autocrático dela e em função de como ela utilizava as informações financeiras: muito mais em benefício próprio e como fonte de poder. Como a direção, por motivos de conforto e complacência, nunca cobrou uma atitude diferente de Joyce, ela aproveitou o espaço e assumiu o verdadeiro controle da empresa M.

Durante quanto tempo ela se manteria no poder absoluto? Possivelmente até o momento em que os concorrentes e o mercado exigissem da empresa M resultados bem acima daqueles que vinha apresentando até o momento. O grande desafio de sua diretoria não seria a simples substituição da gerente financeira, e sim fazer retornar o espírito participativo dos empregados, que haviam se acomodado em uma posição confortável de apenas receber, de forma detalhada e sem compromisso, as tarefas a serem executadas.

A cultura e o ambiente organizacional da empresa estariam criando as condições propícias à substituição desta por outra de cultura mais profissionalizada, ou, como segunda hipótese, deveria ela passar por um profundo processo de reestruturação no seu componente psicossocial: novos talentos, novos gestores, atividades por metas e assim por diante.

Capítulo 7

Reengenharia

*Nada existe tão alto em que o homem,
com força de vontade, não possa apoiar a sua escada.*

Friedrich Schiller, poeta, filósofo e escritor
Alemanha, 1759-1805

O termo e a metodologia denominada reengenharia foram criados pelos americanos Michael Hammer e James Champy nos anos 1990. A reengenharia é um sistema administrativo utilizado pelas organizações para se manterem competitivas no mercado e alcançarem as suas metas, reformulando o seu modo de fazer negócios, suas atividades e suas tarefas e/ou processos. (Hammer; Champy, 1994).

Para os estudiosos Stair e Reynolds (2002, p.39), o conceito é bem mais contundente e corresponde ao "redesenho de processos, envolvendo a readequação da dinâmica empresarial, estruturas organizacionais, sistemas de informação e valores da organização, objetivando uma guinada nos resultados dos negócios da mesma".

Uma das estratégias mais utilizadas no mundo inteiro pelas empresas para a implantação da reengenharia foram os projetos específicos interligados sistemicamente. Quanto a isso, diz Matthew Leitch (2003), especialista britânico em gestão de desempenho e risco:

> Existem muitas razões técnicas excelentes pelas quais a gestão evolucionária baseada em projetos constitui o melhor método para a estruturação de uma determinada atividade/objetivo. Ela reduz o risco do fracasso, acelera

a criação de utilidade pelo projeto, diminui os custos, aumenta a aprendizagem baseada na experiência, reduz o risco de se orientar por exigências já obsoletas e possibilita observar um progresso genuíno, em vez de um progresso imaginário.

Sempre existirão riscos, grandes ou pequenos, inerentes à execução das estratégias. Entretanto, eles não se localizam apenas na execução, mas principalmente na elaboração das estratégias, o que, por si só, já predispõe o projeto a nascer com distorções. O papel do líder neste contexto é detectar esses riscos e desviar-se de uma possível rota de colisão, transpondo-os com seus liderados.

Um dos riscos pouco percebidos na fase inicial do processo de construção dos projetos é a escolha do próprio líder e/ou de sua equipe. Um problema nesse aspecto pode ser percebido apenas quando é chegado o momento de disponibilizar as competências de todos para oferecer a abordagem técnico-comportamental necessária ao sucesso do empreendimento.

Outro erro que pode acentuar os riscos da utilização de uma estratégia equivocada é tentar defini-la sem observar e considerar os fenômenos externos que cercam a organização. A partir da percepção dos movimentos desses cenários externos à organização é que o líder e a sua equipe poderão construir uma visão interna compatível com as necessidades de uma estratégia abrangente e real.

A seguir, alguns dos principais movimentos extramuros atuais:

- globalização, blocos econômicos e uniões monetárias;
- fortalecimento da social-democracia;
- produtividade, competitividade e privatizações;
- impactos tecnológicos, principalmente nas comunicações;
- má distribuição da renda e do conhecimento;
- novas alianças mundiais, terrorismo, conflitos religiosos;
- novas fontes de energia, fome mundial, inflação, desastres ecológicos, movimentos políticos mundiais.

Após a articulação sistêmica dos movimentos intra e extramuros, as estratégias poderão ser propostas com menor risco de falhas e maior probabilidade de êxito. Para tanto, é necessário que o líder e seus liderados tenham também a competência de identificar, mapear e considerar os três principais cenários intramuros descritos a seguir:

1. O cenário organizacional

- o verdadeiro negócio;
- os macro-objetivos em andamento;

- as metas já estabelecidas e como se comportam;
- as potencialidades do mercado, dos negócios, das tecnologias e das pessoas;
- as deficiências não solucionadas e o quanto prejudicam os resultados perseguidos;
- as interdependências sistêmicas entre áreas, projetos e pessoas.

2. O cenário das equipes

- a situação e os desafios que o líder e os liderados estão enfrentado e a sua resultante atual;
- a maturidade demonstrada pelo líder e seus liderados na condução e solução dos problemas;
- os talentos humanos disponibilizados ao projeto e a sua escalação em função das suas competências e capacidades de trabalhar como uma equipe eficaz;
- a motivação e o comprometimento demonstrados pelo líder e pelos seus comandados.

3. O cenário pessoal

- a observância dos valores e credos individuais;
- o conhecimento e o respeito dos modelos mentais de cada um;
- o reconhecimento e a valorização das competências individuais para a tarefa;
- o conhecimento e o alinhamento dos sonhos, dos objetivos e das metas pessoais com os da organização;
- a existência e o reconhecimento de uma visão clara das principais motivações da equipe;
- a existência de clareza sobre as necessidades pessoais de exercício do poder e de caminhos lógicos e transparentes para a satisfação, de alguma forma, das motivações individuais.

Os processos de implantação da chamada mudança planejada, a partir da globalização, por meio da reengenharia, requereu, pela sua própria contundência e quebra de paradigmas, a presença de líderes eficazes para a sua condução.

A eficácia, à época, como também nas mudanças atuais, deveria contemplar em profundidade a construção de uma visão sistêmica e abrangente dos três cenários acima, com o propósito de fornecer ao líder os tão necessários *inputs* para o envolvimento e comprometimento dos agentes (liderados) da mudança.

Gary Hamel e C.K. Prahalad em *Competindo pelo Futuro*, afirmam:

> Se o objetivo da empresa for a liderança do setor, reestruturação e reengenharia não bastam. Para construir a liderança, a empresa precisa ser capaz de regenerar as estratégias essenciais (core strategies). Nesse sentido, não basta ficar mais enxuta e melhor; a empresa também precisa ter a capacidade de ficar diferente. (Hamel; Prahalad, 1995).

Em atividades empresariais com velozes mudanças, o maior impacto da reengenharia não atinge os profissionais dispensados, mas o núcleo que permanece na empresa. Normalmente, os recursos humanos desligados em função da reengenharia são contemplados com algum tipo de apoio nessa transição, como plano de saúde estendido por mais alguns meses, assessoramento de empresa especializada em recolocação da força de trabalho em organizações similares da região e, em alguns casos, é prevista a bonificação em dinheiro por tempo de serviço e outras formas complementares.

Quando não há transparência, ou as demissões são realizadas sem critérios aceitáveis ou as pessoas são informadas sem qualquer aviso prévio. Os profissionais que sobrevivem a isso refletem sobre a forma como a empresa agiu. Esse procedimento abrupto costuma romper a relação de confiança entre o capital e o trabalho, entre líderes e liderados.

Os que saem seguem adiante, e os que permanecem ficam com um sentimento de dúvida e com algumas preocupações permanentes em suas mentes: serei eu o próximo? Quando minha demissão irá ocorrer? Será também de surpresa? Qual o critério que irão utilizar? As lideranças estão sendo honestas e transparentes? Conseguirei uma colocação rápida no mercado?

Em resumo, a preocupação da força de trabalho migra de suas atividades produtivas normais para uma preocupação coletiva que irá determinar baixos padrões de desempenho e qualidade. As discussões internas não focam mais a solução de problemas, mas sim se haverá novas demissões.

Um efeito colateral muito observado nessas situações de mudança estrutural realizada sem critérios claros é que boa parte dos melhores profissionais que permaneceram irão procurar novos horizontes pessoais, desligando-se da empresa atual e buscando sua recolocação no mercado de trabalho. Assim, a empresa perde, pelo seu nebuloso jogo de poder, os seus principais e mais qualificados colaboradores.

O Caso 7, que ilustra esse tema, descreve um conjunto de atitudes da cúpula organizacional (líderes?) de uma empresa privada. Essas atitudes são em grande parte ações desfocadas da necessidade de realização de mudanças que poderiam levar a empresa a melhores níveis de desempenho e competitividade. Falta de sensibilidade, obediência cega à cúpula que estava no poder e deficiente visão das consequências que adviriam junto à força trabalhadora foram apenas alguns dos equívocos cometidos.

Caso 7

Tema: Quando as cartas estão marcadas.
Perfil da empresa: empresa privada multinacional de médio/grande porte do ramo industrial (empresa P).
Personagens:
Bill, diretor presidente
Georg, diretor de planejamento
Tom, diretor industrial
Fred, diretor financeiro
Wilby, assessor do diretor presidente
Mara, gerente de recursos humanos

A empresa P era uma fábrica bastante verticalizada em todo o seu processo produtivo, desde a matéria-prima até as atividades de pós-venda. Tinha garantido mais de 80% de suas fontes de matérias-primas por meio de produção direta, e os restantes 20% eram providos por fornecedores próximos à sua sede.

A oferta de matéria-prima no mercado era abundante, e raramente a empresa tinha necessidade de requisitar um fornecimento acima dos volumes normalmente adquiridos mensalmente. Somente em épocas de euforia no mercado externo a empresa pressionava os fornecedores com demandas bem acima de sua capacidade.

A estrutura fabril da empresa P (prédios, equipamentos, tecnologias e força de trabalho) estava bem dimensionada em termos de concorrentes no país, mas razoavelmente deficiente em relação aos parâmetros de competitividade internacional. O diferencial que a ajudava a competir no mercado externo em custo e preço final era a situação cambial, muito favorável nos últimos cinco anos. A preocupação era que esse fator se alterasse a qualquer momento.

Era chegada a hora de mudar radicalmente alguns processos e tornar a empresa P mais proficiente em termos de gestão de custos e operacionalidade fabril e comercial. O principal caminho escolhido, além da terceirização de algumas atividades meio, foi equipar a empresa com o que havia de mais avançado em tecnologia de ponta em termos de produção. A palavra de ordem era substituir todo o impacto humano nos custos diretos por tecnologia compatível e mais barata. Essa estratégia foi perseguida à risca, até com algum radicalismo desnecessário, tanto na área industrial como na comercial e na administrativa.

Alinhado a esses procedimentos de "menos pessoas e mais tecnologia" foi construído e consolidado um sentimento de extrema urgência na implantação das medidas radicais selecionadas pela ação de reengenharia. Os processos produtivos não eram muito complexos e poderiam ser substituídos pela tecnologia de ponta escolhida em um prazo considerado razoável, ou seja, em 12 meses. A diretoria não computou os chamados custos indiretos da reengenharia, representados pela resistência à mudança, muito comuns quando ela ocorre de forma rápida e não transparente.

O diálogo a seguir foi registrado durante uma reunião envolvendo as principais lideranças da empresa.

Bill: Caro Fred, você está liberado para fechar o contrato com a empresa de consultoria MK para acelerar a implantação da reengenharia na empresa. Essa empresa tem um conceito amplo de sucesso nesse campo e é muito conhecida no mercado. Eles têm atuação internacional, vão fundo no processo e assumem à risca os objetivos contratados.

Fred: Já estamos concluindo o contrato e tudo deve ficar pronto dentro de uma semana. O preço é alto, mas acredito que vale a pena. Só o fato de assumirem a responsabilidade pelas demissões já paga o custo. Assim, temos uma desculpa razoável para a sociedade em geral e para o sindicato da categoria, pois o número previsto de demissões é elevado. Outro detalhe importante que está sendo negociado é que poderemos fornecer os nomes que deverão ser demitidos. Para eles é suficiente cumprir a meta de demissões previstas e receber o valor do contrato.

Georg: O que precisa realmente acontecer é que as demissões ocorram no prazo. Sei que o período do ano é crítico, porque dezembro é um mês de festas e é final de ano, mas fazer o quê? A matriz tem que perceber a excelência da reengenharia que realizaremos na empresa P. Quem sabe eles nos escolhem como modelo a ser seguido pelas demais unidades?

Tom: Já estou com a minha relação de nomes pronta para entregar à MK. Em quatro meses, concluiremos a substituição da tecnologia no processo fabril e 600 pessoas poderão ser desligadas. Acredito que o ideal será realizar uma operação única. No momento em que a MK apresentar e divulgar o relatório técnico da reengenharia, a área de recursos humanos poderá providenciar as devidas demissões.

Bill: Wilby, como está o ambiente na empresa? Escapou alguma notícia com referência a este assunto?

Wilby: Nada, senhor diretor. A única notícia que deixamos fluir internamente é que estamos contratando uma empresa de consultoria para realizar um estudo de produtividade nas áreas. No setor industrial, o movimento de substituição tecnológica está sendo "vendido" como uma fase pré--ampliação da planta.

Bill: Ótimo, vamos manter assim até o último momento, que deverá ser no dia 20 de dezembro deste ano.

Georg: Já nos reunimos com todos os gerentes que irão permanecer na empresa e eles, de imediato, forneceram os nomes para a "degola". Vamos manter essas listas escondidas no cofre até o momento certo. Quanto aos supervisores selecionados para continuar na empresa, estes de nada foram informados.

Mara: Para que possamos efetuar uma demissão coletiva dessa envergadura, eu vou necessitar dos nomes a serem demitidos com alguma antecedência. Estou pensando em recebê-los entre quatro a cinco dias antes da data fatal.

Georg: Isso é totalmente impossível, porque a notícia não pode escapar de forma alguma. Eu sugiro um mutirão de fim de semana ou noturno após o expediente para as providências burocráticas necessárias. Sinto muito.

Bill: Fred, negocie um bônus especial com a MK para que os prazos sejam cumpridos à risca e, se possível, que sejam antecipados em alguns dias. E não esqueçam: tudo o que ocorrer na empresa P foi determinado pela matriz, que, inclusive, foi a contratante da consultoria externa MK.

Análise comportamental dos principais líderes do Caso 7, sob o ponto de vista do poder e dos estilos de liderança

As imagens gráficas apresentadas na Figura 7.1 demonstram o estilo de poder utilizado pela cúpula diretiva da empresa P na condução da reengenharia (A) e o estilo de liderança formal no qual os líderes focaram a sua gestão ineficaz (D), bem como qual deveria ter sido o estilo eficaz (F) a ser adotado para bem conduzir a mudança.

Pontos para reflexão

1. Quais os principais motivos para a adoção da estratégia de reengenharia na empresa P?
2. A empresa P possuía uma infraestrutura interna tecnicamente capacitada para realizar todo o processo de reengenharia. Por que ela contratou a consultoria MK?
3. Se as cartas estavam previamente marcadas em relação às pessoas que seriam demitidas, por que a diretoria não assumiu, com transparência, a responsabilidade pelas demissões?

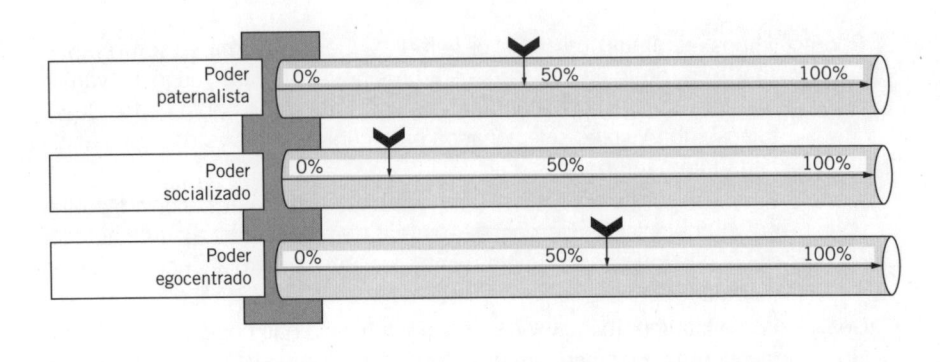

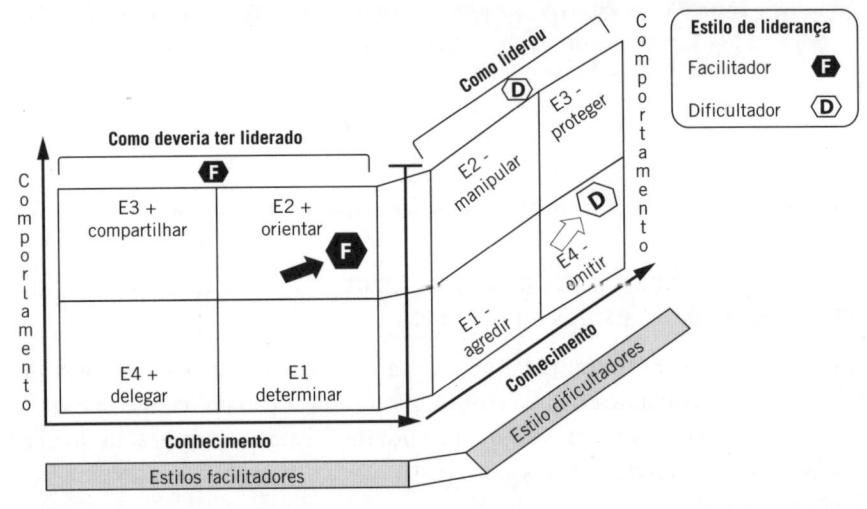

Figura 7.1 Análise comportamental dos principais líderes do Caso 7, sob o ponto de vista do poder e dos estilos de liderança.

Fonte: W&W Human Technology.

4. Durante o andamento dos trabalhos da consultoria externa MK, todos os diretores se abstiveram de participar diretamente do processo por meio de ideias, sugestões e encaminhamentos de propostas para análise da diretoria. Por quê?
5. Qual foi o principal papel do assessor do diretor presidente, Wilby, durante o processo de reengenharia?
6. Quais seriam os motivos da pressa e da contundência na aplicação da reengenharia?

7. O que poderíamos deduzir das reuniões da diretoria com a consultoria MK e o assessor Wilby?
8. Durante o tempo de implantação da reengenharia (aproximadamente um ano), várias demissões em bloco foram feitas, sempre sem anúncio prévio, especialmente uma, em dezembro, com mais de 600 desligamentos. Com essa política de demissões "surpresa", qual foi o principal elo rompido entre o capital e o trabalho?
9. Como poderia o sindicato da categoria ter se envolvido de forma mais ativa na defesa dos funcionários da empresa P?
10. Em torno de dois anos após a conclusão do processo de reengenharia, o que aconteceu com o assessor Wilby e toda a diretoria da empresa P? Por quê?

Conclusão

Algumas perguntas se tornam obrigatórias, já no início dessa análise, pela contundência do processo de reengenharia adotado na empresa P e pela forma como foi conduzido: a reengenharia foi levada a bom termo? O objetivo de implantação da tecnologia de ponta em substituição às pessoas foi atingido? A empresa P reduziu os seus custos, tornando-se competitiva? O que ocorreu nos anos seguintes? O que o futuro reservou para a empresa e para seus dirigentes?

Pode-se responder "sim" às três primeiras perguntas. Entretanto, não se pode deixar de avaliar o verdadeiro custo da implantação da estratégia de reengenharia, realizada da maneira como foi. É preciso avaliá-la em relação a pelo menos dois fatores distintos.

O primeiro, um dos indutores do sucesso parcial do processo, é a coincidência de sua implantação com uma época de demanda superaquecida do produto fabricado pela empresa P, tanto no mercado interno como no externo, ocasionando uma elevação no seu preço final. Além disso, o câmbio nunca esteve tão favorável aos exportadores como nos dois anos subsequentes à reengenharia.

O segundo fator que necessita ser analisado são os efeitos de médio e longo prazos. Esses se caracterizaram pelo conceito de "empresa sem alma" adquirido ao longo de muitos anos, o que fez que muitos talentos qualificados ali não quisessem desenvolver as suas atividades profissionais.

Nos dois primeiros anos pós-reengenharia, as condições de mercado e câmbio favoráveis mascararam essa realidade. Em contrapartida a esse período de relativa estabilidade, sobreveio um longo período de cinco anos com retração de mercado, demanda caindo e câmbio estagnado. Era o momento crucial para a sobrevivência ou não da empresa P.

Os melhores talentos haviam se desligado voluntariamente dela durante a fase crítica da reengenharia e o clima de insegurança ainda persistia no ambiente organizacional. Com boa parte da capacidade instalada ociosa e com a tecnologia já parcialmente superada, ela não tinha fôlego para competir em igualdade de condições com os novos e modernos concorrentes que se instalaram no país.

A empresa P foi arrematada por um grupo internacional e transformada em apenas mais uma unidade de negócio. Toda a diretoria que estava em seus cargos naquele momento, sem exceção, foi demitida, e a gestão foi entregue a um representante do grupo comprador. As decisões estratégicas nunca mais seriam tomadas pela unidade e pela ex-empresa P, mas sim pela matriz, localizada no exterior.

Hoje, ao aproximar-se duas décadas da histórica reengenharia, o mercado e as pessoas já se esqueceram completamente da então tradicional empresa P e de seus antigos dirigentes. O que causou o maior descontentamento e o que ninguém esqueceu foi como o processo e a estratégia foram conduzidos pelos antigos dirigentes.

Ninguém discute a propriedade ou não da medida tomada à época. Muitas empresas se obrigaram a realizar a sua reengenharia, porém algumas foram competentes no que fazer a na forma de fazer. Essas, pela condução de seus líderes, sobreviveram a esse processo contundente de total reestruturação e cresceram. Outras, pela fragilidade e incompetência de seus líderes, simplesmente desapareceram.

A história dos movimentos organizacionais no sentido do achatamento da pirâmide tradicional de poder tem demonstrado bons resultados. Qualquer empresa que esteja procurando estabelecer uma orientação para o cliente, com qualidade e velocidade de resposta, deve achatar a sua estrutura organizacional. É preciso eliminar os níveis hierárquicos, visando a reagir direta e rapidamente na direção das necessidades dos usuários, estando organizada para a mudança.

Na empresa P, aconteceu aquilo que Hammer e Champy (1994) apregoavam em seu livro *Reengenharia: revolucionando a empresa em função dos clientes, da concorrência e das grandes mudanças da gerência*:

> Por ser um processo de mudança radical, a sua não compreensão na totalidade por quem o implementa ou a reformulação parcial e incluindo no processo a incapacidade de atingir os objetivos chaves poderá trazer resultados completamente opostos aos desejados pela reengenharia. A empresa precisa estar absolutamente segura de que, ao fazê-lo, deverá estar convencida de que o resultado final precisa ser obrigatoriamente algo novo, melhor do que o anterior e atender as exigências do negócio com ganhos reais. Muitos processos na década de 90 foram erroneamente chamados de reengenharia, mas foram mal planejados e executados.

Capítulo 8

Poder e protecionismo

> *A política talvez seja a única atividade para a qual se pensa que não é preciso nenhuma preparação.*
> Robert Louis Stevenson, escritor
> Escócia, 1850-1894

No Capítulo 1, já foi tratada com alguma profundidade a questão do poder. Foi citado, inclusive, o pensamento de alguns autores e cientistas do comportamento humano, visando a embasar esse tema universal. Neste capítulo, complementarei a abordagem sob o foco das ações e comportamentos paternalistas de alguns líderes que usam o poder para proteger.

Os psicólogos descrevem uma ampla variedade de relacionamentos sociais. Gleitman, Reisberg e Gross (2009, p. 543), por exemplo, mencionam:

> Relacionamentos de igualdade, relacionamentos com preço de mercado, relacionamentos de compartilhamento comunal e relacionamentos hierárquicos. Esses relacionamentos diferem de muitas maneiras, incluindo o papel da reciprocidade dentro deles. Em alguns relacionamentos, a reciprocidade é alimentada pelo interesse próprio. Muitos relacionamentos se baseiam no afeto, e o afeto é determinado por muitos outros fatores, incluindo a atração física, a proximidade, a familiaridade e a semelhança.

O relacionamento com preço de mercado me parece muito mais comum do que aparenta ser em algumas organizações, ou seja, para tudo há um preço a pagar. Se, em algum momento, protegemos alguém em especial ou se beneficiamos a outrem, consciente ou inconscientemente, estamos desenvolvendo internamente uma expectativa de que os beneficiados terão algum tipo de reciprocidade.

Um gestor que costuma proteger algumas pessoas e beneficiar outras fora das regras estabelecidas pela organização, muitas vezes arranhando conceitos básicos de ética, tenderá a agir dessa forma mesmo em situações de crise. Esse gestor, detentor do poder paternalista, tentará sempre se convencer (e conseguirá) de que os problemas (as crises) não estão relacionados com a maneira como está agindo.

Em alguns casos, esse tipo de gestor pode preferir ocultar ou disfarçar as suas atitudes, complicando ainda mais os esforços de valorizar mais as questões lógicas (competência, resultados, metas) do que as relacionadas com o seu estilo paternalista (simpatia, beleza, amigos). No livro *A arte da guerra*, de Sun Tzu II (1996), quando o Rei Wei pergunta ao Mestre Sun "Como poderei fazer para que o meu povo cumpra ordens como se fosse uma coisa habitual?", o mestre ensina: "Seja digno de confiança como se fosse uma coisa habitual". E complementa: "Não existe comando sem liderança. Existem três elementos de ordem: o primeiro, confiança; o segundo, lealdade e o terceiro, disposição". (referência)

Thomas Cleary, comentarista do livro *A arte da guerra: documentos perdidos*, comenta a respeito da afirmação do Mestre Sun:

> Se algum dia houve uma chave de ouro para a arte da liderança, talvez seja esta: conseguir que as pessoas cumpram ordens como se fosse uma coisa natural, e o líder ser digno de confiança como se fosse uma coisa habitual. Confúcio observou publicamente que as pessoas não irão obedecer a líderes nos quais não confiam, ainda que sejam coagidas, ao passo que seguirão líderes nas quais confiam, mesmo quando nada é dito. (Tzu, 1996).

Quando convivem em culturas individualistas e de poder concentrado, como será visto no Caso 8, as pessoas utilizam várias estratégias de autopromoção e valorização e se consideram superiores às demais, visando se proteger de situações constrangedoras e de possíveis críticas que o paternalismo protetor proporciona. Elas desenvolvem uma tendência compulsiva a assumir o crédito pelo seu sucesso eventual e culpar fatores externos (pessoas, mercados, leis) pelo seu fracasso.

Em algumas organizações, percebe-se que as pessoas tendem a se solidarizar mais com as atitudes de um líder protetor do que com as de um líder que se disponha a exigir, cobrar e reconhecer um trabalho bem feito.

Poucas pessoas e até colegas do mesmo nível hierárquico se dispõem a "bater de frente" com um líder que possui alianças internas paternalistas, consolidando uma cultura de baixos resultados e alta afetividade. Quando essa organização se vir diante de um processo de mudança qualquer – e isso irá fatalmente ocorrer –, encontrará uma série de barreiras para levar esse processo a bom termo.

Caso 8

Tema: Quando a competência é substituída pelo Q.I. (Quem Indica).
Perfil da empresa: empresa estatal de médio porte do ramo de serviços financeiros (empresa U).
Personagens:
Dirk, diretor presidente
Tomás, diretor vice-presidente
Jefferson, diretor administrativo
Albert, diretor financeiro
Felix, superintendente financeiro
Dean, superintendente administrativo
Beth, gerente da agência matriz
Carly, gerente de recursos humanos
Walt, gerente de desenvolvimento de recursos humanos
Richard, gerente da agência A (interior do Estado)
Dell, gerente da agência B (interior do Estado)
Berny, chefe do departamento de pessoal – subsistema nomeações e promoções

A empresa U era uma típica empresa ancorada em uma cultura antediluviana, apesar de trilhar a promissora década de 1990. Sua estrutura organizacional era fragmentada em múltiplos níveis hierárquicos. Era muito pesada, paquidérmica.

As relações internas funcionavam de forma fragmentada, estando bem claras as fronteiras do poder e das tarefas. A diretoria praticamente se eternizara no comando, pois habitava esses disputados e valorizados nichos da estrutura organizacional havia quase 16 anos. A empresa atuava no mercado financeiro e este estava em um período bastante favorável. Os resultados apurados ficavam abaixo da média de mercado, mas isso era perfeitamente aceitável aos olhos dos líderes da empresa U.

As agências de crédito estavam distribuídas nas regiões mais ricas e produtivas da região Sul do país, implantadas mais por critérios políticos do que pelo interesse público. Não havia um plano de carreira formal, nem um critério transparente de promoções e de provimento dos cargos de gestão.

Apesar de a área de recursos humanos estar ligada à presidência, ela era exercida, de fato, pelo diretor vice-presidente. A diretoria de RH fora esvaziada ao longo do tempo. O vice-presidente ocupava o cargo há aproximadamente 20 anos e era o diretor mais antigo da empresa U. Ele interferia em todas as áreas da organização.

Muitas pressões e *lobbies* externos e internos atuavam no sentido de influenciar nas contratações e promoções de pessoas. Critérios dúbios somados à baixa perspectiva de crescimento na carreira mantinha baixa a autoestima dos colaboradores.

Tentando imitar as empresas mais profissionalizadas do mercado, a empresa U adotou um planejamento estratégico em 1995, objetivando também atuar pelo sistema de metas financeiras e de fidelização dos clientes. Nessa ocasião, estabeleceu-se um paradoxo gritante, em que um programa de metas estava totalmente desvinculado do sistema de remuneração e promoções internas.

Pelos diálogos a seguir, registrados durante uma reunião das principais lideranças da empresa, pode-se entender melhor a situação.

Dirk: Muito bem pessoal. Conforme está detalhado na convocação para a reunião de hoje, o assunto principal é como iremos implantar o sistema de metas na nossa organização. O diretor financeiro pode começar a explicar o que pretendemos. Ok, Albert, tudo com você.

Albert: Como todos sabem, o mercado financeiro hoje trabalha por meio do critério de metas, tanto na captação de recursos, quanto da manutenção desses valores no caixa das instituições. Isso tem feito que algumas empresas concorrentes captem grandes somas de recursos financeiros, sendo que parte deles tem origem nos nossos clientes mais tradicionais. Não podemos ficar esperando que os clientes venham ao nosso encontro. Precisamos ser mais agressivos no mercado, e isso se dará pela cobrança de um desempenho melhor de todos. A questão das metas já está resolvida, faltando agora começarmos com os procedimentos operacionais.

Felix: Eu sei que já decidimos pela adoção da estratégia de cobrar metas de todos. O que me preocupa é como vamos reconhecer o trabalho bem feito por meio de incentivos e punir aqueles que não as cumprirem.

Dean: Ainda não consegui compreender como vamos envolver os funcionários da área administrativa no cumprimento de metas. Compreendo que eles deverão ser um suporte logístico competente para suportar o esforço das agências, mas e a questão das punições? Como elas serão aplicadas? Elas serão medidas na ponta (agências) e punidas no suporte?

Jefferson: No momento em que for punido um funcionário protegido por alguém, vai ser aquela correria. Eu ainda sou favorável a não punir ninguém, já que também não haverá qualquer incentivo financeiro concreto para aqueles que cumprirem as metas.

Carly: Isso seria ótimo. Imaginem a trabalheira que vai dar repreender e punir todos os que não cumprirem metas. Também sei que o lado negativo terá que ser assumido por nós da área de recursos humanos, porque os gerentes se negam a oferecer *feedback* crítico. Na hora de

	contratar, eles falam diretamente com o dr. Tomás, mas na hora de despedir é sempre conosco.
Tomás:	Você tem alguma opinião diferente ou alguma contrariedade para que eu continue a fazer isso?
Carly:	Não, senhor diretor, em absoluto. Assim está bem e funciona há vários anos. Apenas penso que os gerentes devem assumir o seu papel de gestores integralmente.
Beth:	Carly, você está se referindo a mim também quando fala que os gerentes só gostam de admitir pessoas e não de demiti-las? Acho que você deve nominar os gerentes que agem assim para não generalizar.
Walt:	Foi apenas uma força de expressão da Carly. O pior acontece conosco, pois as pessoas que nós treinamos e desenvolvemos para determinadas funções são preteridas na hora da nomeação para o provimento do cargo para o qual foram capacitadas. Isso também ocorre nos casos de promoção na carreira. Nós, que lidamos com todos eles em treinamentos no interior e na capital, sabemos o nível de descontentamento deles. É por isso que eu não acredito que o sistema de metas irá funcionar.
Tomás:	Caro Dirk, acredito que o motivo da nossa reunião não seja discutir os critérios de provimento de cargos e as promoções na carreira, até porque esse assunto é de nossa exclusiva responsabilidade. Os gestores subalternos e de baixo escalão não têm que se preocupar com esse assunto. Não é da sua alçada e competência. Vou para a minha sala e depois você me informa as decisões que vocês tomaram. Alerto novamente que nomeações e promoções internas são assunto exclusivo da vice-presidência.
Dirk:	Tudo bem Tomás. Depois conversamos.

Logo após a saída de Tomás da sala, o chefe do subsistema de nomeações e promoções do departamento de pessoal solicitou a palavra para comentar:

Berny:	Dr. Dirk, preciso informar-lhe de que recebi hoje, pouco antes da reunião e em caráter de urgência, um conjunto de 20 novas contratações para efetivar e mais de 50 promoções para serem providenciadas. Neste mês já contratamos quase 100 funcionários novos, e as promoções chegam a 230. As promoções não chegam a me preocupar muito, mas as contratações estão sendo feitas sem critério e sem uma demanda interna para absorvê-las. O diretor Tomás me mandou distribuí-las em todas as áreas administrativas da empresa. Ocorre que a maioria desses setores já está com excesso de pessoal. Não temos mais mesas, equipamentos nem espaço para tanta gente.
Dirk:	Esse assunto eu trato depois com o diretor administrativo e ele informa o gerente de recursos humanos. O nosso diretor vice-presidente é um homem muito benquisto e com muitos relacionamentos externos. Isso sem contar que é o nosso diretor mais antigo. Quanto ao assunto

das metas, vamos começar a implantar um sistema sem recompensas e sem punições, a começar pelas agências do interior. Temos aqui presentes dois representantes desses gerentes, que sempre têm dado uma resposta positiva aos nossos desafios de mercado.

Dell: Caro presidente, o senhor não acha que deveríamos começar a implantação do sistema de metas pela capital, tendo em vista que todos os recursos de apoio e de informações estão aqui?

Richard: Diretor Dirk, eu gostaria de concordar com Dell também, porque...

Dirk: Esse é um assunto decidido e não vamos perder tempo em reconsiderações. Foi só elogiar os gerentes do interior para vocês me contradizerem. Vamos lá. A reunião terminou.

Análise comportamental do principal líder do Caso 8

A Figura 8.1 demonstra os dois principais aspectos da liderança utilizada pelo diretor vice-presidente, Tomás. O estilo de utilização do poder formal do vice-presidente era quase totalmente paternalista e protetor, tanto na promoção de colaboradores, quanto na contratação de pessoas de suas relações pessoais ou indicadas. Tomás não exercia, como seria de esperar, um estilo de liderança mais adequado à alta maturidade dos profissionais com os quais interagia, compartilhando mais as decisões com eles.

Pontos para reflexão

1. Qual era a cultura organizacional da empresa U com relação às formas e caminhos para crescer na estrutura de poder?
2. Qual era o incentivo aos profissionais da empresa U para fazerem carreira na organização?
3. Tendo a empresa U uma cultura enraizada e amplamente conhecida por todos os membros, que estilos de liderança e de uso do poder formal eram utilizados pelos gestores?
4. Qual seria o nível de comprometimento dos funcionários com as metas e objetivos traçados pela alta direção?
5. Sem critérios claros e transparentes para o crescimento interno dos membros da empresa U, qual seria o nível da autoestima dos gestores das agências? Explique.
6. Por que o melhor canal interno para a manipulação da carreira profissional das pessoas era através do vice-presidente, Tomás?

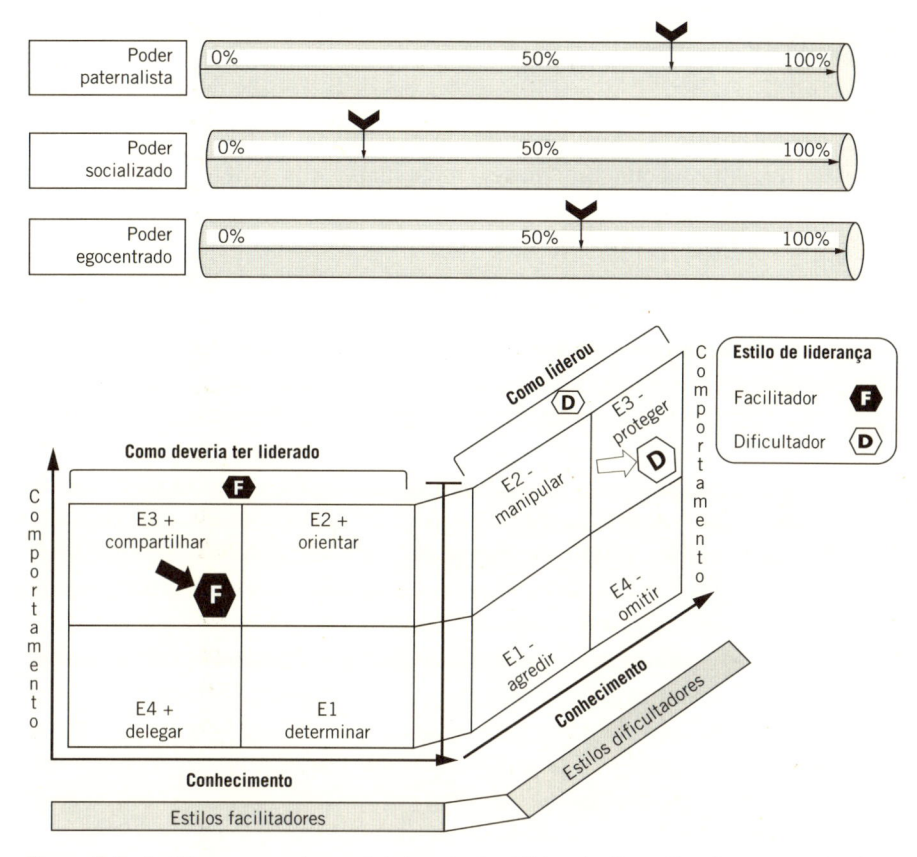

Figura 8.1 Análise comportamental do principal líder do Caso 8, sob o ponto de vista do poder e dos estilos de liderança.

Fonte: W&W Human Technology.

7. Qual o sentimento que se apossava na maior parte do tempo do gerente de recursos humanos, Carly, em relação à promoção ou relotação de funcionários daquela forma? Por quê?
8. Por que a gerente da agência matriz, Beth, era privilegiada com os favores dos diretores em detrimento dos gerentes do interior?
9. Por que o gerente de desenvolvimento de recursos humanos, Walt, pediu demissão da empresa U, indo desenvolver suas atividades em uma empresa privada?
10. Qual era o papel do diretor presidente, Dirk, e quais eram as suas atitudes quanto à forma de promoções utilizadas internamente, já que ele estava na empresa U havia pouco tempo e representava uma corrente política?

Conclusão

A empresa U não sobreviveu às novas exigências de um mercado em permanente e crítica evolução. Simplesmente fechou as suas portas quando a sociedade que a mantinha concluiu que ela nada mais tinha a oferecer.

Afirmar, no entanto, que esse fato deve-se apenas à desastrada e apoiada atuação de seu vice-presidente seria simplificar demais os motivos. A experiência mostra que raramente eles são únicos e exclusivos. Normalmente, as empresas que não sobrevivem desaparecem em função de um conjunto de fatores interligados que se reforçam entre si. De qualquer maneira, a forma como os líderes atuavam, voltados ao passado distante, contribuiu e, quem sabe, foi a principal causa da morte desta organização financeira.

Uma verdade que aprendi na gestão de empresas é que um pequeno desperdício ou incompetência, quando multiplicado por volumes elevados, se torna incontrolável mais adiante. A empresa U lidava com grandes volumes de capital de terceiros. Uma pequena perda de clientes ou de depósitos, multiplicada pelo grande volume de clientes e dos valores que administrava, ao final de um determinado tempo poderia inviabilizar a empresa.

No Caso 8, eram muitos gestores errando um pouco cada um, alavancados por erros estratégicos da cúpula, os quais potencializavam o tamanho do problema. Quando chegou o momento de resolver o problema, não havia mais tempo nem condições, pela dimensão que o mesmo havia tomado. Repete-se aqui a paradigmática frase de Tom Peters (1998, 2004): "O seu sucesso no passado não lhe garante nada no futuro".

Muitas vezes os líderes não se dão conta de que o sucesso está sempre relacionado com o conjunto de realidades momentâneas exploradas com competência pela organização, ou seja, ele é situacional, com os olhos voltados ao futuro. Para que o sucesso se torne constante, é fundamental fazer a organização acompanhar as novas realidades e exigências do mercado.

Não foi o que aconteceu com a empresa U, que chegou perto de realizar as mudanças necessárias no momento em que se planejou estrategicamente para atuar dentro de um critério de metas, alinhado com as políticas de mercado de seus concorrentes. A dificuldade maior vivenciada pela empresa foi o fato de um dos líderes não querer mudar e conseguir influenciar os demais, até porque a maioria era comodista e estava instalada na sua zona de conforto. Afinal, sempre deu certo no passado e logo mais passará a dar certo novamente...

Aplica-se aqui a narração de Thucydides (1998) quando os atenienses desembarcaram uma poderosa força militar em uma ilha neutra do mar Egeu, militarmente vulnerável: "(...) vocês sabem tão bem quanto nós que o direito, no mundo, é apenas uma questão de poder; enquanto os fortes fazem o que querem, os fracos sofrem o que precisam."

Capítulo 9

Cultura e resultados

> *É muito melhor arriscar coisas grandiosas, alcançar triunfos e glórias, mesmo expondo-se à derrota, do que formar fila com os pobres de espírito que nem gozam muito nem sofrem muito, porque vivem nessa penumbra cinzenta que não conhece nem vitória nem derrota.*
>
> Theodore Roosevelt, estadista e escritor
> Estados Unidos, 1858-1919

Muitos líderes empresariais têm uma grande identidade conceitual com o pensamento de Edgar H. Schein (2009), professor do Massachusetts Institute of Technology (MIT) na Sloan School of Management e considerado uma das grande autoridades do desenvolvimento e da cultura organizacionais. Henry dá a seguinte definição sobre cultura organizacional e liderança:

> Um padrão de pressupostos básicos compartilhados que o grupo aprendeu para resolver seus problemas de adaptação externa e integração interna, que tem funcionado bem o suficiente para ser considerado válido e, portanto, para ser ensinado aos novos membros como a maneira correta de você perceber, pensar e sentir em relação a esses problemas.

A cultura ajuda na resolução de problemas internos, diminui conflitos e diferenças, faz o controle da gestão e desenvolve uma imagem positiva da organização na mente de quem a conhece. Por outro lado, a formação de uma cultura organizacional pode ser uma desvantagem se ela, de alguma forma, impedir que a empresa progrida, colocando obstáculos a mudanças, à diversidade, a fusões ou aquisições, por exemplo.

Falando sobre suas tentativas de transformar a cultura de produção de uma empresa em uma cultura de mercado, Walter Spencer, ex-presidente da Sherwin-Williams Company, afirmou:

> Quando você pega uma empresa com 100 anos de idade e muda a cultura da organização e procura fazer isso no tradicional ambiente empresarial (...), bem, leva tempo. Você tem que ficar martelando em cima de todo mundo.

A respeito dessa história, Warren Bennis e Kurt Nanus (1988) comentam no livro *Líderes: estratégias para assumir a verdadeira liderança*:

> Depois de martelar durante seis anos, Spencer demitiu-se, dizendo que o trabalho não era mais divertido. Ele tinha conseguido algumas alterações, mas não tinha mudado radicalmente a cultura.

Para os líderes e para as empresas, é absolutamente fundamental entender a cultura vigente no ambiente em que se enquadram ou pretendem vir a se enquadrar, pois aquilo que funciona em uma cultura pode não funcionar em outra. Em muitos casos, defrontamo-nos com a chamada cultura familiar, mantida por meio de relações pessoais, mas também hierárquica, pois a autoridade do pai é muito maior que a de um filho.

É uma cultura embasada no poder centralizado e autocrático. É um tipo de poder exercido com maior intimidade, em que o reconhecimento e lealdade se dão no âmago da relação. O "pai-líder" é aquele que sabe mais, é a quem seus "filhos-subordinados" devem seguir cegamente e é quem dita o que esses devem fazer.

Nesse tipo de cultura, o líder cria os padrões, serve de modelo para a postura a ser adotada e espera que seus subordinados estejam sintonizados. Os membros dessa cultura podem sentir-se pressionados moral e socialmente, pelo receio de perda da afeição e do lugar na família-empresa.

Em seu livro *Deuses da administração*, Charles Handy (2005) escreve:

> Culturas organizacionais são comandadas pela força de vontade, pelo respeito ao líder e pelo prazer de fazer parte de um círculo íntimo. Tais culturas funcionam melhor em empresas pequenas. Outra cultura é a que domina as grandes corporações, caracterizando-se por regras, papéis e procedimentos rigidamente definidos, bem como por um estilo de gestão sustentado pela hierarquia.

Complementa Handy (2005):

> Tais culturas são típicas em mercados e segmentos estáveis e previsíveis. Outra ainda é a cultura colaborativa, que aposta no resultado de equipes flexíveis de pessoas que removem os entraves para cada conflito existente. A cultura colaborativa é a que funciona, pois contempla os talentos dos indivíduos e os estimula a serem independentes.

Parece-me que a cultura colaborativa é a que mais tem se consolidado nos últimos anos nas organizações competitivas. A cultura que fomenta a independência e o talento individual ainda é relativamente rara no meio empresarial brasileiro, recém migrando de culturas hierárquicas para culturas sistêmicas em *network*.

Eric Shineski, ex-chefe do Estado Maior do exército americano, citado no livro de J. Frank Brown (2008), *O executivo global*, diz: "Se você não gosta de mudança, vai gostar ainda menos da irrelevância". Se tratarmos a necessidade de mudanças contínuas como irrelevante, pagaremos um preço ainda maior por essa atitude. Prossegue Frank Brown (2008) com as palavras de Shineski:

> No caso da minha empresa cliente, a irrelevância aconteceu. A empresa apostou em uma estratégia de preservação e não cresceu. Foi insular e conservadora. Quando a concorrência começou a bater à sua porta, a administração foi pega de surpresa. Se alguém ali estivesse mais orientado para a ação (...) a empresa talvez não se visse forçada a vender, (...) conseguindo manter um controle melhor sobre a situação.

Nos últimos anos, a questão cultural das organizações vem sendo exaustivamente discutida em diversos fóruns, seja internamente, seja em eventos externos, seja como desculpa para a incompetência, a resistência às mudanças e ao baixo desempenho.

A década de 1990 caracterizou-se por ser um período de grandes avanços tecnológicos em todos os campos do conhecimento e da atividade humana. Foi uma época de grandes movimentos visando aos rearranjos estruturais necessários aos novos tempos, especialmente no segmento empresarial. Essa caminhada penosa e difícil em busca de maior competitividade, visando à sobrevivência, a reboque das macromudanças globais, é o tema central do Caso 9, apresentado a seguir.

Poucos gestores e líderes possuem uma noção clara do que seja a cultura organizacional, sua origem, como evoluiu, como se consolidou ao longo do tempo e, principalmente, como eles podem contribuir para sua evolução na sociedade em que atuam. Uma das armadilhas em que costumam cair é a de concentrar-se tão intensamente no encaixe estratégico que não avaliam o encaixe cultural, tão importante para o sucesso da mudança.

Nesse ponto, Jack Welch (2005) é muito direto:

> O mundo tem muitos imbecis e alguns deles viram chefes. Algumas pessoas me perguntam: 'Por que o meu chefe age como uma besta?'. Às vezes, a resposta à pergunta é elementar. Seu chefe age como uma besta porque esse é o estilo dele. Ele talvez seja agradável com alguns clientes, com alguns de seus pares e chefes superiores, mas trata as pessoas abaixo de si com intimidação, beligerância, sarcasmo, segredos, negligência a arrogância.

Seria o Caso 9 uma história parecida?

Caso 9

Tema: Contem comigo, mas deixem tudo como está!
Perfil da empresa: empresa de economia mista de médio porte do ramo de serviços (empresa N, incorporada pela empresa T).
Personagens:
José, diretor superintendente para a América Latina
Lúcia, gerente de recursos humanos da empresa adquirente
Mendez, consultor em mudança estratégica
Funcionários técnicos e administrativos

A empresa T, organização atuante havia muitos anos no mercado de serviços, estava sendo parcialmente adquirida pela empresa N, multinacional europeia que entrava no mercado brasileiro. A fatia adquirida representava o segmento de *expertise* da empresa T, em que ela se destacava pelo porte, pela qualidade dos serviços, pelos preços, pelas tecnologias de ponta e pelas políticas avançadas no campo da gestão de pessoas.

Fechado o negócio, o passo seguinte foi incorporar e aproveitar um contingente de 260 profissionais da empresa T, selecionando-os por critérios de competência e adequação de perfil às necessidades da nova organização e aproveitando-os nos mais diversos níveis hierárquicos e técnicos. Eles passariam a fazer parte da empresa N, porque já conheciam o trabalho e assim seriam evitados alguns problemas de continuidade nos serviços prestados.

De comum acordo, as empresas N e T realizaram um corte transversal na estrutura organizacional, visando a selecionar o primeiro grupo que faria parte da nova empresa (Figura 9.1). Havia também a possibilidade de transformar esses profissionais nos principais multiplicadores técnicos para os novos funcionários que seriam contratados no ambiente externo.

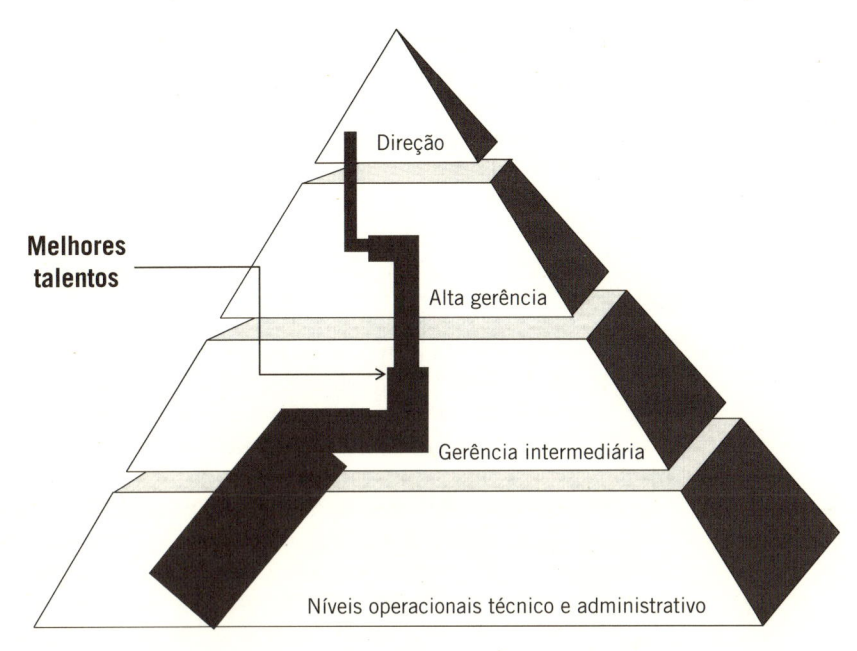

Figura 9.1 Esquema simplificado do corte.

Após as primeiras providências que garantiram a efetivação desse grupo de profissionais em seus cargos e funções, realizou-se a primeira reunião entre todos eles e o diretor superintendente para a América Latina, José. Esses funcionários haviam participado de uma série de atividades de integração entre eles e os representantes da empresa N, em que foram abordados alguns aspectos importantes da cultura organizacional da nova empresa. Eles também foram informados de forma incisiva de quais seriam seus papéis, seu novo local de trabalho e as expectativas que a empresa tinha sobre o desempenho deles.

Quanto ao plano de carreira, ficou bem claro o aumento nas possibilidades de crescimento profissional no país e no exterior e que, sendo esse o núcleo inicial e pretendendo a empresa se expandir para além de 3 mil colaboradores em seis meses, eles seriam os candidatos naturais às novas oportunidades.

Todos reunidos no moderno auditório da empresa N, estabeleceu-se o primeiro contato formal entre os representantes do capital e os colaboradores, oportunidade em que ocorreram os seguinte diálogos, que transcrevo a fim de salientar as diferenças entre as duas culturas.

José: Bom dia a todos. Sejam bem-vindos e, desde logo, saibam da nossa alegria em recebê-los como nossos novos colegas de trabalho. Acredito que todos vocês já tenham recebido um grande volume de informações sobre a empresa N e seus objetivos com as operações que iremos começar no mercado brasileiro. Este é o maior investimento já realizado em nossos mais de 150 anos de existência. Vocês fazem parte de nossos planos para que possamos crescer juntos. Tenho plena convicção de que, ao final desse ano, ou seja, dentro de seis meses, a grande maioria de vocês estará ocupando os principais postos-chave da empresa.

A partir de agora, todos os recursos imagináveis e necessários ao bom desempenho de vocês lhes serão fornecidos: um novo e moderníssimo prédio com instalações de primeiro mundo; tecnologias avançadas; programas intensivos e continuados de treinamento e desenvolvimento, inclusive com cursos no exterior; ambiente de trabalho claro, agradável e ergométrico; e a possibilidade de realização de uma carreira internacional na empresa.

Gostaria de aproveitar essa oportunidade para reiterar meus votos de boas-vindas e a necessidade de alavancarmos um desempenho diferenciado, visando a recuperar os altos investimentos realizados. Trabalharemos através de um sistema de metas e distribuição de resultados a cada semestre, ou seja, vocês poderão aumentar substancialmente a média dos seus ganhos mensais.

Alguém dos presentes gostaria de fazer alguma pergunta ou alguma colocação a respeito de algum ponto que não tenha ficado claro? Então deixo vocês com os demais representantes da nossa empresa, os quais irão fornecer mais algumas informações e esclarecer possíveis dúvidas.

Mendez: Gostaria muito de parabenizá-los pelas palavras recém-pronunciadas pelo diretor para a América Latina, hoje o maior dirigente para o continente sul-americano. Vejam só as perspectivas que ele colocou diante de vocês. Essa nova cultura de resultados proposta, frente à da empresa T, é entusiasmante.

Lúcia: Também posso atestar que é muito raro um diretor de nível mundial colocar de forma tão clara e transparente essas perspectivas diante de todos os seus funcionários. É uma carta de intenções assinada ao vivo. Estamos todos de parabéns, agora só dependerá de cada um de nós concretizarmos esse sonho.

A seguir, alguns dos presentes falaram, representando o pensamento de todos e, de certa forma, demonstrando que alguns aspectos da cultura dominante na antiga empresa T ainda se fazia presente.

Funcionário A: Uma resposta que ainda não temos, Lúcia, é sobre o horário de almoço e o tempo de intervalo disponível. Na empresa T tínhamos o intervalo de duas horas, e o horário de saída para o almoço era administrado por cada um dos funcionários. Como será a partir de amanhã?

Funcionário B: E quanto aos treinamentos? Haverá o pagamento de horas extras sempre que o horário da atividade de treinamento e desenvolvimento ultrapassar as 17h30min? Na outra empresa os horários de sábado eram pagos em dobro. Como será feito aqui? Ontem tivemos palestra até as 18h30min.

Funcionário C: Na empresa T nós recebíamos um valor por quilômetro rodado para fazer o deslocamento de casa para o trabalho e vice-versa. Vai nos ser tirado também esse benefício?

Funcionário D: Com quem eu vou trabalhar? Fiquei sabendo que não teremos salas individuais e privativas. Posso ficar junto com Paulo e Maria? Somos muito amigos.

Funcionário E: Tem também a questão das férias. Estamos chegando próximo do fim do ano e da data de elaborarmos a escala de quem irá sair em janeiro e fevereiro. Lembro que agora é a minha vez.

Funcionário F: E o controle de ponto? Tem ar-condicionado no ambiente? Quem controla? E o estacionamento é para todos?

Não é muito difícil prever os desdobramentos do choque entre a cultura antiga e paternalista da empresa T e a da empresa N, profissional e voltada para resultados.

Análise motivacional e comportamental do grupo da empresa T incorporado à empresa N

A Figura 9.2 demonstra a mudança do foco das motivações dos funcionários durante o processo de transição de uma cultura paternalista para uma de resultados. Na empresa T todas as motivações estavam relacionadas com a manutenção do *status quo* e das conquistas básicas já obtidas. O grupo caracterizava-se por baixo nível de desafios profissionais, baixa necessidade de socialização – porque os funcionários já estavam integrados havia muitos anos – e nenhuma motivação para cargos de chefia e poder, pois estes já eram definidos e obedeciam a um jogo de cartas marcadas.

Com a migração para a empresa N, as motivações também se alteraram. Apareceram a insegurança e as necessidades de relacionamento com a nova cultura e com as pessoas que a representavam. Manteve-se o baixo apelo por desafios e pela disputa de cargos de mando. O mais interessante era manter as vantagens obtidas na empresa anterior.

○ Empresa T

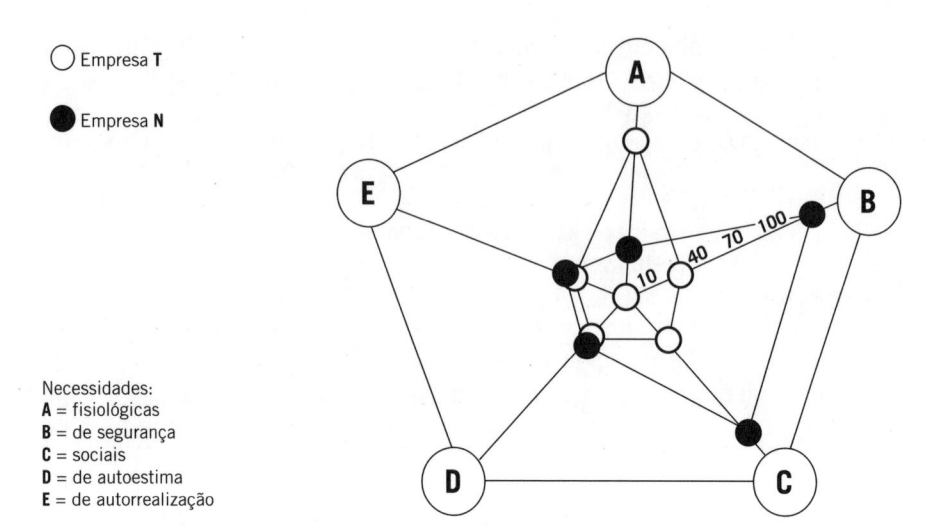

● Empresa N

Necessidades:
A = fisiológicas
B = de segurança
C = sociais
D = de autoestima
E = de autorrealização

Figura 9.2 Análise comportamental/motivacional do grupo incorporado à empresa N, sob o ponto de vista de uma cultura passiva sendo incorporada por uma de resultados: características profissionais e culturais dos 260 funcionários.

Pontos para reflexão

1. Qual foi o critério utilizado pela empresa incorporadora na seleção dos funcionários da empresa incorporada?
2. Qual(is) deveria(m) ter sido o(s) critério(s) de escolha?
3. Qual era a cultura de origem da empresa dos 260 profissionais selecionados?
4. Qual a cultura da empresa adquirente em termos de trabalho, valores e resultados?
5. O que os líderes da empresa adquirente poderiam ter feito para minimizar os efeitos do choque cultural?
6. Quais eram as principais ameaças e quais as expectativas dos 260 funcionários em relação à nova empresa?
7. A expectativa dos líderes da empresa adquirente de aproveitar os novos profissionais em cargos de gestão desde o início teria sucesso? Por quê?
8. Além desses profissionais, a empresa adquirente iria contratar mais de 2 mil funcionários no período de um ano. Como todos eles trabalhariam juntos no mesmo prédio e qual das culturas influenciaria mais os novos contratados? Por quê?

9. Qual a perspectiva de sucesso na implantação de uma cultura mais exigente, de resultados, com metas e objetivos pessoais com profissionais remanescentes de uma cultura mais *laissez-faire*? Justifique.
10. Em caso de insucesso no curto prazo (em torno de 6 meses), o que deveria ser feito visando a tornar a empresa competitiva?

Conclusão

Ao recordarmos os eventos do Caso 9, lembramos também das sábias palavras de um dos maiores gurus do movimento mundial da qualidade no pós-guerra, o professor Joseph Juran.* Dizia ele, sustentado pela sua história e suas vivências: "Problemas e comportamentos têm memória" (referência). Ou seja, mudam-se processos, mudam-se comportamentos, capacitam-se e sensibilizam-se as pessoas, mas, ao voltarmos as costas, esses procedimentos retornam.

Assim foi com os profissionais selecionados e aproveitados pela empresa N. Ela tinha dinheiro, tinha tecnologia, tinha nome. Tinha conceito mundial, tinha visão, tinha propostas, tinha modelos de gestão modernos, era a empresa compradora, mas tinha também uma cultura completamente oposta à cultura dos funcionários da empresa adquirida.

Na luta que se estabeleceu entre a cultura dominante da empresa N e a cultura da empresa T, a última sucumbiu e, com ela, grande parte dos funcionários selecionados. Nada os faria mudar, tão arraigados estavam ao passado de conforto, benesses e paternalismo, em que os resultados da empresa e para a empresa não eram contemplados da forma como deveriam.

Um punhado de profissionais que conseguiu transpor a barreira cultural, adaptando-se à nova cultura de resultados e nela interagindo, viu cumprida a promessa feita pelo diretor superintendente naquele primeiro encontro no auditório da empresa. Quase todos eles, passados menos de dois anos, ocupavam cargos na diretoria da empresa N. Os demais foram gradativamente substituídos, possivelmente reclamando de injustiças, incompreensões, jornada de trabalho abusiva, etc.

Em sua obra *Dynamic administration*, Mary Parker Follett (1941) explana a sua visão sobre o tema do Caso 9:

---

*Apostila do curso de Qualidade Total baseada na visão de Joseph Juran pelo CPB (Centro de Produtividade do Brasil) em São Paulo, 1992.

> O líder mais bem sucedido de todos é aquele que vê um quadro ainda não atualizado. Ele vê as coisas que pertencem ao seu quadro presente, mas que ainda não estão lá (...). Acima de tudo, ele deve fazer com que seus colegas de trabalho percebam que não é um propósito seu que tem de ser realizado, mas um propósito comum, nascido dos desejos e atitudes do grupo.

De acordo com a visão de Maria Ester de Freitas (1991), o conhecimento das características gerais e comuns à maioria do povo brasileiro são de suma importância para realizar uma análise organizacional. Segundo a autora, os traços brasileiros que se destacam são: a hierarquia, representada pela tendência à centralização do poder dentro dos grupos sociais; o distanciamento nas relações entre diferentes grupos sociais; a passividade e aceitação dos grupos inferiores; o personalismo, caracterizado pela sociedade baseada nas relações pessoais, a busca de proximidade e afeto nas relações e o paternalismo; a malandragem incutida no típico "jeitinho brasileiro" e a adaptabilidade e flexibilidade como meio de navegação social; o sensualismo, caracterizado pelo gosto do erótico e do social nas relações sociais; e, finalmente, o traço aventureiro que define o tipo que tem aversão ao trabalho manual e metódico e é mais sonhador do que disciplinado.

Ernando Monteiro Ferreira (1994) acrescenta: "Portanto, somente com o conhecimento desses traços culturais é possível fazer uma adaptação dos modelos de gestão importados às organizações brasileiras".

Capítulo 10

Delegação e obediência

> *A lei de ouro do comportamento é a tolerância mútua, já que nunca pensaremos todos da mesma maneira, já que nunca veremos senão uma parte da verdade e sob ângulos diversos.*
>
> Mohandas Karamchand Gandhi, líder espiritual
> Índia, 1869-1948

Falar de obediência é falar de Maquiavel. Falar de respeito humano e tolerância é falar de Gandhi, é falar de delegação e de descentralização. A obra-prima de Maquiavel, *O príncipe*, pode ser considerada um guia de conselhos para governantes. O tema central do livro é: para permanecer no poder, o líder deve estar disposto a não ter qualquer consideração moral e recorrer inteiramente à força e ao poder da decepção. Maquiavel escreveu que um país deve ser militarmente forte e que um exército pode confiar somente nos cidadãos de seu país – um exército que depende de mercenários estrangeiros é fraco e vulnerável.

Maquiavel (2006) afirmava, ainda, que um líder deve buscar o apoio de seu povo. Para surpresa de muitos, o autor explicou que, ao assumir o poder, "deve-se cometer todas as crueldades de uma só vez, para não ter que voltar a elas todos os dias. Os benefícios devem ser oferecidos gradualmente, para que possam ser mais apreciados".

Um dos temas mais importantes de *O príncipe* é o debate sobre a seguinte questão, já abordada no Capítulo 1: é preferível que um líder seja amado ou temido? Maquiavel (2006) responde que é importante ser amado e temido, porém é melhor ser temido do que amado. Ele explica que o amor é um sentimento volúvel e inconstante, já que as pessoas são naturalmente egoístas e podem frequentemente mudar sua lealdade. No entanto, o medo de ser punido é um sentimento que não pode ser modificado ou ignorado tão facilmente.

Maquiavel (2006) também afirma que, se necessário, um governante deve mentir e trapacear. O autor declara que é melhor para um líder caluniar do que agir de acordo com suas promessas, se elas forem resultar em consequências adversas para sua administração e seus interesses. Da mesma forma que Maquiavel acreditava que os líderes deveriam ser falsos quando necessário, ele os aconselhava a ficar atentos em relação às promessas de outros, pois estes também poderiam estar mentindo, caso fosse do interesse deles.

Quanto à questão da delegação, nada mais apropriado do que citar as palavras de Michael Dell (1999) em seu livro *Estratégias que revolucionaram o mercado*:

> Em uma ocasião, estava em meu escritório resolvendo um sério problema de sistema, quando um funcionário entrou em minha sala reclamando que a máquina de refrigerantes havia engolido 25 centavos seus. 'Por que você está me dizendo isso?', perguntei. 'Porque você está com a chave da máquina', ele respondeu. Naquele instante, descobri a importância de dar a chave a outra pessoa. Para qualquer empresa obter sucesso é fundamental para a administração compartilhar o poder harmoniosamente. Você tem que estar focado em alcançar as metas para a organização e não em acumular poder para si.(...)

A seguir, abordarei os dois temas deste capítulo – delegação e obediência – sob três aspectos interligados: *empowerment*, diretrizes clássicas para a delegação eficaz e descentralização.

1. **Empowerment**

Quatro componentes se destacam no verdadeiro *empowerment* e tocam o coração das pessoas:

- sentimento de ser importante
- sentimento de ter competência
- sentimento de pertencer
- sentimento de desfrutar

2. **Diretrizes clássicas para a delegação eficaz**

Como vimos no Capítulo 1, a delegação pode ser considerada o estado da arte em gestão e liderança pois subentende conhecimento, confiança e poder. Sugerimos algumas diretrizes para uma delegação eficaz.

- Estabelecer uma linha clara de autoridade, do nível mais alto ao nível mais baixo. Esta regra, conhecida como princípio escalar, ajuda os mem-

bros da organização a compreenderem a quem podem delegar, quem pode delegar a eles e a quem devem prestar contas.
- Prestar contas a apenas um superior. Isso é conhecido como princípio da unidade de comando. Essa unidade de comando também deve existir quando da execução de atividades matriciais, em que as contas deverão ser primeiramente prestadas aos líderes dos projetos.
- Atribuir a responsabilidade por tarefas específicas aos níveis organizacionais mais baixos, nos quais possa existir uma capacidade de informação suficiente para realizá-las por completo.
- Dar aos subordinados autoridade suficiente para realizar as tarefas delegadas. Um gerente de vendas que deve alcançar determinada meta encontrará obstáculos se não tiver autoridade para atribuir territórios, recompensar vendedores eficazes e despedir os incompetentes.
- Certificar-se de que os subordinados assimilaram que são responsáveis por resultados específicos. Isso não significa que os administradores não sejam mais responsáveis pelas tarefas delegadas. Significa meramente que os administradores têm que comunicar com clareza as tarefas e os objetivos aos subordinados e influenciá-los para aceitar a autoridade e a responsabilidade por essas tarefas.

3. **Descentralização**

Delegação é o processo de atribuir autoridade ou responsabilidade de um nível administrativo para outro. Descentralização é o grau em que a autoridade e a responsabilidade são passadas a níveis inferiores. Quanto mais autoridade for delegada, mais descentralizada será a organização.

As vantagens da descentralização são semelhantes às da delegação: redução do fardo dos administradores do topo, melhoria na tomada de decisões, pois elas são tomadas mais perto do local da ação, melhor treinamento, moral mais elevado e mais iniciativa nos níveis mais baixos, além de maior flexibilidade para decisões rápidas em ambientes em constante mudança.

O risco dessa estratégia é que, se ela for colocada em prática de forma não planejada, pode romper ou obstruir o tão necessário fluxo sistêmico da organização, principalmente quando as pessoas não possuem a maturidade necessária para assumir as partes descentralizadas.

O mais indicado é não esquecer de valorizar as questões relacionadas com a capacitação e o desenvolvimento da maturidade dos colaboradores, proporcionando condições para que eles recebam e aceitem a delegação como fato normal no processo produtivo. O caminho é transformar a capacidade produtiva e de excelência na organização pela capacitação, construindo valor por meio das pessoas e delegando conforme a sua maturidade.

Vejamos o que dizem Dave Ulrich e Norm Smallwood (2007) em sua consagrada obra sobre liderança *Leadership brand*: "Algumas capacidades essenciais são o caminho para a identificação/formação de uma organização eficaz".

Algumas ações recomendadas para um eficaz processo de descentralização são:

- Talentos: atrair, motivar e manter os melhores talentos;
- Velocidade: acelerar ao máximo os processos de mudança;
- Mentalidade aberta: garantir que os clientes e empregados tenham uma imagem altamente positiva da organização;
- Medição: disciplina e eficácia para manter os números em alta performance;
- Colaboração: elevar os resultados para todos (organização, clientes e colaboradores);
- Aprendizado: gerar e aplicar, via conhecimentos, ideias de impacto que promovam mudanças.

O Caso 10 é típico de uma empresa com crescimento muito acelerado e que teria de implantar processos não centralizados e com ampla delegação

Caso 10

Tema: Quando é proibido delegar.
Perfil da empresa: empresa privada de grande porte do ramo de motores (empresa S).
Personagens:
Leal, diretor presidente
Jordan, diretor vice-presidente
Martin, diretor administrativo-financeiro
Bella, gerente de recursos humanos
Walter, instrutor em gestão e liderança
Gerentes de área (G1 a G5)

A empresa S passava por um difícil momento. Empresa familiar bem-estruturada, contava na sua gestão somente com membros da mesma família em linha direta. Era o início da década de 1990, e o país também passava por uma crise de consumo, com elevada taxa de inflação. Além disso, o mercado começava a ser explorado por algumas empresas de grande porte, face ao início da abertura de mercado.

Os investimentos em capital produtivo estavam estagnados havia muito tempo, e as perspectivas não eram entusiasmantes. Essa visão negativa e espelhada no passado recente mostrou-se, entretanto, equivocada: a partir de 1995, o mercado interno começou a reagir e a aumentar a demanda pelos produtos da empresa S.

Movidos pelo espírito empreendedor, que nunca havia faltado, os sócios recomeçaram os investimentos na área produtiva, com ampliação, novas máquinas e equipamentos, novo sistema de vendas e distribuição.

Surpreendentemente, o mercado externo, que nunca tinha sido percebido como um nicho a ser explorado, pois não parecia ser rentável, começou a dar sinais de vitalidade e interesse em adquirir os motores fabricados pela empresa S. Em apenas dois anos, de 1995 a 1997, a produção da empresa S duplicou, e a demanda por novos motores indicava a necessidade de crescer ainda mais. Não havia dúvida de que a economia mundial estava reaquecendo.

Como consequência desse cenário, houve um vertiginoso crescimento no número de colaboradores em todos os níveis, desde a fabricação e montagem até a rede de distribuição e gestão. A seguir, a empresa S passou a ter que lidar com uma série de novas demandas:

- mão de obra qualificada, pouco disponível no mercado regional (engenheiros, profissionais de TI, técnicos e operadores);
- formação e capacitação de pessoal com urgência;
- contratação de gestores (gerentes, supervisores e chefes de turmas);
- integração entre as pessoas em todos os níveis;
- adequação dos novos contratados à cultura da empresa;
- desenvolvimento dos executivos em gestão e liderança;
- comunicação interna;
- sistema de remuneração fixa e variável;
- sistemas de TI defasados;
- número de diretores insuficiente.

Os primeiros "clientes" dos programas de desenvolvimento de executivos foram os diretores e gerentes que já estavam na estrutura da empresa havia mais tempo. O principal objetivo desses em participar do grupo-piloto não era promover o próprio desenvolvimento, e sim conhecer a abordagem e os conteúdos que seriam repassados aos novos gestores.

Em determinado momento do programa, quando os conteúdos sobre delegação estavam sendo apresentados, o instrutor demonstrava os diversos níveis de maturidade em que a delegação poderia ocorrer.

No estágio de maturidade 1, as pessoas novas ainda não estão bem integradas nas equipes e têm baixo conhecimento técnico em suas áreas de atuação. Não deve haver delegação, e sim o exercício de uma liderança mais diretiva e com controles próximos.

No estágio de maturidade 2, os profissionais estão, relativamente bem integrados, mas estão em fase final de aprendizagem. O principal papel do líder é o de educador/*coach*, visando a facilitar a aprendizagem deficiente.

No estágio 3, as pessoas estão apenas refinando seus relacionamentos, pois já dominam o conhecimento técnico e o líder pode compartilhar algumas ideias sobre o processo mais adequado para conduzir e resolver os problemas. Nesse caso, o líder já pode ponderar e levar em consideração algumas sugestões dissonantes da sua própria opinião.

No estágio 4, os profissionais envolvidos atuam em excelente nível de relacionamento interpessoal e têm domínio das questões técnicas. O líder deve valorizar a conquista deste estágio de maturidade, delegando com mais intensidade e segurança.

Nesse momento, estabeleceu-se o seguinte diálogo entre os participantes do curso:

Leal: Caro instrutor Walter, quando você for iniciar o programa com os demais gestores, pode tirar da sua apostila e de sua abordagem os dois últimos estágios de maturidade.

Walter: Não compreendi bem a sua colocação, diretor.

Martin: Mas todos nós, os mais antigos da empresa S, entendemos muito bem (risos).

Jordan: Eu entendo o meu parceiro de diretoria e, apesar de parecer um tanto ditatorial esse procedimento, eu concordo com ele.

Leal: É que essa história de "delegação" aqui na empresa não existe e nunca vai existir. Todas as decisões sempre foram tomadas no meu gabinete e continuará sendo assim. Se eu ficar sabendo que um gerente antigo delegou para outra pessoa parte de seu trabalho, ele será imediatamente demitido. Ele é pago para tomar as decisões comigo e tem que assumir essa responsabilidade.

Bella: Ocorre, senhor presidente, que a empresa está crescendo demais e os gestores atuais estão sobrecarregados com inúmeras tarefas. Talvez, após o treinamento de todos os novos gestores, os atuais possam delegar algumas tarefas mais simples. Há uma forte demanda para que eles se dediquem mais aos assuntos estratégicos.

Martin: Com a implantação dos diversos sistemas de controle administrativo e financeiro, os gestores têm que se dedicar a eles pessoalmente. Não é assunto para ser delegado, tal a sua importância. O sistema tem que ser alimentado por pessoas da nossa confiança. Se deixar que eles deleguem, eles vão deixar nas mãos de estagiários.

Jordan: Na área de mercado que está comigo é absolutamente impossível delegar. Todas as estratégias com clientes, mídia nacional, representantes e vendedores são definidas por mim, junto com o Leal, e isso não vai mudar. Imaginem um representante ou um vendedor com delegação. O que eles não fariam? Eu passaria todo o tempo consertando as bobagens deles.

Leal: Olha, pessoal, só falar sobre esse assunto já me deixa nervoso. Não vamos, nem em termos acadêmicos e teóricos, comentar o tema delegação nos cursos da empresa. Não quero que seja gerada a mínima expectativa sobre essa possibilidade.

Walter: Bem, gostaria de propor uma reflexão de cinco pontos sobre esse tema até o nosso próximo encontro na semana que vem. As questões são as seguintes: como continuar crescendo sem confiar nas pessoas? Como motivar os gestores se eles não tiverem a convicção plena de que a empresa está investindo na capacitação deles e delegando poder e responsabilidade para bem gerirem as suas áreas? Como promover agilidade nos processos de produção e vendas para competir melhor com os concorrentes da empresa S? O que, quanto e para quem já delegamos na empresa? O que precisaríamos fazer, como gestores mais antigos, para ampliar, dentro do possível, os processos de delegação na empresa S?

Leal: Se for para enriquecer o nosso treinamento gerencial, tudo bem. Como possibilidade real de mudança na nossa cultura de gestão, não.

Jordan: Acho válido o exercício, até porque os participantes deste grupo são todos da "velha guarda" e não vão comentar esse assunto fora daqui. Vocês formam o grupo de gerentes de área G1 a G5. O grupo de G6 a G10 não deve tomar conhecimento dessa tarefa de reflexão. Quanto aos demais gestores em nível de supervisão e chefes de turma (P1 a P200), não devem, a princípio, ser envolvidos com esses conteúdos nem com treinamento.

Análise comportamental do principal líder do Caso 10

A Figura 10.1 demonstra os estilos de poder e de liderança do diretor presidente, Leal. O gráfico esclarece o estilo de liderança que o principal líder da empresa S vem utilizando, independentemente do seu crescimento. Esse estilo centralizador e levemente paternalista será um dos principais entraves à obtenção de comprometimento e desempenhos diferenciados por parte de seus liderados.

Migrar de um estilo de liderança agressivo e impositivo para um mais democrático e participativo não será uma tarefa fácil para o diretor Leal. Somente com a ajuda do vice-presidente e do diretor administrativo-financeiro, pessoas de sua total confiança, essa migração, lenta e gradual, será possível. Esse convencimento será obtido com a demonstração, mês a mês, dia a dia, de que os resultados obtidos com a delegação estão substancialmente melhores do que agora, quando os modelos de gestão utilizados são totalmente centralizados.

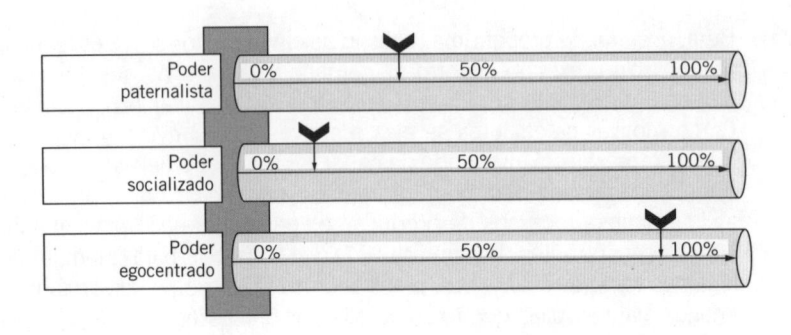

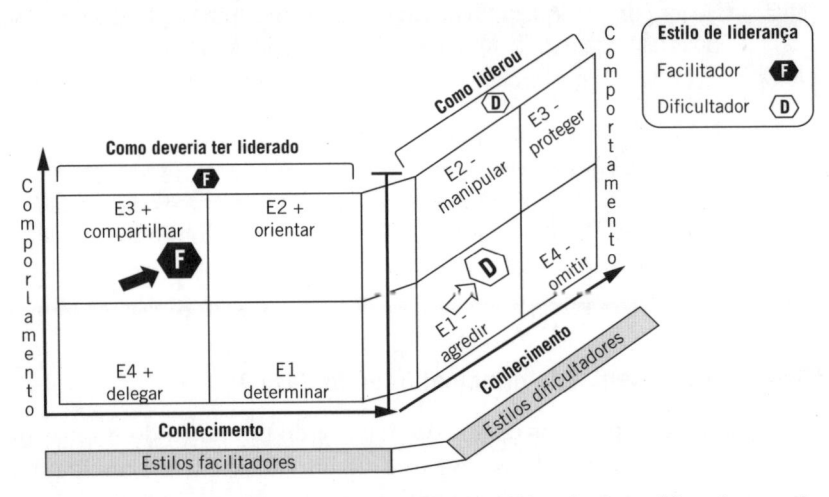

Figura 10.1 Análise comportamental do principal líder do Caso 10, sob o ponto de vista do poder e dos estilos de liderança.
Fonte: W&W Human Technology.

Pontos para reflexão

1. Qual a cultura de gestão predominante nessa empresa S e qual o maior temor do diretor presidente com a adoção de modelos de gestão participativa?
2. Qual foi a reação dos outros diretores e dos gerentes?
3. Esse procedimento é comum apenas em empresas familiares ou também ocorre em organizações governamentais e/ou de capital aberto? Por quê?
4. A empresa proporcionava muitas oportunidades de desenvolvimento para os seus gestores, atualizando-os e fazendo que sua maturidade pro-

fissional fosse quase sempre alta. O fato de a delegação não ser adotada poderia criar problemas internos? Quais?
5. A empresa também apresentava uma rotatividade de pessoal acima da média do mercado nos níveis de gestão, apesar de ter uma política de remuneração bastante atraente. Por que isso ocorria?
6. Que providências deveriam ser tomadas para passar de uma cultura centralizadora de poder para uma cultura bastante participativa? A quem competia esse desafio?
7. A empresa apresentava níveis de crescimento de mercado muito acima de qualquer expectativa. Como consequência, o quadro de pessoal, de gestores e de representantes comerciais também aumentava em ritmo crescente. Que problemas a manutenção de uma gestão centralizadora acarretaria? Comente.
8. Em uma empresa que não tem o hábito de delegar tarefas e decisões, qual o peso e a importância de um sistema eficaz de comunicação interna? O que isso poderia acarretar em termos de liderança?
9. Sendo a empresa S uma empresa familiar de muito sucesso no passado, o que se poderia deduzir do seu histórico centralizador?

Conclusão

Após um longo período de estagnação e três anos de crescimento explosivo, a empresa S teve a sua demanda freada por um início de crise econômico-financeira no mercado internacional. O mercado interno também se estabilizou e passou a demandar seus produtos em um patamar quase linear de desenvolvimento de 2% ao ano.

Com essa mudança mercadológica, a empresa S viu-se diante de uma acirrada disputa em torno de seus principais e tradicionais clientes. O período anterior de aquecimento do mercado havia criado um dinamismo altamente competitivo entre as empresas do setor, e era chegada a hora de mostrar competência.

Esse foi o choque de realidade que faltava ao diretor presidente para que concordasse com a mudança radical nos processos de gestão. Outros fatores que influenciaram essa mudança foram: a perda de alguns clientes, o desligamento de bons gestores que não se identificaram com o modelo de gestão antigo, a sobrecarga e o elevado estresse nos níveis de gerência devido ao acúmulo de tarefas.

Após um ano investindo em desenvolvimento de lideranças e buscando novos talentos no mercado de executivos de alto desempenho, o modelo participativo de gestão estava implantado, e a empresa S estava pronta para enfrentar um mercado cada vez mais competitivo. A única dúvida que se mantém é o que poderá ocorrer no futuro com esse novo modelo de gestão, no momento em que o mercado sofrer alguma profunda alteração, seja ela de ampliação ou de retração significativa. A antiga cultura centralizadora estaria à espreita, pronta para retornar? Só o tempo poderá confirmar isso. O que sabemos é que, à época, ela ainda contava com muitos adeptos.

Com atenção aos aspectos peculiares da gestão familiar, sabe-se que eles são, em princípio, definidos por padrões de comportamento duradouros e focados no fundador da empresa, que promove esses mesmos padrões de forma aderente e arraigada aos seus valores principais. Em geral, os fundadores são indivíduos propensos a eternizar uma conduta orientada para as realizações pessoais e responsabilidades claras quanto ao exercício do poder, quase sempre identificados com modelos egocentrados.

Essa postura nos lembra Stalin, que admirava Dostoiévski e cujo livro *Crime e castigo* explorava a ideia de que as figuras históricas podiam agir como quisessem, independentemente da moral predominante ou de restrições ideológicas. Stalin é lembrado pela sua observação teórica: "O povo precisa de um Tzar (liderança de um homem só). Da mesma forma na Alemanha, quanto a Hitler, a existência do corolário necessário à ideia da liderança e séquito; autoridade absoluta de cima, obediência absoluta de baixo." (Overy, 2009).

Capítulo 11

Terceirização

> *As mudanças nunca ocorrem sem inconvenientes,
> até mesmo do pior para o melhor.*
> Richard Hooker, teólogo anglicano
> Inglaterra, 1554-1600

O termo terceirização (*outsourcing*) não é mais novidade para ninguém e é utilizado há mais de duas décadas. Entretanto, os processos contundentes de mudança organizacional continuam sem parar. Meu propósito neste capítulo é analisar o comportamento dos líderes em alguns processos reais de implantação da terceirização dos quais participei em minhas atividades como consultor. A condução da mudança foi bem feita? Poderia ser melhor? Os desvios no trato da mudança ainda persistem em nossos dias?

Podemos e devemos ser bons em tudo o que fazemos? Essa pergunta foi chave nos processos de terceirização que começaram a se propagar no início dos anos 1990 no meio empresarial brasileiro. Em termos mundiais, essa prática já estava ocorrendo havia algum tempo. Era chegado o momento de focar as energias da organização no negócio e na gestão de custos. Em um período de grandes mudanças globais, de moeda forte, de baixa inflação e de acirrada competitividade, o inimigo número um da eficácia organizacional estava declarado e se chamava custos fixos.

A propósito, lembro-me de que o "criador" do neologismo terceirização no Brasil, Aldo Sani, diretor superintendente da Riocell, de Guaíba (RS), afirmava sem meias palavras aos seus colaboradores: "Tem duas fábricas que eu dirijo ao mesmo tempo. Uma delas eu aprecio muito, pois produz celulose, que é exportada para muitos países. Existe, entretanto, outra empresa que funciona junto a essa que eu não aprecio, pois é uma fábrica de desperdício".

A referência era uma forma metafórica de sinalizar a preocupação crescente com custos e desperdício. Esta segunda empresa poderia, se não fosse bem administrada também, levar a primeira à bancarrota.

O conceito, que ainda hoje se mantém, é o de que terceirizar compreende contratar empresas para a realização de atividades meio ou fim que a empresa contratante decidiu estrategicamente que não seria mais interessante realizar diretamente, tais como o fornecimento de variados tipos de suporte; a produção de partes de um produto/processo; a comercialização de produtos e/ou serviços, estabelecendo com os terceiros uma relação de sólida parceria.

Diferentemente de reestruturação, que significa redesenho do negócio, concentração no *core business*, identificação de unidades de negócios, revisão do *mix* de produtos e mercados, custos, decisões sobre investimentos e assim por diante, a terceirização visa a transferir e criar parcerias.

O esquema simplificado na Figura 11.1 demonstra o ciclo evolutivo até 1970 (crescimento da mão de obra direta) e, em continuidade, o início do

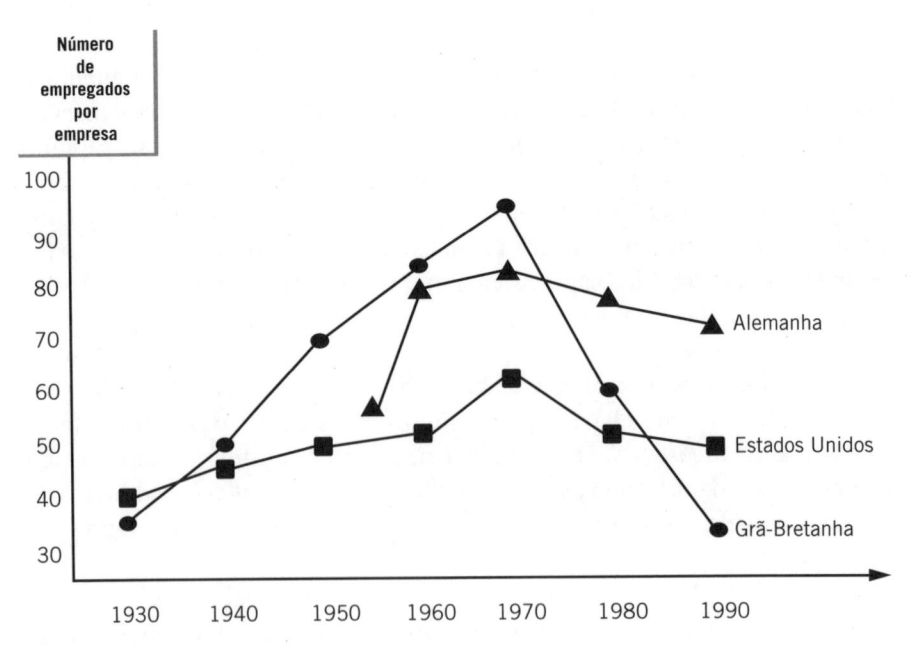

Figura 11.1 Tamanho médio das empresas: 1930-1990.

Fonte: Montado com dados da Coopers & Lybrand.

ciclo regressivo, a partir de meados da década de 1980 (declínio na utilização da mão de obra direta), e a redução do tamanho médio das empresas de três grandes nações industriais (Alemanha, Estados Unidos e Grã-Bretanha) no período de 60 anos.

Em sequência, a Figura 11.2 demonstra o movimento mundial em torno da terceirização/*outsourcing*, o qual se acelerou e consolidou a partir dos anos 1990, coincidindo com o início da nova ordem mundial voltada à globalização. É apresentado o efeito das diversas forças na estrutura organizacional de poder, na busca de uma gestão mais eficaz dos custos fixos.

Neste cenário de mudança é que ocorreu o Caso 12, no qual a intenção é avaliar as estratégias adotadas pelos líderes que tiveram que gerenciar esse processo na empresa selecionada.

O maior dilema relacionado com a terceirização nas décadas de 1980 e 1990 foi o fato de que, nesse período, as empresas já haviam migrado significativamente para essa estratégia e muitas delas não tinham uma compreensão clara de como implantar e avaliar essas decisões.

Forças redutoras agindo sobre as estruturas formais.

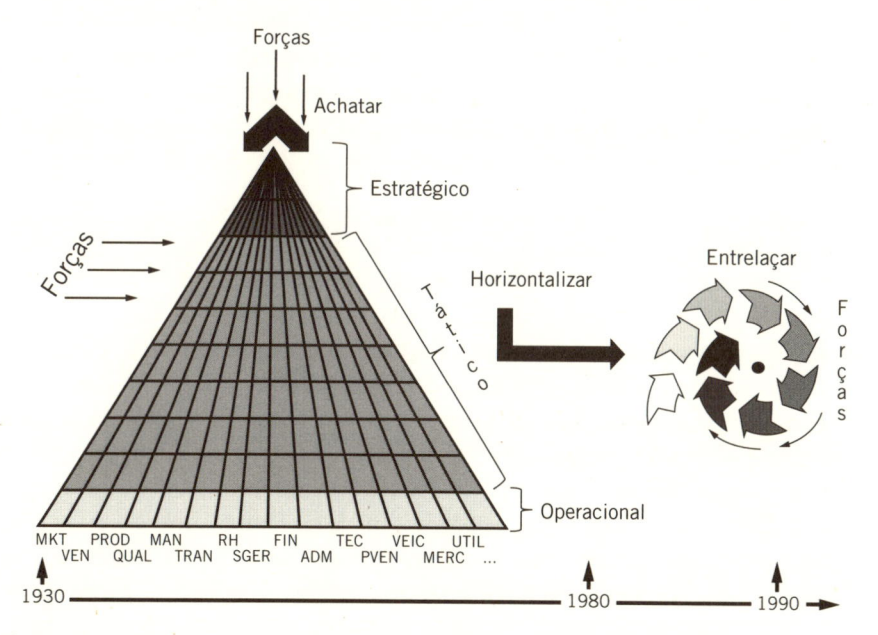

Figura 11.2 De empresa fragmentada "intra" para empresa voltada a "parcerias" (*network*).

Fonte: Construção do autor de acordo com a reengenharia.

Passos visando à condução eficaz do processo

1. Determinar estrategicamente a verdadeira vocação da empresa e seu *core* de sucesso (atitudes que agregam valor).
2. Definir quais são as atividades essenciais e as de apoio.
3. Questionar a existência de departamentos e/ou funções.
4. Definir quais são as áreas não terceirizáveis, que podem envolver segredo industrial ou tecnológico, e que portanto devem permanecer com a empresa.
5. Calcular a relação custo-benefício de alguns custos indiretos relacionados com infraestruturas pesadas, controles burocráticos, investimentos em equipamentos, tecnologias e instalações.
6. Identificar uma rede de fornecedores confiáveis e estabelecer com os mesmos uma relação de sólida parceria e comprometimento mútuo.
7. Se for possível, dentro de padrões de qualidade, de empreendedorismo e dentro de padrões legais e éticos, aproveitar ex-funcionários atingidos pela terceirização. Eles já conhecem o trabalho e a cultura da organização.
8. Implantar mudanças complementares, proporcionando desenvolvimento e geração de novas oportunidades internas.
9. Instituir processos permanentes de auditoria junto aos parceiros, visando a atingir os padrões de qualidade com os custos estabelecidos em contrato.
10. Manter um banco de fornecedores-reserva e exigir atualizações e desenvolvimento tecnológico permanentes dos atuais fornecedores (Figuras 11.3 e 11.4).

Apesar de os passos estratégicos serem transparentes e estarem relativamente validados pela comunidade produtiva, essas mudanças organizacionais vinham revestidas de muito mistério, pouca informação, jogo de poder e contundência, o que fez que muitas empresas passassem a se deparar, em função de alguns equívocos primários, com algumas dificuldades comuns.

Em 1996, uma pesquisa realizada junto às maiores corporações europeias, conduzida pela consultoria A.T. Kearney, mostrou que 52% das companhias esperavam aumentar o nível de terceirização.

Na época, o conceito de competências estava popularizado por C.K. Prahalad e Gary Hamel (1994). A competência central da Honda, por exemplo, é fabricar motores, porque eles são o elemento comum em uma diversidade de produtos, tais como carros, cortadores de grama, motos, geradores de eletricidade, motores de popa, limpa-neves e podadores de jardim. Portanto, todas as ações estratégicas de uma empresa deveriam se concentrar nas competências centrais, visando a manter a sua principal especialização.

Problemas comunicados por 105 empresas industriais (1990-2000)

10%	15%	20%	25%	30%
Perda de controle sobre preços	Terceiro sem espírito empreendedor	Resistência interna às mudanças	Terceiro sem padrão de qualidade	Terceiro não se adapta à cultura

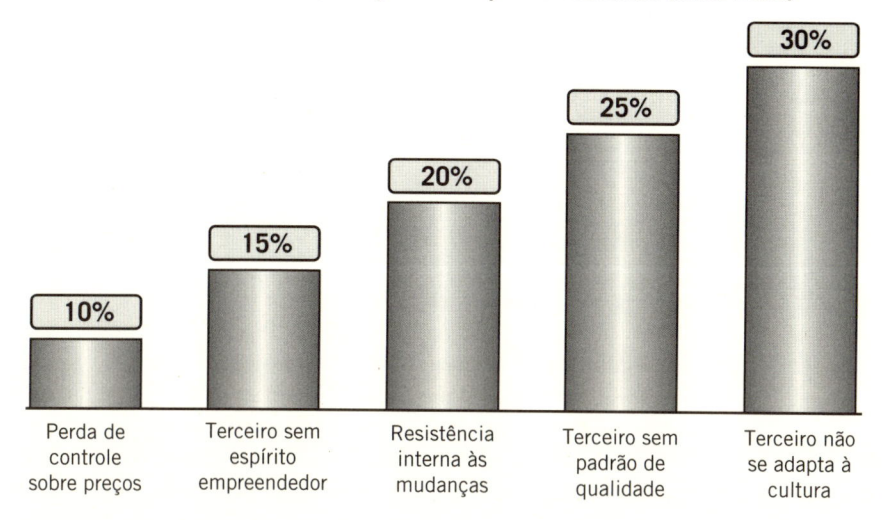

Figura 11.3 Principais dificuldades práticas do processo de terceirização.
Fonte: Coopers & Lybrand.

Início do processo de terceirização – década de 1990-2000

Opinião de 119 executivos sobre o que mais dificulta a terceirização (1990-2000)

1ª	Queda no padrão de qualidade – 64%
2ª	Problemas técnicos com o terceiro – 40%
3ª	Dificuldades em negociar ganhos comuns – 29%
4ª	Fornecedor acomodado/não empreendedor – 24%
5ª	Dependência excessiva do terceiro – 23%
6ª	Investimento no preparo do terceiro – 17%
7ª	Perda de controle sobre o preço final –12%
8ª	Problemas fiscais e trabalhistas – 8%

Figura 11.4 Principais dificuldades no início do processo de terceirização.
Fonte: Coopers & Lybrand.

É razoável compreender por que, no início, todos na empresa queriam ser considerados parte dessas competências. Ninguém queria ser caracterizado como parte de uma atividade não central, pois o risco de esta ser terceirizada era muito grande e havia, em consequência, uma grande queda na autoestima das pessoas a elas vinculadas. Na empresa na qual foi ambientado o Caso 12, alguns diziam: "Nós produzimos valor e vocês, custos", referindo-se às chamadas atividades não centrais.

Sayan Chatterjee (2006, p. 62) em seu livro *Estratégias à prova de falhas: como lucrar e crescer correndo riscos que outros evitam*, quando trata da terceirização de competências centrais comenta:

> Um tema comum em todas as estratégias de baixo risco vistas até agora é a habilidade de obter resultados melhores com uma base menor de recursos fixos e investimentos em geral mais baixos. Um ativo fixo menor permite à empresa o luxo de cortar atividades em tempo de demanda reduzida com menor impacto adverso nos custos do que seus concorrentes.

Complementa Chatterjee (2006, p. 11), agora com atenção ao papel dos líderes:

> Se você é um CEO (chief executive officer) de uma organização, ou mesmo um gerente de nível funcional, precisa saber, em primeiro lugar, não só como correr riscos, mas também como 'navegar em torno deles' com o objetivo de capturar as recompensas decorrentes.

O Caso 1, narrado a seguir e analisado sob a ótica dos comportamentos de liderança, mostra como podem ocorrer desvios nesses comportamentos, principalmente quando os interesses pessoais se sobrepõem aos do grupo e aos da própria empresa, e quando o receio no processo de mudança ameaça a sobrevivência de parte dos executivos de uma organização.

Caso 11

Tema: Quando a terceirização distorce a ética em gestão.
Perfil da empresa: empresa privada de grande porte do ramo industrial (empresa Y3).
Personagens:
Jack, CEO do grupo empresarial Y
John, diretor presidente da unidade industrial Y3
Mary, diretora administrativa

Marlon, diretor financeiro
Paul, diretor industrial
Frank, diretor comercial para o Brasil e o exterior
Beth, gerente de recursos humanos
Adam, assessor do diretor presidente escolhido como líder do grupo de estudos e implantação do projeto de terceirização

A empresa Y3 era uma tradicional organização industrial que fazia parte do Grupo Y, estando geograficamente localizada próxima a um grande centro populacional. A renda *per capita* da região era uma das mais altas do país, proporcionando uma atividade econômica intensa e diversificada para as inúmeras empresas de médio e pequeno porte que formavam a sua malha produtiva.

A maioria do capital social da empresa Y3 era nacional e concentrada nas mãos de três tradicionais famílias brasileiras. Esta unidade industrial era totalmente independente em termos administrativos, tendo a sua própria gestão e políticas estratégicas. A empresa Y3 atuava de forma bastante verticalizada, desde a produção de matéria-prima básica até os processos finais de assistência técnica e pós-venda. A comercialização dos produtos estava equilibrada entre o mercado interno (55%) e a exportação para diversos países (45%).

A variação cambial do dólar não estava afetando a comercialização do produto em outros países. A situação financeira da empresa Y3 era relativamente confortável, com um baixo nível de endividamento, boa margem de lucro e clientes fiéis e tradicionais.

Estudos de mercado apontavam uma forte demanda mundial pelo produto para a próxima década, sinalizando uma excelente oportunidade de ampliação dos negócios, desde que a empresa Y3 conseguisse reduzir seus custos fixos em até 15%.

Os cargos de alta e média gestão estavam ocupados pelos funcionários mais antigos da companhia, cuja idade média estava em torno de 54 anos. Já os cargos hierárquicos relativos aos níveis de supervisão e chefia estavam sendo exercidos por pessoas bem mais jovens, cuja média de idade era de 28 anos. A hierarquia representativa do poder formal era muito valorizada e respeitada por todos.

O time de gestores (gerentes e subgerentes) era muito corporativo no sentido de promover sistemas de autoproteção, com atenção a qualquer tentativa de mudança. Com frequência, eram organizadas reuniões sociais e havia forte integração entre eles. Conflitos existentes entre algumas áreas eram abafados para que não causassem desgaste desnecessário nem uma possível imagem de desunião entre os membros do corpo gerencial.

Com o acirramento da competitividade nos mercados interno e externo, havia um forte sentimento de que profundas mudanças estavam sendo gestadas pelo primeiro escalão do nível estratégico da matriz do Grupo Y. Como a empresa Y3 operava em um mercado protegido nos últimos 40 anos, com baixíssima concorrência, e era uma empresa de capital intensivo, com custo de pessoal baixo (19% do total), ela não tinha uma cultura de custos focada em pessoas.

Em comparação com seus concorrentes diretos, o custo de produção era em torno de 10,5% mais elevado, e a margem de ganho final estava quase no limite de geração de déficit. Da mesma forma, a estrutura organizacional era muito ampla e fragmentada para os novos tempos de alta competitividade, e a decisão estratégica tinha como principal objetivo transferir para terceiros tudo o que fosse possível.

Como já era costume há muitos anos, o diretor presidente da empresa Y3, John, preparava-se para viajar a São Paulo a fim de participar da tradicional reunião quinzenal sobre o desempenho das empresas vinculadas ao Grupo Y.

De posse dos relatórios e materiais referentes ao desempenho da quinzena anterior, John só estranhou o fato de ter sido solicitado que viajassem junto com ele o diretor financeiro, Marlon, e a diretora administrativa, Mary. Apenas em raríssimas ocasiões era solicitada a presença de alguém que não fosse os próprios diretores presidentes das unidades fabris.

Transcorria o final do segundo trimestre do ano e, se os resultados da empresa Y3 não eram de todo animadores, não estavam, entretanto, muito distantes do desempenho de suas coirmãs e dos principais concorrentes nacionais e internacionais.

John tinha ouvido rumores de que poderia haver mudanças no Grupo Y até o final do ano. Não acreditava muito nisso, mas, caso houvesse algum fundamento nessas notícias, as mudanças seriam implantadas com calma e de acordo com a cultura tradicional da companhia, ou seja, com cuidado e longa maturação. Nada havia, portanto, a temer por antecipação.

Ao chegarem à sede do Grupo Y, a secretária executiva do CEO, Jack, informou-lhes de que a reunião não seria na sala do conselho, como de praxe, mas no gabinete de Jack. Para surpresa de todos, receberam também a informação de que a reunião teria somente a presença dos três executivos da Y3, e não mais a dos diretores presidentes de todas as unidades, como era esperado.

Eles se reuniriam com o diretor financeiro e assessor jurídico do Grupo, além de com o próprio Jack. Os diálogos e as decisões tomadas nessa reunião estão relatados de forma sucinta a seguir:

Jack: Senhores, estamos aqui reunidos para informar-lhes de que a Y3 foi escolhida para iniciar um processo revolucionário de mudança na sua estrutura organizacional, visando a implementar melhorias em sua *performance* e competitividade.

John: Caro Jack, por que a nossa unidade foi escolhida, se as outras empresas componentes do grupo também estão com o desempenho aquém do desejado?

Jack: Nada pessoal John. Tínhamos que começar com alguma empresa do grupo, e a que está sob o seu comando foi a escolhida. Tomei essa decisão pessoalmente porque creio que a situação geográfica, o parque industrial e o de serviços próximo da Y3 oferecem as condições ideais de sucesso para o que pretendemos.

As mudanças que você irá conduzir servirão, após profunda avaliação, de modelo para as demais empresas do grupo. Vocês estarão, portanto, a partir de agora, sob profunda análise de todos os nossos executivos. É um momento ímpar para vocês mostrarem toda a sua competência e empreendedorismo. Se bem realizado o trabalho, todos os louros e glórias serão para o time de gestão sob a sua responsabilidade, John. Caso contrário, se houver falhas e o time não corresponder às expectativas, nem mesmo eu saberei dizer o que poderá acontecer. Vocês não podem me decepcionar.

John: O plano geral e as orientações já estão definidos?

Jack: Sim. Enquanto nós dois conversamos sobre as questões mais estratégicas, gostaria que os seus diretores, acompanhados do meu diretor financeiro e assessor jurídico, se encaminhassem para a sala de reuniões do conselho de administração com a finalidade de receber o "pacote" de mudanças com todas as orientações necessárias.

Após o grupo de diretores se retirar, o diálogo recomeçou:

John: Ok, Jack, sem rodeios. Do que se trata?

Jack: Estou apreensivo, John. Temos que reduzir significativamente os custos de produção no menor prazo possível. Estamos perdendo competitividade muito rapidamente, e os acionistas estão agitados. Agora que estamos a sós, eu posso abrir o jogo para você. Precisamos adotar a estratégia de terceirização com a maior intensidade possível. Vá fundo. Encontre todos os parceiros que você puder para transformar a maior parte dos nossos custos fixos em custos variáveis. Não há outra solução e você tem carta branca. Reúna-se com os diretores que vieram com você antes de retornar para a Y3 e procure estabelecer linhas de pensamento e de ação unificadas. Todos os membros do nível diretivo da Y3 têm que falar a mesma linguagem para que não haja dissonância alguma que contamine o processo. Não esqueça que o pessoal das outras unidades estará atento e curioso. Você deve chegar lá com toda a estratégia de *start up* na cabeça para fazer que as mudanças passem a acontecer já na próxima segunda-feira.

John: Mas não estamos nos apressando demais? Quem sabe você me dá um tempo maior para maturar o assunto e iniciar o processo sem causar um impacto muito grande na Y3, até com o risco de queda na produção?

Jack: Sinto muito, parceiro. Não há tempo a perder. Utilize toda a nossa assessoria até sexta-feira. Os seus diretores já estão tomando conhecimento do assunto e da abordagem técnica que deverá ser utilizada. Tudo está muito bem definido e planejado. É só seguir o modelo passo a passo. Essa ferramenta dispõe de um sistema de acompanhamento muito eficaz para que você me mantenha informado no máximo a cada semana sobre os avanços obtidos. Todos nós aqui do Grupo Y confiamos em você e na sua capacidade de liderança em tocar esse processo. Boa sorte.

Logo após o retorno dos três diretores da Y3 à empresa, foi realizada a primeira reunião de trabalho com toda a diretoria e com a presença da gerente de recursos humanos, quando foi dado encaminhamento ao assunto.

Participaram da reunião, além dos diretores John, Mary e Marlon, o diretor industrial, Paul, o diretor comercial para o Brasil e o exterior, Frank, e a gerente de recursos humanos, Beth. Após uma exposição detalhada do encontro realizado em São Paulo, o diretor presidente abriu espaço para que os demais participassem.

John: Bem, pessoal, estamos prontos para o início do processo? Alguém gostaria de fazer algum comentário preliminar?

Marlon: Eu ainda desconheço a opinião de vocês sobre o projeto, mas tinha a convicção de que alguma coisa teria que ser feita em relação aos nossos custos. Já que a determinação veio de cima, penso que devemos ir fundo no processo, avaliando todas as possibilidades de implantar parcerias ao máximo, trocar custos fixos por custos variáveis.

Mary: Não tenho tanta certeza assim de que devemos terceirizar neste nível pretendido. Isso irá criar um ambiente de imensa insegurança. Eu sugiro que se faça o processo de forma lenta e gradual, iniciando pela área industrial.

Paul: Como você pode ter essa opinião tão esclarecida e convicções tão fortes? Nós agregamos produção e vocês custo, não se esqueça disso. A minha opinião é que devemos começar pela área-meio. Vejo algumas atividades sendo realizadas por áreas de apoio que somente geram desperdício.

Mary: Você não pode afirmar isso sem conhecer...

John: Pessoal, vamos com calma. Dessa forma não chegaremos a lugar algum. Eu gostaria de ouvir a opinião de todos e depois veremos como iniciar o trabalho de forma racional. Frank?

Frank: Bem, acho que talvez a área comercial possa contribuir com a sua parcela nessa busca. Entretanto, sinceramente não vejo ainda como terceirizar uma pequena parte sequer da área comercial, pois estamos operando com representantes no Brasil e exterior já há bastante tempo. Quanto aos nossos escritórios de vendas, a tecnologia é atualizada constantemente, e o pessoal está reduzido ao mínimo possível. Lembrem-se de que a área comercial é a mais estratégica da empresa.

John: Beth?

Beth: Bem, eu ainda não tive tempo de formar uma opinião. Acho que estamos atuando tão bem assim. Isso representará uma terrível angústia nas pessoas, e a motivação será comprometida. Isso sem falar no clima organizacional da empresa, que agora está ótimo, mas que deu tanto trabalho para construir. A área de RH, apesar de bastante demandada por todas as diretorias da empresa e pelas pessoas individualmente, está funcionando muito bem. Como será dada a notícias às pessoas? Quem fará isso? Espero que não seja nós do RH. E as famílias? E...

John: Valeu Beth, obrigado. A decisão está tomada e não depende mais da nossa concordância ou não. De nós depende agora fazermos um bom trabalho. Vou estruturar um grupo de projetos para estudar a forma mais ágil de viabilizar os procedimentos que irão racionalizar os nossos custos. Participarão dois representantes de cada diretoria, um representante da área de recursos humanos, um do jurídico e o assessor da presidência, Adam, que coordenará o processo.

Paul: Caro John, você não acha que o coordenador deveria ser oriundo da área industrial? Afinal de contas, é onde são gerados os resultados da empresa. Adam pode ser um bom assessor, mas ele nada entende do processo industrial. Além do mais, é um jovem recém-formado, faltando-lhe uma visão mais sistêmica da organização. Na área industrial ninguém o conhece. Haverá, com certeza, uma forte resistência ao seu nome.

John: Eu tenho certeza de que todos aqui gostariam de designar o líder do projeto por razões pessoais e óbvias. Exatamente para evitar esse problema é que eu indico o Adam, que, apesar de não ter esses conhecimentos que você citou, tem uma habilidade muito importante, que é a de ser um competente articulador de ideias e excelente ouvinte. Além disso, o coordenador deve ser um elemento neutro, que terá a incumbência de me manter permanentemente informado do andamento do processo. Indiquem logo os seus representantes, encaminhando os nomes para ele.

A primeira reunião fica marcada para o próximo dia 10, no Centro de Treinamento. Lembrem-se, é importante que o objetivo dessa atividade não vaze para os funcionários, e, somente após o encerramento dos estudos iniciais, a divulgação oficial das providências a serem adotadas será feita, por meio de um comunicado da presidência.

Ao final da reunião, os diretores saíram apressadamente para seus locais de trabalho a fim de escolherem seus representantes, pois tinham menos de 48 horas para isso. Enquanto isso, o diretor presidente chamou Adam e comunicou-lhe que estava tudo resolvido e que ele seria o líder do grupo de estudos. Recomendou-lhe discrição e que falasse o mínimo possível, principalmente com o nível gerencial.

O diretor industrial, ao retirar-se do encontro, reuniu-se de imediato com o diretor financeiro para conversarem a respeito do acontecido. Esse encontro resultou em uma aliança entre os dois, no sentido de constituírem uma forma tácita de autoproteção durante o decorrer do processo de terceirização.

A diretora administrativa chamou imediatamente a gerente de recursos humanos para orientá-la sobre como proceder nas reuniões seguintes, criticando-a por não ter se posicionado de forma mais contundente em defesa da área administrativa durante a reunião da qual acabara de participar.

A insegurança e as dúvidas que Beth expôs diante dos outros diretores somente haviam enfraquecido a sua posição junto à diretora administrativa. Como gerente de recursos humanos, Beth já era um membro definido para fazer parte do grupo de estudos, e deveria sempre reportar-se à diretora administrativa, tanto antes quanto depois do encerramento de cada reunião. Beth retornou ao seu local de trabalho, onde chorou copiosamente pelo *feedback* recebido de sua diretora e também pelas ameaças da própria mudança que se avizinhava.

Após escolhidos os representantes de cada diretoria para unirem-se aos membros já nominados, todos se reuniram na data aprazada. Os encontros repetiram-se ao longo de seis meses, quando, finalmente, foram apresentadas as recomendações finais do grupo. Ao longo desse tempo foram observados os seguintes movimentos, articulações e consequências:

- aliança entre a diretoria industrial e a diretoria financeira para focar a terceirização quase exclusivamente na área administrativa;
- aliança entre o assessor do presidente, líder do projeto, e a diretoria administrativa, tendo em vista o isolamento desta pelos demais diretores;
- postura, do diretor comercial, de não envolvimento direto na mudança, viajando e se ausentando da empresa com mais assiduidade do que antes do início das reuniões do grupo de estudos;
- reduzida presença dos representantes da área comercial, por orientação de seu diretor.

Em função do clima de conflito aberto entre os membros da cúpula da empresa, as informações que chegavam aos ouvidos dos empregados eram totalmente distorcidas, gerando insegurança, baixa produtividade e aumento da presença do sindicato entre eles. Todos os gerentes escolhidos para fazer parte do grupo de estudos imitavam o comportamento fragmentário de suas diretorias. A orientação era para defenderem os seus interesses corporativos. O diretor presidente, pressionado pelo CEO do Grupo Y, Jack, que exigia e cobrava com frequência resultados mais rápidos, flexibilizou demais a questão da excelência no processo e, em consequência, baixou os níveis de qualidade exigidos anteriormente por ele mesmo. O processo tinha que ser implantado o quanto antes em função da pressão a que estava submetido.

O líder do grupo de estudos, Adam, pressionado por todos os lados, principalmente pelo diretor presidente, não sabia mais o rumo a tomar e resolveu marcar unilateralmente uma data para a apresentação das sugestões, conseguindo, assim, desagradar a todos.

A diretora administrativa isolou-se dos demais diretores, procurando exercer uma forte influência no líder do grupo de estudos, que, por sua vez, mantinha a aparência de interesse localizado nas questões administrativas. Na realidade, ele perseguia apenas as orientações e interesses do diretor presidente.

A gerente de recursos humanos, por sua característica paternalista e protetora, foi a pessoa que mais transmitiu a todos insegurança em relação à mudança, estando sempre preocupada, nervosa e utilizando uma linguagem corporal nunca vista antes da fatídica reunião de São Paulo, quando foi anunciada a nova política de redução de custos.

O sindicato da categoria, com o apoio da força de trabalho da empresa Y3, realizou diversas manifestações diante da fábrica e liderou diversas paradas na produção industrial. A produtividade da empresa e a qualidade dos produtos caíram a níveis nunca vistos anteriormente, comprometendo irremediavelmente a lucratividade da empresa para o exercício em andamento.

Alguns profissionais especializados das áreas técnica, de produção e de projetos buscaram voluntariamente recolocação em outras empresas da região, desfalcando ainda mais o processo produtivo no fundamental controle da qualidade.

A empresa Y3 viu-se assediada por diversos pretendentes a serem parceiros na terceirização, mesmo antes de terem sido divulgadas as áreas suscetíveis à transferência, gerando ainda mais insegurança em todos e atestando que não haviam sido tomados os cuidados solicitados pelo diretor presidente para que o assunto ficasse restrito ao grupo de estudos e à diretoria.

Não havia mais qualquer espírito de corpo na empresa. O momento era de alianças às escondidas, meias palavras e intrigas, gerando baixa confiabilidade nas lideranças. Toda a comunicação interna, que já não era de excelência, reduziu-se drasticamente, e as poucas informações transmitidas não obtinham mais a confiabilidade necessária junto aos colaboradores da empresa.

Os rumores sobre o clima de insegurança, atitudes centralizadoras e autoritárias chegaram às demais empresas do Grupo Y, começando a contaminar aqueles ambientes também. Em face da chegada desses rumores às suas unidades, os demais diretores das empresas do Grupo Y passaram a pressionar o CEO para que promovesse uma intervenção na gestão da empresa Y3.

O líder do grupo de estudos, Adam, participava e conduzia as reuniões com os demais membros de forma bastante desinteressada, não intervindo nos conflitos internos e invariavelmente transferindo as decisões para depois.

O desenho da nova estrutura ficava cada vez mais de acordo com os interesses dos diretores industrial e financeiro. Os gerentes das áreas administrativas e de tecnologia tinham pouco espaço para participar das decisões, e suas considerações e propostas eram quase sempre ignoradas pelos demais.

O assessor jurídico, não desejando envolver-se diretamente no processo, raramente participava das reuniões e, quando se fazia presente, argumentava que o trabalho dele seria mais útil no final do processo, quando poderia analisar melhor as questões jurídicas e trabalhistas.

O sindicato da categoria entrou em conflito aberto com a diretoria e as gerências, e os fornecedores tradicionais solicitaram uma reunião com a cúpula da empresa, tendo em vista os boatos no mercado de que essa estava prestes a enfrentar dificuldades para cumprir com os seus compromissos financeiros.

A concorrência, aproveitando o momento de turbulência, conseguiu contratar o gerente de tecnologia e três excelentes engenheiros de produção da empresa Y3, os quais estavam descontentes com a falta de informações e perspectivas para o futuro.

A empresa contratou uma consultoria especializada em análise de valor profissional (AVP), mas o grupo gerencial descobriu e a notícia vazou, chegando aos ouvidos de todos a informação de que se tratava de uma manobra de fachada para desviar a responsabilidade pelas futuras demissões.

Os meios de comunicação começaram a noticiar uma crise financeira na empresa Y3, com o possível encerramento de suas atividades produtivas e, em decorrência, um grande problema social na região.

Nesse cenário de conflitos e cada um querendo preservar os seus próprios interesses, o grupo de estudos referendou, mesmo discordando em parte, o relatório da consultoria, que foi aprovado pela maioria dos membros da diretoria.

Análise comportamental do principal líder do Caso 11

A Figura 11.5 apresenta a análise das atitudes e do perfil do diretor presidente da empresa Y3, John.

O diretor não estava confortável com as mudanças anunciadas na unidade Y3 e preferia que o trabalho inicial fosse realizado em outra unidade, mas, sendo impossível essa transferência, adotou um comportamento passivo e paternalista, procurando proteger ao máximo o seu pessoal. Envolveu outras pessoas e deixou a coordenação com Adam (A).

A principal motivação de John era manter um clima social e afetivo, apesar da mudança. O congraçamento e o espírito de família na organização sempre foram o seu principal objetivo. Ele sabia da necessidade de mudanças e, portanto, via-se desafiado, mas desde que esse fosse um processo sem "dor" (B).

John era um líder sereno, bom comunicador, com excelente relacionamento interpessoal, muito influenciado pelos grupos internos, o que, de certa forma, fez que ele optasse por não liderar pessoalmente o processo (C). Seu principal equívoco, coerente com os demais diagnósticos comportamentais, foi se omitir e ficar ao largo da implantação da terceirização. Caberia a ele, nesse momento, ser o maior orientador dos liderados quanto aos passos a serem dados. Isso faria que todos os seus liderados contribuíssem de uma forma mais segura e centrada nos resultados esperados (D).

Pontos para reflexão

1. Como deveria ter sido o procedimento do diretor John em relação ao processo de mudança? Ele deveria ter mantido o projeto de terceirização em segredo até o último momento?
2. Qual o principal motivo para que o CEO Jack solicitasse que o assunto fosse tratado com cautela?
3. Por que a ameaça da mudança estrutural provocou tanta insegurança nos gestores intermediários?

Capítulo 11 Terceirização **153**

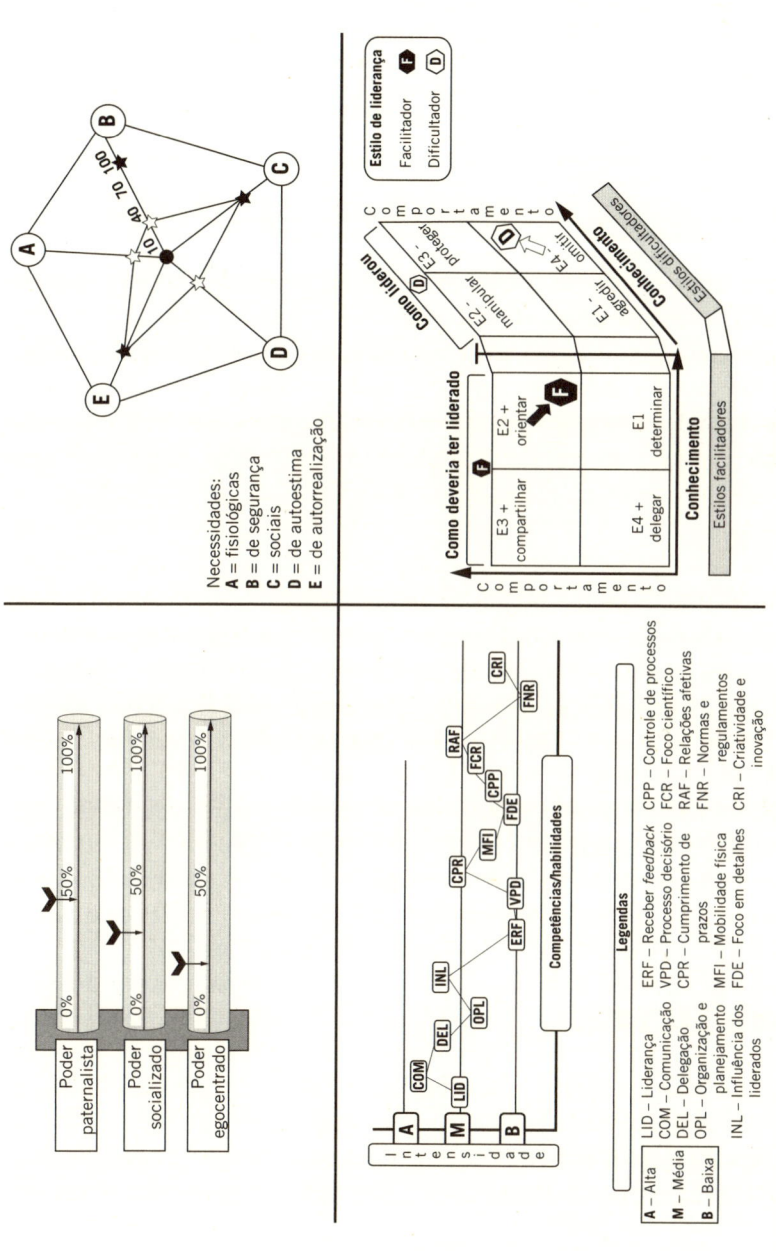

Figura 11.5 Análise comportamental do principal líder do Caso 11, sob o ponto de vista do poder da motivação, das habilidades e dos estilos de liderança.

Fonte: W&W Human Technology.

4. Quais os principais motivos para o sindicato desfrutar de tamanho poder e prestígio junto à massa trabalhadora?
5. Qual foi a principal característica do comportamento de Mary junto à diretora administrativa?
6. Por que o diretor financeiro e o diretor industrial se uniram no processo?
7. Qual foi o principal motivo para o diretor comercial manter-se ausente do processo de mudança?
8. Qual era a principal característica do assessor do diretor presidente e por que ele foi indicado para liderar o processo de terceirização?
9. Por que a gerente de recursos humanos sempre esteve em um plano secundário e raramente era consultada?
10. Por que havia conflito permanente entre os diversos gerentes de nível intermediário e o líder do grupo de estudos, Adam? Quem lhe dava suporte em função das pressões que sofria?

Conclusão

Há uma afirmativa creditada ao grande empresário e líder Akio Morita, CEO da Sony, que diz o seguinte "Todos são favoráveis à mudança, desde que estejam ameaçados em sua sobrevivência". O Caso 11 confirma essa ideia, tendo como agravante a divulgação de informações totalmente distorcidas na luta, estabelecida durante o processo, pelo poder e pela sobrevivência nos cargos intermediários de gestão.

Justiça, método e coerência são os maiores desafios para a implantação da terceirização nas organizações, visando a torná-las mais enxutas, saudáveis e com bom ambiente para trabalhar. As políticas devem ser centradas nas pessoas, promovendo, como consequência, transparência, confiança e um sentimento de segurança quanto aos critérios a serem utilizados.

Deve haver também o encorajamento aos processos criativos e inovadores, que conduzam a empresa a um novo norte, focando em suas principais competências. Tratar a questão como urgente, sem descuidar do planejamento para o futuro, e desenvolver o pensamento estratégico nas linhas de comando são providências essenciais.

Para as corporações que enfrentam demandas crescentes e aparentemente incompatíveis, Rosabeth Moss Kanter* aconselha: "Descentralize para de-

---

*Apostila de Pós-Graduação em Administração de Recursos Humanos na PUC/RS do Curso Terceirização, 2004.

legar responsabilidades sobre planejamento e lucros a unidades de negócio pequenas e autônomas – mas centralize para explorar sinergias e deficiências e para combinar recursos de forma inovadora".

A mudança é o campo de ação dos líderes. É nela e por meio dela que podemos aquilatar a verdadeira capacidade de liderança, pois é muito comum os interesses pessoais e grupais se sobressaírem aos interesses organizacionais.

Uma mudança com essa envergadura pode colocar em risco o próprio negócio, tanto na fase de execução quanto na fase do projeto, oportunidade em que se define a estratégia de abordagem/implantação.

Os líderes devem se perguntar se a competência exigida para a transformação eficaz não está além de seus limites, o que pode, em caso afirmativo, tirar do rumo o projeto e comprometer a sua resultante final de três maneiras:

- os objetivos não serão atingidos, colocando em risco o próprio negócio;
- os futuros movimentos de mudança na organização serão desacreditados;
- um clima de insegurança junto aos empregados se consolidará, enfraquecendo a liderança interna e aumentando o prestígio e a influência dos sindicatos de trabalhadores.

Os líderes precisam desenvolver a habilidade de compreender a insegurança promovida pelos processos de quebra de paradigmas, que existem na mente humana como um grande *iceberg*. Os temores do consciente são a parte do *iceberg* que aflora à água, e os temores e fantasmas do inconsciente formam a parte maior, que está submersa.

Quanto mais intenso e qualificado for o processo de informações sobre as consequências da mudança, sejam elas caracterizadas pelas ameaças ou pelas oportunidades, mais o líder deve agir com a devida transparência. Para que isso ocorra de forma rápida e consistente, sugiro a adoção da estratégia apresentada na Figura 11.6. Ela demonstra os passos que o líder deve percorrer para promover uma mudança eficaz e com o devido comprometimento de todos. O conhecimento da mudança é o primeiro passo, e não o último.

Como diz Margareth J. Wheatley (2006, p. 170) em sua consagrada obra *Liderança e a nova ciência*:

> Estou ao mesmo tempo atônita e confiante diante do fato de que, como ensinam a teoria quântica e a biologia, não há duas pessoas que vejam o mundo exatamente da mesma maneira. Se reconhecemos um sentimento compartilhado de injustiça ou um sonho comum, coisas mágicas acontecem com as pessoas: as mágoas passadas e as histórias negativas são deixadas para trás e as pessoas se dispõem a trabalhar juntas.

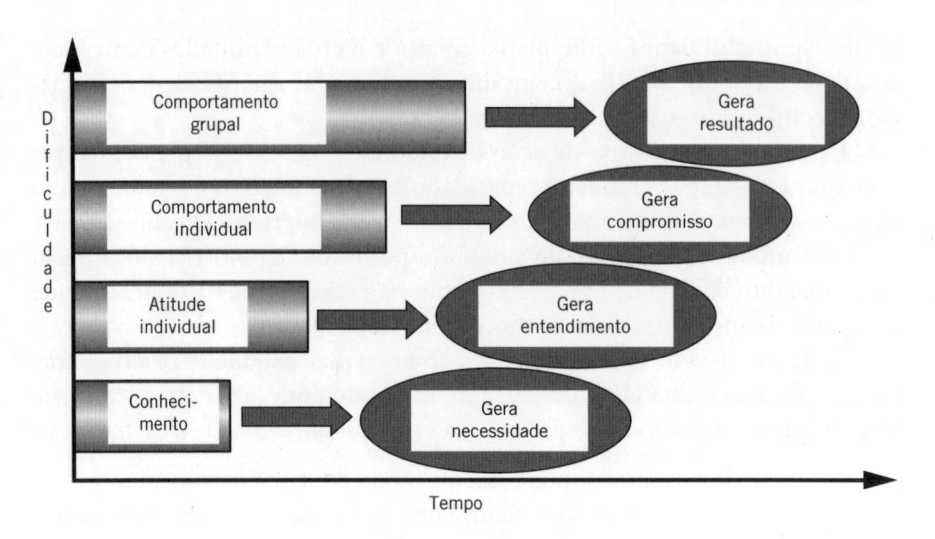

Figura 11.6 Estratégias do líder para a mudança eficaz.

Nas palavras de Maquiavel (2006):

> É necessário, portanto, que se leve em conta se estes proponentes de mudança apoiam-se em suas próprias forças ou se dependem das de outrem, isto é, se, para levar a efeito a sua obra, têm de apelar para terceiros ou se podem impor a sua força. No primeiro caso eles sempre terminam mal e não conseguem chegar a lugar algum; porém, quando dependem unicamente de si mesmos e podem empregar a força, então é raro que corram demasiados riscos.

O Caso 11, no qual houve mudanças impositivas, rápidas e em segredo, demonstra que é muito importante que as pessoas percebam significância nos processos de que irão fazer parte, pois assim elas tenderão a participar e a contribuir ainda mais com o líder.

A empresa Y3 não conseguiu atingir a meta estabelecida para a redução dos seus custos e, consequentemente, passou por uma profunda reengenharia no seu nível de gestão. Muitos executivos foram dispensados e algumas áreas foram terceirizadas "a fórceps", ou seja, sob o comando de executivos do Grupo Y, que simplesmente determinaram as novas regras. Logo após ter sido completado o enxugamento, a unidade foi vendida para um grupo concorrente.

Capítulo 12

Clima organizacional e manipulação

> *Quando um grande amigo nos ofende, devemos escrever na areia onde o vento do esquecimento e do perdão se encarregam de apagar; porém, quando nos faz algo grandioso, devemos gravar na pedra da memória do coração onde vento nenhum do mundo poderá apagar!*
>
> Antigo provérbio árabe

Clima organizacional é a resultante de um estado de espírito que atinge a totalidade ou a maioria do capital humano de uma organização. Essa resultante é impactada por diversos fatores ambientais que, direta ou indiretamente, afetam a motivação, os níveis de comprometimento e o estado de ânimo dos recursos humanos e, consequentemente, o comportamento coletivo e os resultados esperados.

Existe uma ferramenta administrativa utilizada para medir e apurar o grau de satisfação dos colaboradores. Com uma pesquisa de clima organizacional, a direção da empresa, normalmente por meio da área de recursos humanos e/ou em conjunto com especialistas externos, busca aferir os índices de satisfação de seus colaboradores. Na determinação desse índice, que mede a situação atual, são contemplados vários aspectos considerados importantes, tanto para a empresa quanto para o seu capital humano, tais como: crescimento na carreira, remuneração, plano de benefícios, inclusão da família nos benefícios, relacionamento entre os diversos níveis de poder, ambiente social (relacionamentos), tecnologias utilizadas, segurança e medicina no trabalho, valorização e percepção pela empresa, espaço sindical, níveis de informação, participação, inovação, *feedback* positivo e negativo, dentre outros.

A pesquisa de clima organizacional pode fazer parte de uma estratégia de gestão de recursos humanos de longo prazo e ser aplicada periodicamente ou pode ser realizada pontualmente, em virtude de algum evento especial, como o lançamento de um novo produto. Tal pesquisa, como processo estatístico, pode apontar distorções ao longo do tempo em termos de significâncias, incongruências e outros fatores prioritários, como também pode identificar causas crônicas de problemas, isoladas ou parte de um conjunto maior.

O importante é que o analista tenha consciência de que a pesquisa de clima organizacional apresenta dados comportamentais baseados em percepções. Alguns dados, entretanto, são resultantes dos eventos que ocorrem no dia a dia e que atingem diretamente a vida organizacional dos indivíduos. Outros dados podem resultar de um processo de catarse, pois a empresa oferece essa oportunidade ímpar de opinar sobre um conjunto enorme de processos que ela adota e nem sempre estão alinhados com as expectativas da força de trabalho.

Existem três pontos cruciais para o sucesso da aplicação dessa ferramenta. O primeiro é definir claramente o que será e o que não será possível implantar como decorrência da pesquisa. Deve ainda haver o compromisso de uma ação coletiva, motivadora e que gere resultados, tanto para os indivíduos quanto para a organização. O conjunto de propósitos mútuos deve ser transformado em planos de ação e, se for o caso, em projetos específicos para a melhoria do clima organizacional.

O segundo ponto fundamental é dar acesso ao relatório da pesquisa e à carta de intenções por ela originada a todos os que participaram do processo. É importante lembrar que, sendo ou não praxe da empresa realizar essa pesquisa, ela sempre despertará expectativas no imaginário coletivo. Alguns terão com a pesquisa uma expectativa de ganhos, outros a receberão com descrença, e todos poderão contaminar seus pares com os próprios sentimentos.

O terceiro ponto crucial para o sucesso da aplicação de uma pesquisa de clima organizacional é o envolvimento da gerência na busca dos resultados propostos nos planos de ação, pois muito a empresa perderá caso os empregados percebam que não há um interesse legítimo dos representantes do capital no processo. Muitas vezes as empresas investem valores significativos nesta metodologia, mas os resultados não aparecem porque a força de trabalho encara essa estratégia e seus benefícios como uma esmola, uma dádiva, um favor que, logo adiante, lhes será cobrado.

Hoje existe à disposição do empreendedor um enorme conjunto de ferramentas diagnósticas, técnicas e comportamentais que podem ajudar muito na melhoria do desempenho organizacional. O Caso 12, apresentado a seguir, trata da utilização de uma dessas ferramentas pelos gestores. Mas, neste caso, ameaçados pelas mudanças que se descortinavam em um futuro próximo, a ferramenta foi utilizada para manipular um ambiente já contaminado pela desconfiança e pelo descrédito que havia nos níveis hierárquicos da empresa.

Caso 12

Tema: Quando o clima organizacional é reflexo da incompetência.
Perfil da empresa: empresa privada de grande porte do ramo industrial (empresa X).
Personagens:
Mark, diretor superintendente
Francisco, diretor administrativo
Carmen, gerente de recursos humanos

A empresa X contava com uma estrutura de poder formal com sete níveis hierárquicos e execução de todos os processos produtivos de forma verticalizada, utilizando apenas fornecedores eventuais, em um mercado cativo e protegido, prestes a ser aberto.

O diretor superintendente, Mark, encomendou, por influência do diretor administrativo, Francisco, uma ampla pesquisa de clima organizacional ao departamento de recursos humanos. A gerente desse departamento, Carmen, recebeu as seguintes orientações:

Abrangência da pesquisa: envolver todos os níveis táticos intermediários representados pelos chefes, supervisores e coordenadores de turno, bem como a totalidade dos colaboradores dos níveis administrativos e operacionais.
Aplicação da pesquisa: responsabilidade da área de recursos humanos, com assessoramento de uma consultoria externa na metodologia.
Análise dos dados e sugestão dos planos de ação: gerência das áreas meio e fim, sob a coordenação da gerência de recursos humanos.
Conteúdo do relatório: principais aspectos deficientes e sugestão de planos de ação de melhoria para curto, médio e longo prazos.
Planos de ação: ordenados por prioridades e impacto na solução dos problemas.
Tempo estimado: apresentação do relatório completo em 120 dias.
Recursos financeiros: os necessários para a implantação dos planos de ação.

Em meio a isso, é importante destacar: que a empresa estava promovendo também o lançamento de novos produtos para logo após a apresentação do relatório final e a implementação do plano de ação de curto prazo; que o sindicato da categoria tinha muita penetração no nível operacional da fábrica, com difícil trânsito e diálogo no nível de comando da empresa; e que o mercado de atuação da empresa estava recebendo novos competidores de alto desempenho, com a quebra de barreiras protecionistas.

A metodologia adotada para a pesquisa junto aos empregados operacionais e administrativos foi o sistema de múltipla escolha. Os assuntos pesquisados e seus resultados são aqui divulgados de forma resumida e com informações baseadas em percentuais.

Fatores 1 e 2 Cite os principais impactos na qualidade de vida na empresa

Fator 1: Qualidade de vida Lista pré-elaborada		Fator 2: Qualidade de vida Escolha livre	
Saúde	65%	Salário	69%
Ambiente de coleguismo	60%	Ambiente de coleguismo	60%
Benefícios à família	55%	Benefícios em geral	68%
Segurança no emprego	54%	Segurança no emprego	54%
Lazer	44%	Reconhecimento profissional	60%
Fazer amizades	36%	Aprendizado e treinamento	45%
Aprendizado	35%	Qualidade nos serviços	33%
Liberdade de religião	34%	Liberdade de escolha	30%
Outros aspectos	10%	Participação nas decisões	28%

Fatores 3 e 4 Na sua opinião, quais os principais fatores que impactam na qualidade de vida?

Fator 3: Qualidade de vida Como percebe a visão da empresa		Fator 4: Remuneração Como considera o seu poder aquisitivo (últimos 24 meses)	
Sobrevivência da empresa	90%	Diminuiu	82%
Com custos	66%	Ficou estável	12%
Com objetivos e metas	57%	Aumentou	4%
Com a qualidade	45%	Não sei	2%
Segurança dos empregados	35%		
Com a integração das áreas	27%		
Integração com as chefias	25%		

Fator 5 Desigualdades

Fator 5.1: Desigualdades salariais Você percebe desigualdades significativas?		Fator 5.2: Remuneração Considerando as empresas similares, você considera os salários	
Sim	71%	Bons	20%
Não	22%	Regulares	27%
Não sei	7%	Baixos	48%
Fator 5.3: Você concorda com essas diferenças quando aumenta a responsabilidade?		Fator 5.4: Você considera os benefícios como parte do seu salário?	
Sim	77%	Sim	32%
Não	23%	Não	68%

Fatores 6 e 7 Benefícios e situação econômica/financeira da empresa X

Fator 6: Benefícios O que deve ser melhorado		Fator 7: Situação econômica da empresa Como você percebe	
Assistência médica	90%	Muito boa	70%
Alimentação/vale-refeição	86%	Boa	13%
Assistência odontológica	71%	Regular	10%
Auxílio doença	50%	Ruim	2%
Empréstimos de emergência	40%	Não sei	5%
Outros convênios	35%		
Incentivo à educação	28%		

Fator 8 Níveis de comando

Fator 8: Comando e liderança Como você percebe a atuação dos líderes	Sim	Não
Os objetivos são claros e divulgados pelos líderes?	30%	70%
As tarefas e o que é esperado de cada um estão claros?	44%	56%
Há acompanhamento e orientação no trabalho?	45%	55%
Há reconhecimento pelo trabalho bem realizado?	20%	80%
Há habilidade no relacionamento das chefias com o pessoal?	35%	65%
Há incentivos ao desenvolvimento profissional?	11%	89%
Há possibilidades de *feedback*, críticas e sugestões?	13%	87%
Os conflitos interpessoais são solucionados pelas chefias?	30%	70%
Você julga o seu chefe preparado para o cargo?	40%	60%
Você acha que a sua chefia tem autonomia decisória?	24%	76%

Fator 9 Relações sindicais

Fator 9.1: Sindicato Relacionamento empresa/sindicato		Fator 9.2: Sindicato Relacionamento sindicato/empregados	
Ótimo	2%	Ótimo	67%
Bom	15%	Bom	20%
Regular	20%	Regular	10%
Ruim	60%	Ruim	3%
Desconheço	3%	Desconheço	5%

Fator 10 Comunicação interna   **Fator 11** Desempenho

Fator 10: Qualidade da informação A qualidade da informação é		Fator 11: Apoio ao melhor desempenho Principais necessidades	
Ótima	5%	Melhoria nos equipamentos	52%
Boa	13%	Melhoria nos processos	59%
Regular	20%	Melhor capacitação	77%
Ruim	60%	Melhoria nos relacionamentos	38%
Não há	2%	Menor interferência na área	5%

Fator 12 Valorização dos colaboradores

Fator 12.1: Promoções e carreira Como são feitas?		Fator 12.2: Superação Há reconhecimento?		Fator 12.3: Visão da empresa sobre você Você se sente como	
Subjetivamente	80%	Não	90%	Mais um recurso	65%
Com critérios	7%	Sim	2%	Parte do time	10%
Desconheço	13%	Às vezes	8%	Desconheço	25%

A Figura 12.1 demonstra a sequência utilizada para a resolução do Caso 13. Primeiro é apresentado um descritivo da situação atual do clima organizacional, a seguir um descritivo do que se espera no curto prazo (até 150 dias), do que se planeja para o médio prazo (entre 150 a 250 dias) e, igualmente, para o longo prazo (+ de 150 dias), bem como seus respectivos planos de ação.

Fase I. Clima organizacional: situação atual

Diante dos resultados expostos pela pesquisa, não é difícil concluir que o clima organizacional é ruim; com funcionários insatisfeitos, que não se sentem valorizados. A comunicação é deficiente, praticamente inexistem programas de capacitação

Empresa X

```
                    ← Até 150 dias →
                  ┌─────────────────┐
                  │    Situação     │
                  │ desejada do clima│
          ┌──────→│  organizacional │
          │       │      curto      │
          │       │      prazo      │
          │       └─────────────────┘
          │                    ← De 150 a 250 dias →
          │                  ┌─────────────────┐
          │                  │    Situação     │
  Situação atual             │ desejada do clima│
  do clima     ────────────→ │  organizacional │
  organizacional             │      médio      │
          │                  │      prazo      │
          │                  └─────────────────┘
          │                                  ← + de 250 dias →
          │                                ┌─────────────────┐
          │                                │    Situação     │
          │                                │ desejada do clima│
          │                                │  organizacional │
          │                                │      longo      │
          │                                │      prazo      │
          │                                └─────────────────┘
          └────[ Planos de ação (CP+MP+LP) ]
```

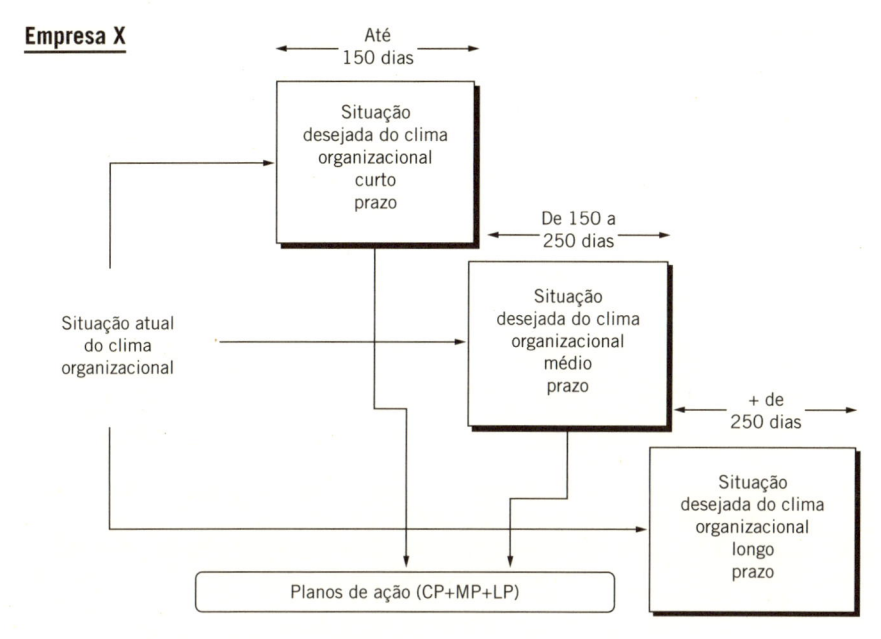

Figura 12.1 Estrutura da abordagem para resolução do problema.

profissional. Além disso, os processos tecnológicos estão defasados; os salários são menores do que os pagos pelo mercado; a segurança dos empregados é deficiente; a situação financeira da empresa é favorável; os profissionais nos níveis de comando são despreparados; a qualidade dos produtos e dos serviços é baixa; falta um sistema de participação nos resultados.

Clima organizacional: situação desejada no curto e médio prazos (até 250 dias)

- pessoal motivado e comprometido com a campanha de lançamento de novos produtos e serviços;
- disponibilidade de excelentes processos de comunicação interna;
- novo plano de saúde abrangendo todos os funcionários e suas famílias;
- compreensão, pelos funcionários, de que os benefícios fazem parte da remuneração;
- existência de um canal de comunicação com os funcionários e com o sindicato;
- existência de uma tradição de eventos para divulgar as ações da empresa por meio de palestras e churrascos;
- melhorias na comunicação interna já implantada;
- demonstração da preocupação da empresa com a melhoria na qualidade de vida dos funcionários por meio de ações concretas.

Clima organizacional: situação desejada em longo prazo (acima de 250 dias)

- alta produtividade;
- aumento de retorno sobre vendas e do *market share*;
- alto nível de satisfação dos funcionários e clientes;
- assistência médica e odontológica de acordo com as melhores práticas;
- alimentação/vale-refeição de acordo com as melhores práticas;
- benefícios extensivos à família;
- salários compatíveis com o mercado;
- pleno conhecimento das tarefas e responsabilidades;
- planejamento estratégico bem elaborado e uso do *balanced scorecard* (BSC) para comunicar as estratégias da empresa;
- plano de cargos e salários;
- políticas de valorização dos funcionários;
- implantação de um processo de desenvolvimento profissional baseado em processos de avaliação de *performance*;
- tecnologia de ponta implantada para melhorar o atendimento aos clientes.

Plano de ação com 15 pontos

Ação	Prazo C/M e L	Impacto alto baixo 6 - 5 - 4 - 3 - 2 - 1	Manejabilidade alta baixa 6 - 5 - 4 - 3 - 2 - 1
Montar grupo de estudos sobre clima organizacional com funcionários	1 CM	1	3
Realizar estudos de mercado sobre política salarial	2 CM	2	3
Promover treinamentos diferenciados para o nível operacional	3 CM	2	4
Estruturar banco de ideias para sugestões de inovações	4 CM	1	5
Buscar aproximação com o sindicato da categoria	5 CM	2	2
Criar grupo de estudos visando a implantar PPR para todos	6 CM	1	1
Implantar plano de cargos e salários para o próximo ano	7 LP	5	2
Implantar políticas de remuneração variável	8 LP	5	1

Plano de ação com 15 pontos *(continuação)*

Ação	Prazo C/M e L	Impacto alto baixo 6 - 5 - 4 - 3 - 2 - 1	Manejabilidade alta baixa 6 - 5 - 4 - 3 - 2 - 1
Reformular a carreira de supervisor de turno	9 LP	1	3
Substituir passo a passo os equipamentos e tecnologias antigas	10 LP	4	2
Promover reuniões bimensais entre gestores e funcionários	11 LP	1	6
Estruturar formas de planejamento participativo	12 LP	2	4
Implantar avaliação de desempenho em todos os níveis	13 LP	1	2
Promover melhorias no plano de benefícios (saúde, alimentação e transporte)	14 LP	6	2
Implantar série ISO-9002 e Programa de Ganhos em Produtividade	15 LP	3	5

O plano de ação dos executivos da empresa X

A seguir é apresentado o plano de ação elaborado pelos gestores intermediários da empresa X na época em que foi realizada a pesquisa de clima organizacional.

Na Figura 12.2 pode-se observar que as ações propostas não conseguiram exercer impacto sobre o problema de clima organizacional.

Comentários sobre a abordagem dos executivos da empresa X

Não é difícil imaginar que o plano de ação com 15 pontos não redundou em mudança no clima organizacional. Com exceção da ação 15LP, todas as demais estão muito distantes do vértice superior direito de impacto e manejabilidade, em que os problemas realmente começam a ser resolvidos.

Dois fatores principais levaram o plano a não obter sucesso. O primeiro estava relacionado com as ações de curto prazo que dariam consistência ao lançamento do novo produto. Tais ações teriam que estar baseadas na confiança entre a empresa e os funcionários, o que não existia na empresa X, onde as pessoas sentiam-se apenas como "mais um recurso" na busca de lucratividade. Também o distanciamento da gestão e a inexistência de processos eficazes de comunicação interna consolidavam esse quadro de profunda desconfiança. Os dados da pesquisa de clima organizacio-

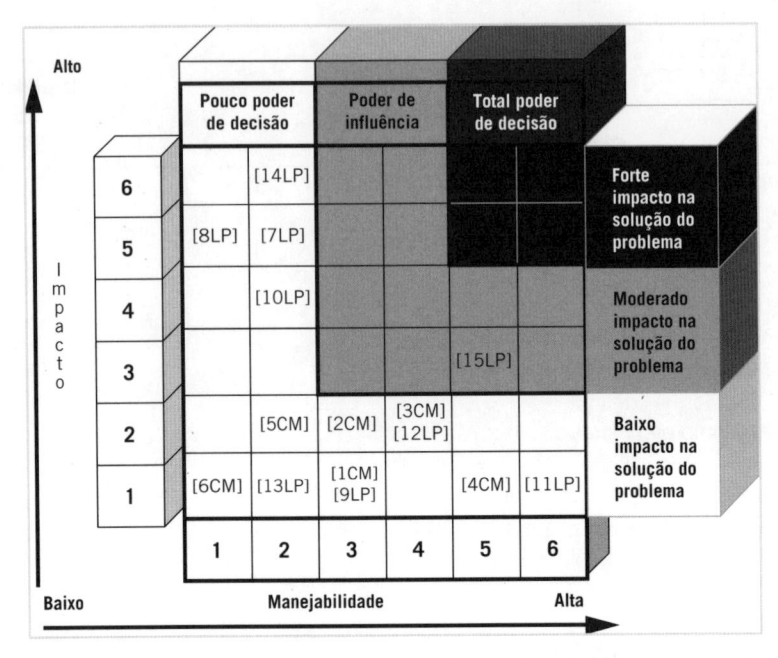

Figura 12.2 Impacto e manejabilidade na visão dos executivos da empresa X.*

nal e o confortável espaço usufruído pelo sindicato junto aos empregados atestam a condição de baixa confiabilidade e fraca liderança interna.

O segundo fator que contribuiu para que o plano de 15 pontos não tivesse obtido os resultados esperados foi o fato de que as próprias chefias não tinham interesse nessa aproximação. A cultura organizacional, no tocante ao exercício do poder, era totalmente centralizada e, no horizonte, avizinhavam-se as nuvens cinzentas e ameaçadoras da mudança, aumentando, em consequência, a insegurança do grupo gestor. A falta de credibilidade nos gestores e a insegurança deles em face das mudanças que teriam que ser realizadas consolidou um ambiente propício aos processos de manipulação.*

A Figura 12.3, a seguir, demonstra o perfil e os estilos médios do grupo gestor da empresa X. A característica mediana e convergente dos estilos de utilização do poder formal pelos executivos se concentra no exercício clássico da hierarquia histórica da "manda quem pode e obedece quem precisa". A cultura da empresa, consolidada ao longo dos anos, foi alicerçada no poder familiar, na manutenção de "nichos" de sobrevivência, sem abertura à participação e *feedback*, tendo como pano de fundo um cenário em que a realidade mercadológica interna do país era

---

*Apostila do Curso de Qualidade Total baseada na visão de Joseph Juran pelo CPB (Centro de Produtividade do Brasil) em São Paulo, 1992.

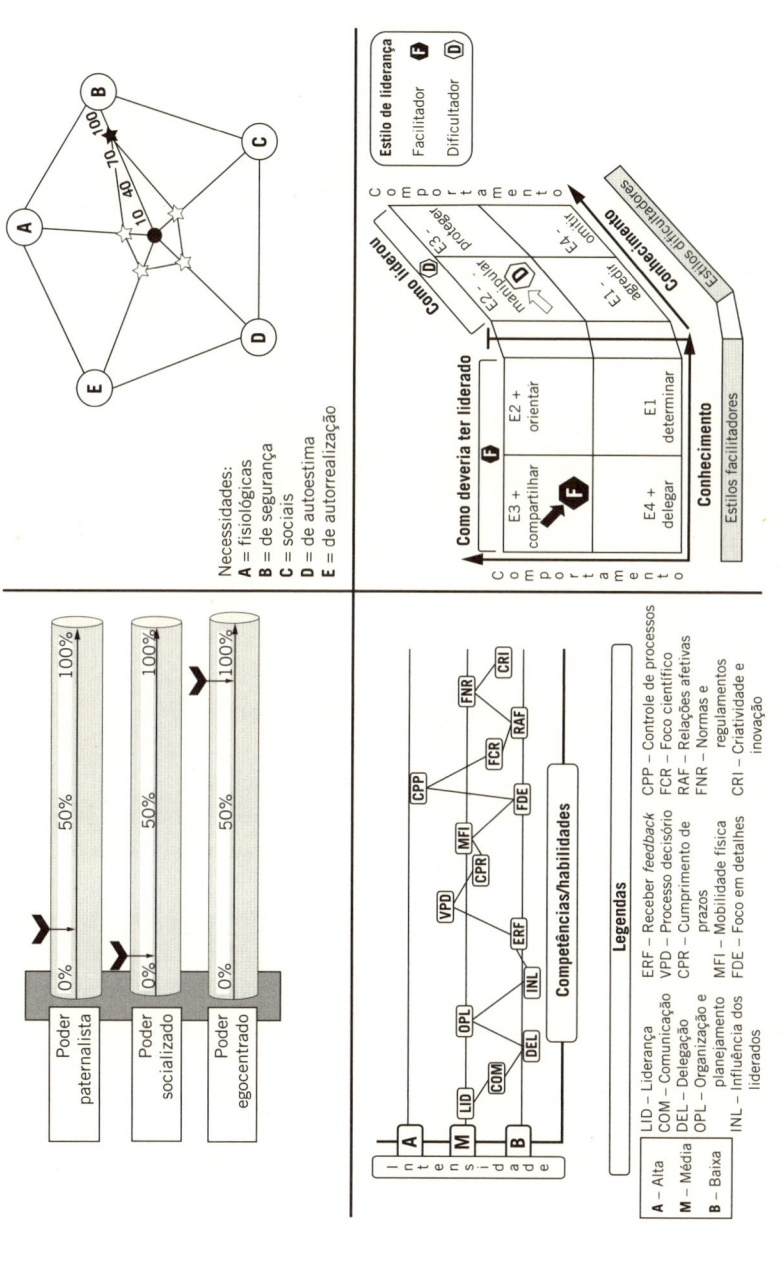

Figura 12.3 Análise comportamental dos principais líderes do Caso 12, sob o ponto de vista do poder, da motivação, das habilidades e dos estilos de liderança.

Fonte: W&W Human Technology.

protecionista, com a existência de inúmeras barreiras comerciais. O exercício do papel de gestor, naquela situação, era de extremo conforto para todos (A).

Com a proximidade de mudanças no mercado, nas estruturas do poder hierárquico e, principalmente, nas relações internas entre o capital e o trabalho, marcadas pelo clima interno totalmente desfavorável, a principal motivação do grupo de gestores não poderia deixar de localizar-se na total insegurança frente às mesmas (B).

As principais características comuns entre os gestores da empresa X eram a falta de delegação, a comunicação interpessoal totalmente deficiente ou inexistente, a falta de influência dos liderados sobre eles e o estabelecimento de controles rígidos e inflexíveis sobre os níveis operacionais (C).

Os estilos de liderança do grupo gestor estavam identificados, em sua maioria, com a manipulação dos fatos, com pouquíssima informação e com acordos não éticos visando à autoproteção, quando o mais correto seria a adoção de um estilo no qual o líder atua como *coach*, educador e orientador para os caminhos da mudança. Especificamente com relação à pesquisa de clima organizacional e seu resultado impactante, o estilo deveria ser o de prosseguir com a estratégia participativa, envolvendo os funcionários na busca de uma resposta factível à questão "O que podemos fazer juntos para modificar a situação visando a alguns resultados de curto prazo?" (D).

Pontos para reflexão

1. Qual era a cultura de gestão predominante na empresa X?
2. Por que o sindicato tinha tanto espaço junto aos trabalhadores?
3. Quais as principais carências detectadas pela pesquisa?
4. Relacione essas carências com a teoria da motivação de Abrahan Maslow.
5. Que sentimentos despertam quando alguém usufrui um benefício concedido pela empresa e sua família não?
6. Com o processo de mudança e competitividade, que ações drásticas deveriam ser tomadas para reverter o clima organizacional na empresa X?
7. O que poderia ter causado nos funcionários o sentimento de serem apenas mais um recurso a ser utilizado pela empresa X?
8. Se a empresa X, que tinha uma cultura centralizadora e autoritária, fosse adquirida por outra com uma cultura mais democrática e participativa, qual das duas prevaleceria? Justifique.
9. Para que um modelo de gestão participativa realmente funcione, com resultados diferenciados e superiores, qual deverá ser a maturidade do grupo social interno?

10. Considerando que a maturidade profissional em qualquer nível da organização envolve conhecimento atualizado, vivências, habilidades comportamentais, visão de cenários e processos, motivação e ética, qual desses fatores deveria ter prioridade na empresa X?

Conclusão

O principal foco de ação para a mudança do clima organizacional no curto e no longo prazo remete para o nível gerencial médio. A cultura diretiva e centralizadora consolidada em tempos de protecionismo de mercado, sem a necessidade de política de custos, qualidade, estratégias, liderança de pessoas e processos tem que mudar o mais rápido possível. A grande maioria dos gestores que formaram um grupo para se proteger não devem mais permanecer. Alguns critérios deverão ser utilizados nesse desmanche, e poucos sobreviverão nas suas posições de chefia.

Os sobreviventes deverão possuir baixa resistência às mudanças, perspectiva e disposição para atuar como *coach* de seus subordinados, visando à democratização da aprendizagem e criando perspectivas concretas para a participação efetiva de todos nos processos de mudança. A esses que se dispuserem ao grande salto da mudança pessoal restará a perspectiva de permanecerem como agregadores de valor, competência e comprometimento.

Na vida real, entretanto, sabemos o quanto é difícil uma mudança nesse nível. Muitos dos gestores da empresa X não terão mais condições de permanecer em suas funções. Os demais, em algum momento, se encontrarão em uma mesa de bar para comentar o quanto foram injustiçados pela empresa à qual deram o melhor de suas vidas.

Encerro o Caso 12 com uma colocação muito feliz dos autores Jerry Porras, Stewart Emery e Mark Thompson (2007), que criaram a expressão "efeito Mandela":

> O que inspira os vitoriosos a fazer o tipo de escolha que Mandela fez – lutar e crescer contra todas as probabilidades para encontrar um novo significado e adotá-lo? O "efeito Mandela" – sermos capazes de criar um sucesso duradouro não porque sejamos perfeitos ou afortunados, mas porque temos a coragem necessária para fazer aquilo que é importante.

Capítulo 13

Benchmarking

> *O princípio do modelo constitui o mais forte apoio das modificações que se verificam no mundo.*
>
> Max Scheler, filósofo
> Alemanha, 1874-1928

O *benchmarking* é um componente-chave para a real melhoria da qualidade e do desempenho. Seu maior propósito é agregar vantagem competitiva, principalmente no curto e no médio prazos. Por meio do *benchmarking* a empresa pode alcançar níveis de desempenho que atendam plenamente às expectativas dos clientes na adequação de preço e qualidade, tendo como parâmetro as melhores referências e as melhores práticas e identificando ideias, processos e ações que possam agregar valor. O *benchmarking* é um processo de descobertas que se ancora em indicadores de desempenho. Nenhuma empresa pode ser a melhor em tudo, e as empresas devem ter a humildade de reconhecer esse fato e estudar as práticas das demais. Ao adotar o *benchmarking*, não se trabalha com a perspectiva de resultados inalcançáveis, pois alguém já os atingiu.

Mas é preciso ter cuidado, pois o uso de *benchmarking* intensivo na empresa pode inibir ou bloquear a criatividade e a inovação. Essa estratégia poderá levar a empresa até o nível de desempenho do referencial utilizado, mas é preciso dar um passo qualitativo para superar o modelo e tornar-se verdadeiramente competitivo.

Visto que pela utilização do *benchmarking* a empresa busca imitar o melhor desempenho e as melhores práticas, subentende-se que alguma atividade, produto ou serviço praticado não está apresentando o desempenho desejado. No diagnóstico desses *gaps* de desempenho podem ocorrer, internamente, alguns problemas com a aceitação dos critérios de avaliação e com os próprios resultados aferidos. Nesse contexto, o líder deve verificar se não há sintomas dos cinco estágios do luto (Figura 13.1) para compreendê-los e deve auxiliar os seus liderados quanto à recuperação de sua autoestima.

O *benchmarking* deve promover o conhecimento do próprio desempenho (nós e a nossa *performance* atual e nós e os outros que são excelentes). Melhorar muitas vezes não é o suficiente, pois podemos assim mesmo estar perdendo terreno na competitividade. Por isso, é fundamental observar a *taxa de melhoria* (à esquerda na figura).

Indicadores de *benchmarking* são medidas de desempenho a serem atingidas para avaliar o crescimento que a empresa deseja. A empresa é quem define os mais importantes. Na Tabela 13.1 temos três tipos de indicadores.

Tabela 13.1 Exemplos de indicadores de *benchmarking*

Medidas de qualidade	Medidas de produtividade	Medidas de fornecimento e pontualidade
Taxas de rendimento	Produção total pelo efetivo de pessoal	O % de entregas pontuais
O % de serviços X produtos retrabalhados	Custo por unidade produzida sem defeito	Tempo entre o projeto e a produção
Número de reclamações de clientes	Pedidos processados/ expedidos por empregado/hora	Tempo de transporte
Tempo de espera na fila	Valor adicionado por empregado	O % de entregas atrasadas
Número de reclamações na garantia	Custo da mão de obra sobre o custo total	O % de serviços não atendidos
Defeitos de peças por milhão	Número de autenticações por caixa executivo	Tempo médio de atendimento dos pedidos
		Tempo de processamento dos pedidos
		Tempo de processamento da informação

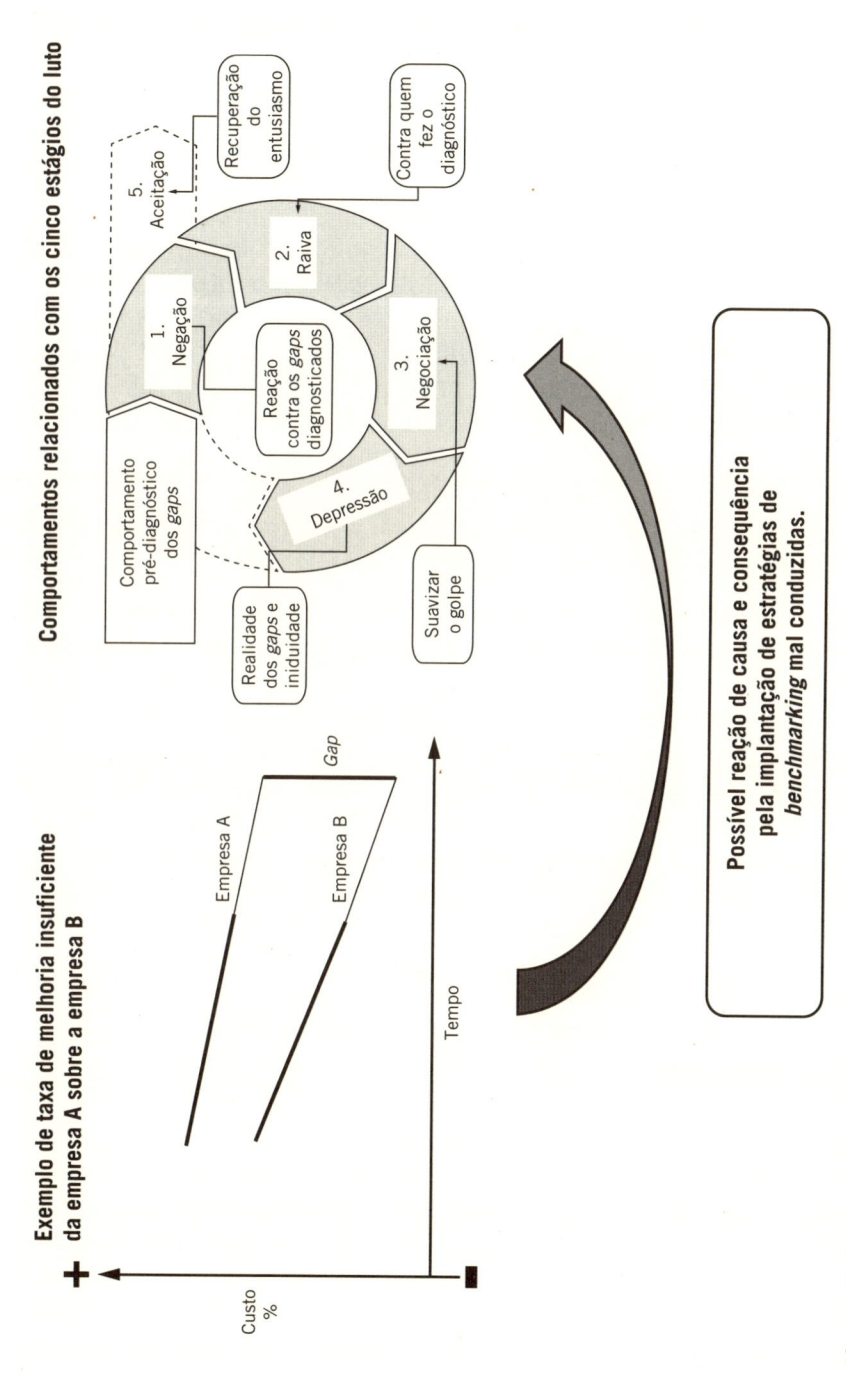

Exemplo de taxa de melhoria insuficiente da empresa A sobre a empresa B

Comportamentos relacionados com os cinco estágios do luto

- Comportamento pré-diagnóstico dos *gaps*
- Realidade dos *gaps* e iniduidade
- 1. Negação
- 2. Raiva
- 3. Negociação
- 4. Depressão
- 5. Aceitação
- Recuperação do entusiasmo
- Contra quem fez o diagnóstico
- Reação contra os *gaps* diagnosticados
- Suavizar o golpe

Possível reação de causa e consequência pela implantação de estratégias de *benchmarking* mal conduzidas.

Figura 13.1 Indicadores de *benchmarking*.

Sequência lógica para implantação de *benchmarking*

Para uma política eficaz de *benchmarking*, procure seguir os seguintes passos:

1. Conhecer o processo: definir indicadores e ter conhecimento dos mesmos.
2. Definir empresas como referenciais: identificar as empresas com as melhores práticas e escolher as de alto padrão de desempenho.
3. Levantar dados dos referenciais: utilizar informações internas; analisar produtos, serviços e processos; envolver especialistas internos e externos.
4. Estabelecer metas: determinar o atual *gap* entre a empresa e os referenciais e o atual nível de melhoria destes; definir o novo nível esperado; estabelecer metas quantitativas e prazo para o objetivo desejado.
5. Incorporar o melhor: desenvolver plano de ação para atingir as metas; utilizar as práticas das empresas referenciais; utilizar times em *network* internos e externos; criar mecanismos de comunicação.
6. Obter a superioridade: fixar novas metas, conforme as anteriores forem sendo atingidas, até alcançar e manter a superioridade.

Se você apenas copiar os outros, seu ponto de chegada será apenas onde os outros já estão. A competição, nos dias atuais, exige que se vá muito além. Uma lenda antiga, do tempo da guerra fria e da corrida espacial, dizia que os americanos descobriram que não era possível: "Durante a corrida espacial entre russos e norte-americanos, estes últimos descobriram que não era possível escrever com uma caneta esferográfica no espaço sideral. Cientistas foram desafiados a resolver o problema para a NASA, que queria uma caneta que escrevesse na gravidade zero, de cabeça para baixo, em qualquer superfície, inclusive em vidro e em temperaturas que poderiam variar de 0 a 300 °C. O russos, que tinham o mesmo problema, usaram um lápis". (Madaleno, 2004).

Principais abordagens de *benchmarking* utilizadas pelas empresas

No início da década de 1990, o mundo dos negócios ampliava significativamente os seus horizontes comerciais, alavancados pelo início da globalização e pela queda gradual do protecionismo dos mercados internos.

A produção de bens de consumo, acelerada pela automação industrial crescente e pelas perspectivas reais de novos e avançados processos no campo da integração global, via tecnologias da informação e comunicação (TICs), prognosticava um novo modelo de competitividade mundial. A competição migrava celeremente para um campo de batalha ainda não trilhado pelas forças produtivas globais. Sem as barreiras protecionistas criadas pelos governos, as organizações deveriam sobreviver pela sua capacidade de competir neste novo cenário.

Paralelamente ao movimento constante e veloz das mudanças pós-globalização, uma competência se destacava entre tantas e decidiria se a empresa iria sobreviver ou não: a capacidade de reduzir custos fixos.

A par da visão estratégica de negócios, da valorização do cliente, da qualidade dos produtos e serviços, da gestão inovadora e das pessoas, os líderes se defrontavam, de fato, com a necessidade de bem administrar os seus *custos fixos*. Em uma sociedade informada, competitiva e com uma moeda forte, os custos fixos foram considerados o "inimigo público número um" das empresas competitivas.

Complementarmente às estratégias de gestão adotadas pelas organizações à época – reengenharia, terceirização, tecnologias de processo, registros e informações, parcerias, *joint ventures*, fusões, incorporações, entre outras –, o *benchmarking* também foi e ainda é largamente utilizado. Na Tabela 13.2 (pág. 176) relacionamos algumas empresas e as respectivas estratégias de implantação de *benchmarking*.

A Figura 13.2 demonstra (abaixo) o trabalho de sensibilização normalmente realizado pelas organizações visando a implantar um processo de *benchmarking*.

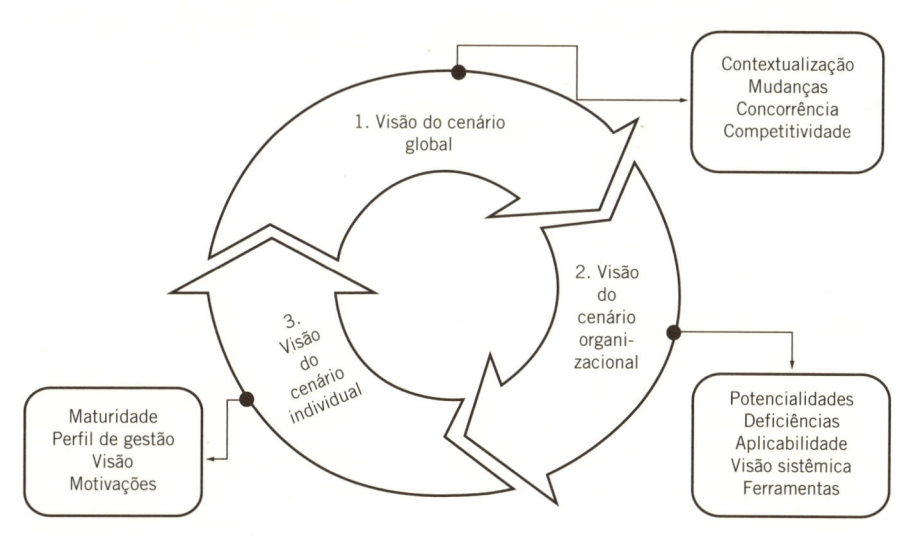

Figura 13.2 Processo de sensibilização usado por algumas organizações na implantação de *benchmarking*.

Tabela 13.2 Principais modelos adotados na década de 1995/2004 visando a implantar estratégias eficazes de *benchmarking*

Alcoa Alumínio S/A	Americam Express	Xerox	IBM
1. Decidir em que fazer *benchmarking*	1. Compreender o seu desempenho	1. Identificar os resultados do *benchmarking*	1. Organizar e planejar
2. Planejar o projeto de *benchmarking*	2. Identificar empresas líderes	2. Identificar o melhor competidor	2. Incorporar o conceito de *benchmarking*
3. Entender o seu desempenho	3. Identificar a equipe de *benchmarking*	3. Determinar o objeto da coleta de dados	3. Fazer *benchmarking* em quê?
4. Estudar os outros	4. Desenvolver o instrumento	4. Determinar o atual *gap* competitivo	4. Definir candidatos à parceria
5. Aprender com os dados	5. Preparar-se para a visita ao local	5. Projetar níveis futuros de desempenho	5. Selecionar parceiros
6. Usar as descobertas	6. Reunir membros da equipe para avaliação final	6. Estabelecer objetivos	6. Coletar dados de *benchmarking*
	7. Preparar relatório e implantar plano	7. Desenvolver planos de ação	7. Analisar resultados de *benchmarking*
	8. Manter relacionamento com as empresas visitadas	8. Implantar ações específicas	8. Determinar o diferencial desejado
		9. Monitorar resultados e reportar progressos	9. Projetar níveis de desempenho futuro
		10. Reciclar	10. Difundir as descobertas
			11. Desenvolver e implantar ações
			12. Monitorar e reavaliar processo

Caso 13

Tema: Quando os líderes da empresa acham que ela só tem a ensinar e nada a aprender.
Perfil da empresa: empresa privada multinacional de grande porte, do ramo industrial, exportadora (empresa Z).
Personagens:
Frank, diretor industrial
Sergei, diretor comercial
Robert, gerente de projetos
Albert, gerente de engenharia
Félix, gerente de exportação
Joyce, gerente de recursos humanos
Carol, gerente da qualidade
Carl, supervisor de produção
John, supervisor de montagem de produto
Joseph, chefe da área de pintura
Peter, chefe da mecânica
Terry, coordenador do Programa ISO

A empresa Z era uma organização líder de mercado, e alguns de seus gestores consideravam desnecessário focar com seriedade a questão dos custos, pois esses sempre haviam sido considerados importantes, mas não essenciais para o sucesso.

Entretanto, pressionada pelos movimentos dos concorrentes e motivada por um de seus líderes mais atuantes, a empresa Z implantou um programa de *benchmarking*.

Logo após o retorno do diretor comercial, Sergei, e do gerente de exportação, Félix, de uma viagem ao exterior, na qual visitaram alguns de seus clientes mais importantes, foi convocada uma reunião extraordinária da área comercial. Nessa reunião houve uma discussão de ideias sobre o binômio preço/qualidade. Toda a equipe da área comercial e a gerente da qualidade, Carol, estavam presentes nesse encontro, no qual ocorreu a seguinte conversa:

Sergei: O encontro de hoje tem como objetivo colocar para vocês uma preocupação que trazemos da nossa última viagem. Vocês sabem que o Félix me acompanhou na visita que realizei aos nossos principais clientes no exterior. A nossa convicção é de que eles não estão satisfeitos com alguns aspectos do nosso produto, especialmente no tocante ao preço final e à qualidade.

Félix: Desde o início do lançamento do novo produto, eu venho sentindo essa sensação de desconforto de alguns de nossos clientes mais importantes quando fazem críticas ao preço e à qualidade, conforme aludiu o diretor Sergei. Com certeza, é pelo nosso conceito e prestígio alcançado ao longo dos anos.

Carol: Quando vocês falam em qualidade do produto vocês estão se referindo a partes do processo produtivo ou ao produto acabado?

Félix: Eles se referem, com meias palavras e com muito cuidado, a alguns componentes que podem estar encarecendo o produto final e à logística que envolve o transporte até o porto de recebimento da carga. Eles nos sugeriram que revisássemos o produto final como um todo e os procedimentos de embarque. De qualquer maneira, isso nunca tinha ocorrido.

Carol: Já que não há uma visão clara das causas reais dos problemas de qualidade, eu sugiro que façamos uma ampla pesquisa com nossos clientes. Neste caso teremos mais convicção para agir de forma eficaz. Eu posso encaminhar esse levantamento com o pessoal da gerência de *marketing* e logo teremos o retorno esperado.

Sergei: Creio que esse é o melhor caminho mesmo, e o Félix está concordando comigo. Entretanto, antes do *start up* da pesquisa, é importante envolver o diretor industrial, Frank, e saber a sua opinião a respeito.

Carol: Diretor Sergei, eu apreciaria muito se a reunião fosse solicitada pela área comercial, pois faço parte da estrutura vinculada à produção, e o diretor Frank poderá interpretar que não estou respeitando a sua autoridade.

Sergei: Tudo bem, eu vou definir um horário com ele o mais breve possível.

Tão logo o diretor industrial retornou das férias, Sergei agendou uma reunião com ele para que Félix lhe relatasse as preocupações advindas dos últimos encontros realizados com os clientes do exterior.

Na data e horário definidos, o diretor industrial recebeu o gerente de exportação com poucas informações sobre o que seria tratado no encontro. De qualquer forma, tinha solicitado que se fizessem presentes o gerente de projetos, Robert, o gerente de engenharia, Albert, a gerente da qualidade, Carol, o supervisor de produção, Carl, o coordenador do Programa ISO, Terry, e os chefes de pintura e mecânica, Joseph e Peter, respectivamente.

Ao entrar na sala de reuniões, Félix ficou surpreso com a quantidade de pessoas da área industrial, pois o encontro seria apenas para verificar a opinião do diretor Frank sobre a realização de uma pesquisa de qualidade e preço junto aos clientes do exterior.

Félix imaginou que Sergei pudesse ter adiantado a Frank o assunto que seria tratado, mas, já que todos estavam presentes, não havia como recuar, até porque o diretor industrial dava início à reunião, aparentemente de muito bom humor.

Frank: Bom dia, pessoal. Estamos aqui na presença do Félix, nosso gerente de exportação, que recém retornou de uma longa viagem aos nossos clientes e nos traz algumas novidades. Félix, poderia historiá-las para nós?

Félix: Bem, é sempre bom conversar com todo o pessoal da produção, mas acredito que poderíamos liberá-los e conversarmos somente nós, Frank, afinal não há grandes novidades.

Frank:	Neste caso, a reunião será rápida e não prejudicará em nada a presença deles aqui alguns minutos. Além do mais, estamos implantando uma gestão mais aberta e participativa na área industrial.
Félix:	Trago algumas notícias de nossos clientes no exterior, que têm elogiado muito os nossos produtos de longa data, como todos nós sabemos. Acontece que o diretor comercial e eu retornamos com uma leve percepção de que eles gostariam de contribuir um pouco conosco, visando a rever alguns procedimentos em relação ao nosso lançamento mais recente.
Frank:	Acho que não entendi, Félix. Eles querem contribuir conosco para melhorar nosso produto? Será que eu ouvi bem?
Félix:	Não se trata bem disso, diretor, apenas alguns acham que poderíamos racionalizar alguns componentes e, com isso, reduzir um pouco o preço final.
Frank:	Aqui está o Robert. Robert, este não é o nosso melhor projeto? Albert, no tocante aos aspectos de engenharia, o produto não está *top* de linha? Carol, não vencemos, há poucos dias, um prêmio de qualidade nacional? John, Joseph, Peter, as áreas de vocês não foram todas remodeladas e ajustadas?
Félix:	Diretor Frank, um momento. Nem os clientes nem eu estamos afirmando que o produto não é bom e que a responsabilidade é do pessoal da área industrial. Apenas estamos pensando em discutir se há uma forma de melhorá-lo.
Frank:	Uma coisa eu posso assegurar: toda a área industrial está trabalhando o melhor possível, e o nosso produto é excelente. Se houver algum problema, ele está fora da minha gestão. Parece até que você não conhece a empresa onde trabalha. Olha o nosso nome, o nosso conceito, o nosso porte mundial.
Carol:	Diretor Frank, eu acredito que o gerente de exportação não está criticando o produto, mas apenas sugerindo estudos sobre a viabilidade de melhorá-lo. Ele tem visitado todos os mercados em que atuamos e pode constatar o crescimento dos nossos concorrentes. Quem sabe o Félix tem alguma sugestão?
Félix:	Eu apenas sugiro uma pesquisa mais aprofundada junto aos clientes para saber realmente o que eles querem. Muitas vezes nem eles sabem direito qual o problema e se ele realmente existe. A área comercial, através da gerência de *marketing*, normalmente faz suas pesquisas de satisfação no final de cada ano, mas acredito que deveríamos antecipá-las em alguns meses. Se os anseios dos clientes quanto a preço e qualidade se confirmarem, poderemos, aí, sim, implantar alguma estratégia de *benchmarking*.
Frank:	Deixe-me entender. Além de perguntar aos nossos principais clientes o que eles não gostam no nosso produto, você ainda pretende buscar as soluções em nossos concorrentes? O que houve na empresa nesses

10 dias em que estive em férias? Eu não consigo entender por que vocês do comercial estão sempre com essas ideias e comportamentos de buscar problemas onde eles não existem. A área industrial está fora dessa. Faça lá suas pesquisas, mas assuma a responsabilidade pelas consequências. Vocês só irão levantar suspeitas junto aos nossos clientes. O que eles poderão pensar?

Félix: Posso contar com a participação da gerente da qualidade, Carol, e do gerente de projetos, Robert, para nos auxiliarem na montagem da pesquisa?

Frank: Com o Robert, não, porque estive fora e temos muitos assuntos pendentes. Quanto à Carol, fica a critério dela.

Félix: Obrigado, diretor. Tão logo tenhamos realizado a pesquisa, retornaremos com as informações.

O diretor Frank e seu *staff* retiraram-se da reunião sem outros comentários. Realizada a pesquisa junto a todos os clientes, inclusive os do mercado nacional, os resultados obtidos confirmaram as primeiras percepções do diretor comercial e do gerente de exportação. Os aspectos mais críticos foram a qualidade do novo produto e o seu preço final. A Figura 13.3 sintetiza os dados obtidos.

Muitas reuniões, encontros e articulações internas foram realizados durante todo o ano seguinte quando, de forma contundente, os relatórios de mercado apontavam a perda de uma fatia significativa do mercado para o seu principal concorrente. Caso medidas urgentes não fossem adotadas, havia o risco de perda da primeira posição no mercado nacional e de queda ainda mais acentuada na competitividade internacional.

A adoção do *benchmarking* encontrou alguns incentivadores na média gerência da empresa Z, inclusive na área industrial, onde Carol, a gerente da qualidade, liderava o envolvimento e a participação das chefias e dos supervisores.

O diretor industrial, Frank, comprometeu-se apenas com promessas, indicando como seus interlocutores os gerentes de projetos e de engenharia, que, apesar de nunca reconhecerem de forma clara, tinham a missão de atrasar ao máximo a sua implantação. Frank simplesmente acreditava que "as coisas" iriam normalmente para os seus devidos lugares, pois o conceito da empresa e seu histórico seriam suficientes para reverter o quadro.

O coordenador do Programa ISO, Terry, ao contrário de sua colega da qualidade, não deu seu apoio à mudança, visto que isso poderia representar uma carga extra de trabalho para seu reduzido time. Da mesma forma, Joyce, a gerente de recursos humanos, procurava não se comprometer, pois conhecia de perto os permanentes conflitos entre os diretores Frank e Sergei.

Com esse desconcertado e desentrosado grupo de pessoas e com seus interesses conflitantes, deu-se início à implantação da estratégia de *benchmarking* sem os cuidados necessários. Pela pressa de uns e pelo atraso de outros, a empresa utilizou-se do roteiro estratégico a seguir:

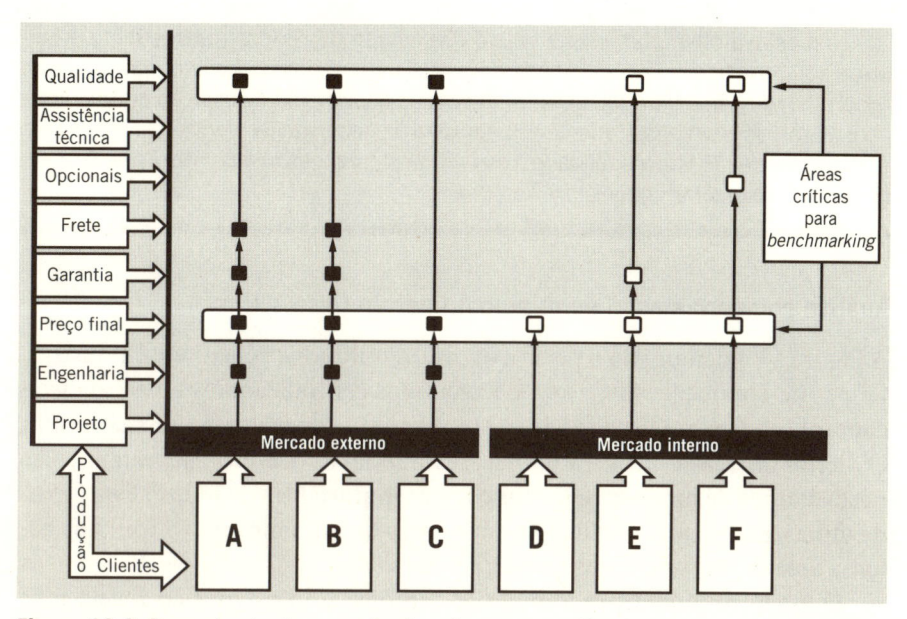

Figura 13.3 Pesquisa junto aos clientes da empresa Z sobre áreas deficientes por características de mercado.

1. Foram definidos os objetivos da visita.
2. Foram devidamente identificadas as pessoas mais adequadas na empresa referenciada.
3. Não foi preparado o necessário *check list* das questões-chave, tendo em vista as tremendas dificuldades encontradas para que os representantes da área industrial fornecessem as informações necessárias. Os profissionais mais indicados para preparar as questões técnicas (gerentes de engenharia e de projetos) não estavam comprometidos.
4. Não foram definidos os indicadores de *performance* a serem estudados, devido à não participação dos responsáveis pelas áreas de projetos e de engenharia.
5. Foi revisada e mapeada a *performance* atual da empresa referenciada nas áreas de interesse. Estavam claras as práticas e métodos utilizados.
6. Não houve uma preparação ampla para discutir os dados e práticas da empresa Z a serem disponibilizados na troca de informações com a empresa referenciada. A estratégia de troca de dados e práticas com a empresa referenciada ficou prejudicada na questão produto porque segundo orientação do diretor industrial, a informação era de que todo o processo fabril era "segredo de Estado".

Não estava claro como seria feita a divulgação dos dados obtidos junto à empresa referenciada – (em que nível da estrutura e se isso seria feito por meio de relatórios, reuniões, intranet, etc.). A responsabilidade pela divulgação interna ficou com a área de *marketing*, que, tendo em vista as observações realizadas terem sido pequenas e de tão baixa qualidade, resolveu postergar essa tarefa até que fosse feita nova visita, desta vez com êxito.

Análise comportamental do principal líder do Caso 13

A Figura 13.4 demonstra o perfil e os estilos utilizados pelo diretor industrial, Frank, na condução do Caso 13. Executivos centralizadores e paternalistas como ele costumam ver a sua área de ação como uma extensão de sua família. O diretor afirmava: "Esta é a minha área, e todas as decisões são minhas. Não necessitamos de ninguém e somos os mais importantes de todos". Esta forma de utilização do poder promove, em épocas de mudança sistêmica, uma extensa área de atritos com os demais gestores (A).

O estilo de poder predominante demonstrado no gráfico revela uma necessidade (motivação) voltada ao acúmulo de ainda mais poder pessoal. Como as mudanças sistêmicas, de uma forma ou de outra, envolverão a área industrial no futuro, a única forma de Frank lidar com a insegurança baseada em sua percepção será pelo acúmulo de poder, possivelmente em uma intensidade que extrapole a sua área de abrangência, facilitando uma ingerência direta nas áreas dos demais colegas gestores (B).

As habilidades comportamentais do diretor industrial carecem de um melhor aprimoramento para bem conduzir seus liderados e interagir de forma proficiente e colaborativa com seus pares da diretoria. O mapa (C) destaca alguns *gaps* que impedem sua melhoria: comunicação e relacionamento interpessoal, desenvolvimento de maturidade profissional nos seus liderados para que possa delegar mais e receber sugestões para a condução dos assuntos da área industrial.

O conjunto formado pelos três diagnósticos demonstrados nos mapas iniciais fatalmente influenciariam fortemente no estilo de liderança dominante de Frank, um estilo de imposição com agressividade da sua vontade acima de qualquer argumento. Com certeza, seus liderados tinham a expectativa de um líder mais orientador para as mudanças, alguém que criasse condições de aprendizagem e relacionamentos sadios entre todos (D).

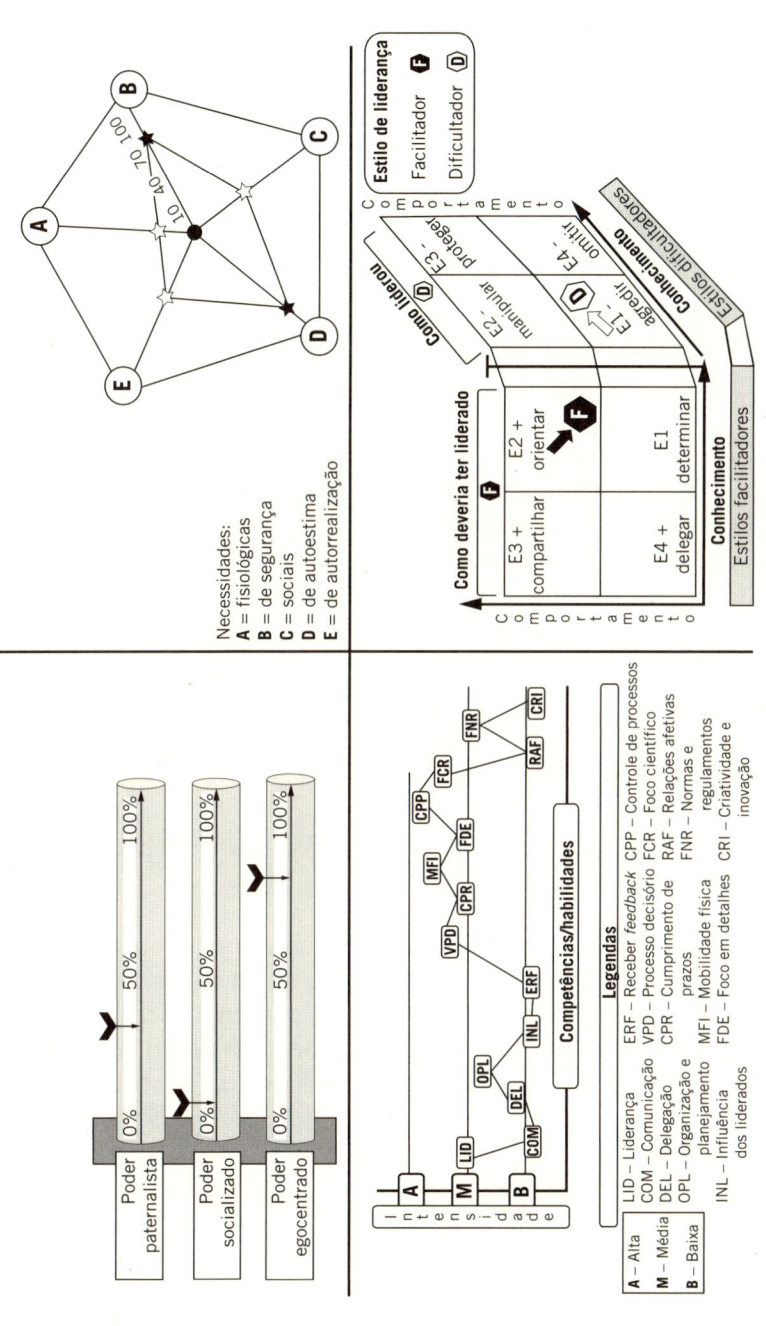

Figura 13.4 Análise comportamental do principal líder do Caso 13, sob o ponto de vista do poder, da motivação, das habilidades e dos estilos de liderança.

Fonte: W&W Human Technology.

Pontos para reflexão

1. Por que o diretor industrial tinha tanta resistência à estratégia de *benchmarking*?
2. Por que o diretor comercial não participou mais ativamente das discussões, designando seu gerente de exportação para representá-lo?
3. Qual a *performance* deficiente mais difícil de ser diagnosticada? Por quê?
4. O fato de a empresa Z ter um conceito consagrado e produtos reconhecidos poderia ser considerado um fator que ajudaria ou dificultaria a implantação do *benchmarking*? Por quê?
5. Por que os gerentes de engenharia e de projetos mantinham uma aliança tácita contra a implantação do *benchmarking*?
6. Por que os chefes de pintura e mecânica mantiveram-se alheios e não participativos?
7. Qual a razão para a gerente de recursos humanos ter tido uma participação pouco ativa no processo?
8. Quais as principais causas dos conflitos comportamentais existentes entre as áreas industrial e comercial nas organizações? Elas são meramente interpessoais?
9. Caso você fosse o principal líder da empresa Z, como seria a sua atitude frente ao conflito entre os diretores das áreas comercial e industrial?
10. Quais as principais causas da lentidão na implementação da estratégia de *benchmarking* na empresa Z?

Conclusão

O Caso 13 retrata a resistência aos processos de mudança nas organizações. Este caso se presta, com muita propriedade, para a análise dos estilos de poder formal e de liderança exercidos na condução da mudança, bem como para análise das motivações dos personagens. Apesar do pouco detalhamento descritivo das relações humanas desenvolvidas, a situação vivenciada por aqueles que deveriam ter sido os verdadeiros agentes da mudança oferecem uma excelente pista para refletir sobre suas causas.

Nos dias atuais, o comportamento humano, principalmente o dos gestores responsáveis pela adoção de práticas inovadoras, não é diferente do que existia no passado; apenas aumentou a velocidade com que as mudanças ocorrem, bem como a necessidade de implementar ações de liderança para acompanhá-las.

Nos processos migratórios das estruturas formais e fragmentadas para as estruturas sistêmicas, em *network*, a insegurança potencializa-se principalmente nos níveis alto e intermediário do poder hierárquico formal. A insegurança afeta muito mais o aspecto estratégico da organização do que o operacional, situando-se aí as maiores resistências à mudança.

No Caso 13, o diretor industrial e, por que não afirmar, a cultura vigente na empresa, marcada por um sucesso aparentemente perene, uma marca invejada, ocupação e liderança no mercado e reconhecimento público, contaminaram a sua visão das mudanças e ameaças ambientais. A prova disso é que todos os colaboradores da área técnica – projetos, engenharia de produto, série ISO, níveis de chefia e supervisão industrial – tinham essa mesma dificuldade em avaliar e criticar o resultado de seu trabalho, contrariando a máxima, atribuída a Tom Peters: "O seu sucesso no passado não lhe garante nada no futuro".

Considerando ainda o suporte que o principal líder da área industrial proporcionava a seus liderados no sentido de não apoiarem a adoção do *benchmarking*, a barreira às mudanças estava construída. Somente os dados oficiais da pesquisa fizeram que houvesse um mínimo de apoio, com restrições, para a doação dessa estratégia.

A empresa Z, por meio de suas lideranças, tinha um problema muito mais comportamental do que técnico para investir no processo de mudança: orgulho, prepotência, visão intra-áreas, fragmentação, insegurança, jogo de poder, hierarquia se sobrepondo ao conhecimento, visão de que os primeiros é que devem mostrar o caminho e que nada têm a apreender. Exatamente nas habilidades comportamentais de excelência de um líder moderno a empresa estava deficiente.

Nos anos seguintes, tendo em vista a contínua resistência em buscar uma visão externa de melhores práticas e processos, a empresa Z perdeu a liderança no mercado interno. O mercado externo, sinalizador das necessidades de mudança, foi ainda mais crítico e inflexível com a teimosia da empresa Z em não querer buscar melhorias contínuas.

A implantação do *benchmarking* deveria ter sido conduzida tendo como parâmetros poucas empresas, com visitas *in loco*. Um programa com essas características e bem conduzido pode transformar-se em rica fonte de informações, compreensão e inspiração. É possível que alguns líderes da área industrial tenham conceituado a estratégia como "turismo industrial", sem se darem conta do ganho significativo que poderia ter representado a execução desse processo.

Hoje, a empresa já está se reposicionando melhor no mercado, apesar dos elevados custos decorrentes de um processo de mudanças lento e inadequado à realidade de um mundo em permanente ebulição.

Capítulo 14

Qualidade e auditoria

> *Em uma companhia livre de complicações, as pessoas confiam no fato de que a gerência as respeita e precisa do que produzem. Sabem que está tudo definido e que tiveram a oportunidade de dar a sua contribuição para que isso acontecesse.*
>
> Philip B. Crosby, consultor
> Estados Unidos, 1926-2001

Edward Deming (1982), pai da gestão da qualidade, disse uma vez: "Uma meta numérica leva à distorção e ao fingimento, especialmente nas situações em que o sistema não tem condições de atingir a meta". Entendo que a afirmativa de Deming se referia ao fato de que as metas não só são estimadas por pessoas, mas devem por elas serem atingidas, ou seja, se forem superestimadas, se inviabilizam e, se minimizadas, desestimulam a sua conquista. Em decorrência disso, os líderes devem estar atentos para a definição das metas numéricas de tal forma que sejam desafiadoras, por um lado, e passíveis de serem obtidas, pelo outro.

Essa habilidade dos líderes está diretamente relacionada à sua capacidade de interagir com um conjunto de informações validadas e consistentes. A partir desse ponto, tanto metas como auditorias têm condições de contribuir com os resultados da empresa.

Nos últimos anos, principalmente nas duas últimas décadas, com o extraordinário desenvolvimento das tecnologias da informação, formou-se um consenso de que os principais ativos das empresas são as informações de qualidade e as pessoas que delas se utilizam. Essas informações são colhidas, processadas, armazenadas e fornecidas para orientar as decisões dos líderes e gestores. A confiabilidade das informações influencia decisivamente na definição da visão das empresas e dos rumos a seguir e, consequentemente, no sucesso dos negócios.

O movimento da qualidade, que teve início na indústria, irradiou-se para a empresa como um todo e para quase todos os setores produtivos da vida humana. Hoje praticamente todos os segmentos, em todos os setores da economia, buscam atingir o conceito de organização de qualidade, ou seja, ser fiéis à definição do mestre Joseph Juran:* "Qualidade é adequação ao uso". Eu acrescentaria que qualidade é também adequação à necessidade.

Dezenas de processos e metodologias para alcançar a qualidade pretendida ficaram disponíveis após a Segunda Guerra Mundial. É verdade que todos eles são muito similares e incluem: diagnóstico do problema; jornada às causas; validação das causas; definição do plano de ação corretivo; execução do plano; mensuração dos resultados de melhoria e retomada do ciclo. Alguns incluem estratégias de *benchmarking*, criatividade, inovação e premiação por resultados.

Seja qual for a estratégia definida pela organização visando à mudança pela qualidade, deve-se entender que é impossível organizar um programa de qualidade com apenas uma, duas ou três pessoas. É preciso que todos participem ativamente, visando não só a implantá-lo, mas a fazê-lo funcionar com continuidade. Para isso é necessário determinação, persistência e cooperação, principalmente dos principais líderes da organização. Caberá a eles, por meio da visão de futuro e do exemplo pessoal, transformar as pessoas e engajá-las no processo. Como diz Takashi Osada (1992) no seu livro *Housekeeping*: "Tem que ser semelhante ao treinamento zen dado aos noviços, ou seja, é liderança e gerenciamento no seu mais puro sentido".

Para realizar, de forma proficiente, o acompanhamento, a mensuração dos resultados e a obediência aos processos definidos como ideais, as empresas utilizam-se das chamadas auditorias da qualidade. Normalmente são procedimentos com rotinas rígidas e definidas internamente ou por consultorias externas credenciadas.

Da mesma forma como as tão conhecidas e utilizadas ferramentas de gestão do tipo *benchmarking*, planejamento estratégico, séries ISO, *team building*, terceirização, parcerias e outros, os programas de qualidade já fazem parte das organizaçõese e, por isso, considero desnecessário me estender em definições e comentários sobre eles. O importante é nos determos nos comportamentos daqueles que tinham a responsabilidade de implantar esses programas no início da década de 1990. Por incrível que pareça, conceitos e técnicas se universalizaram e são totalmente aceitos e valorizados pela comunidade produtiva e consumidora mundial. Mas alguns dos procedimentos permanecem os mesmos até hoje.

---

*Apostila do Curso de Qualidade Total baseada na visão de Joseph Juran pelo CPB (Centro de Produtividade do Brasil) em São Paulo, 1992.

Resistência às mudanças, jogo do poder, dificuldades em trabalhar em equipes matriciais, conflitos de tempo e prioridades, dispersão de responsabilidades e outros problemas comportamentais persistem. Os comportamentos esperados para a qualidade são atitudes comprometidas que as pessoas adotam e tarefas que elas executam de forma competente e motivada, com resultados diretamente proporcionais aos esforços despendidos.

O programa tem que começar de cima, já que os subordinados estão muito envolvidos com as atividades operacionais e procurando sempre se moldar à cultura dominante. O programa de qualidade representará o rompimento de um paradigma e, se não for percebido como uma ação estratégica com o apoio formal da cúpula, não funcionará. Será necessário construir um ambiente de trabalho disciplinado e transparente para que o processo estruturado (metodologia) do programa funcione.

Os líderes experientes e competentes sabem de longa data que as tecnologias e os processos podem ser de vanguarda, inovadores e facilitadores, mas todo o resultado esperado, muitas vezes exigindo elevados investimentos, irá depender da sua utilização eficaz por parte das pessoas.

Torna-se fundamental, portanto, que a alta gerência assuma a liderança do programa de qualidade e que todos participem das atividades previstas. Ao obter sucesso, a organização estará desbravando um importante caminho para a implantação de uma gestão mais participativa e indutora de novas mudanças e melhorias contínuas.

Aos líderes e gestores que devem dar o tom do andamento do programa será creditado o sucesso ou o fracasso da atividade. O Caso 14 trata desse jogo de xadrez no qual as peças, muitas vezes, ou não se encaixam ou se retiram do tabuleiro antes do tempo.

Caso 14

Tema: Quando a auditoria é mais importante do que a qualidade.
Perfil da empresa: instituição pública de médio porte do setor de educação (organização Q).
Personagens:
Dan, diretor presidente
MacBee, diretor administrativo-financeiro
Brenda, diretora técnica
Anthony, coordenador do projeto de qualidade
John, Beth, Carl, Derek, Mary e George, membros do grupo de projeto

A organização Q era uma instituição voltada ao desenvolvimento de executivos da área pública e privada. Implantava projetos nos segmentos agroindustrial, de energia, educação e, pontualmente, como agente do governo federal, executava alguns projetos específicos, ou seja, o negócio e foco da organização Q era o conhecimento.

Como uma instituição que se julgava na vanguarda de diversos processos, tendo inclusive firmado parcerias de troca de *know-how* com universidades brasileiras e estrangeiras, a organização Q adotava as ferramentas de gestão mais recentes.

Transcorria o ano de 1995 e, já com bastante atraso, a instituição resolveu implantar seu programa de qualidade pela iniciativa da própria diretoria, principalmente de seu diretor presidente, que fora convencido da propriedade e oportunidade de melhorar o desempenho e reduzir possíveis desperdícios.

Por meio de mensagem interna, foi feita uma comunicação pelo diretor presidente, Dan, com o seguinte texto:

> *Caros colaboradores da organização Q, estamos vivenciando novos tempos de grande competitividade mercadológica com uma visão prioritária na formação e na gestão dos custos internos e da qualidade. A nossa organização, com características educacionais e de desenvolvimento regional, por incrível que pareça, também está se ressentindo desses efeitos. Não podemos mais ignorar que a qualidade é um assunto crítico em nossos dias.*
>
> *Várias instituições similares à nossa estão com seus programas em franca implantação. Não podemos ficar para trás, sob risco de perdermos ainda mais espaço na execução dos programas de treinamento de executivos e perdermos alguns programas que realizamos em parceria com o governo federal e a área universitária.*
>
> *Temos o devido conhecimento técnico dos processos, pois estão em todos os livros de qualidade que foram lançados nos últimos 10 anos. Tenho plena convicção de que o grupo de pessoas que a diretoria selecionou terá amplas condições de, em um período máximo de seis meses, implantar o referido programa.*
>
> *Todos estão convocados a contribuir para o sucesso do mesmo. Implantaremos um sistema de auditoria paralelo em que eu, pessoalmente, serei um dos membros ativos, visando a dar consistência e validação ao nosso programa. A equipe de projetos ficou assim constituída: Anthony, John, Beth, Carl, Derek, Mary e George. Os trabalhos terão início amanhã com a primeira reunião de orientação em minha sala, a partir das 10h30.*

No horário agendado, no dia seguinte, os participantes do grupo mencionado reuniram-se na sala de Dan, onde ocorreu a seguinte conversa:

Dan: Muito bem, pessoal, estou muito animado com o nosso ingresso em um programa de qualidade que vai nos ajudar muito na consolidação e na ampliação de nossos clientes. Não sei como essa instituição ain-

	da não dispunha de uma metodologia estruturada com esse objetivo. Com o trabalho de vocês, que representam todas as áreas, e com a liderança do Anthony, não tenho dúvidas de que logo estaremos comemorando a implantação do projeto.
Anthony:	Senhor presidente, estive pensando no projeto desde a data em que fui escolhido para ser o seu líder e acho que o número de integrantes da equipe é muito reduzido. Acredito que poderíamos incluir mais quatro representantes de áreas, enriquecendo ainda mais o grupo.
Dan:	Mas com você são sete membros. Se incluirmos mais quatro, esse grupo ficará grande demais para o que pretendemos.
Anthony:	Diretor, o objetivo não é a implantação de um consistente programa de qualidade em todos os seus aspectos, abrangendo todos os processos produtivos e administrativos da organização Q?
Dan:	Sim, é verdade, mas como primeiro passo para a qualidade vamos implantar uma ferramenta denominada Programa 5S, do Ishiwaka, e, logo após, uma política de qualidade mais consistente. Como a nossa organização nunca teve um programa de qualidade implantado, acredito que, se iniciarmos com uma abordagem muito complexa, iremos nos deparar com muitas resistências internas.
MacBee:	Conforme orientação do diretor Dan, nós fizemos uma pesquisa de mercado, em que pudemos constatar que um programa mais complexo demandaria um aporte financeiro elevado. Como não sabemos se o resultado do programa será positivo, optamos por um mais barato e que servirá como aprendizado para todos.
Brenda:	Um dos argumentos que também consideramos foi o de que o Programa 5S não envolve demais as pessoas nem prejudica os trabalhos normais relacionados à execução das nossas diversas atividades. Ele tem uma abordagem mais tranquila e gradual. Nem pensar em tumultuar as nossas atividades agora, neste período do ano em que nossas salas estão repletas de alunos e executivos de diversas empresas. Isso causaria uma má impressão.
Anthony:	Um programa de qualidade causando má impressão nas pessoas?
Brenda:	Você me entendeu. A má impressão poderia ser causada pelo possível atraso nas aulas e pelo desvio de foco por parte dos professores envolvidos. Vamos trabalhar a qualidade internamente, sem envolver a atividade fim neste momento.
Dan:	Bem, vamos começar assim, conforme foi decidido pela diretoria, e, no futuro, veremos como ampliar o programa. A partir de agora, o Anthony e sua equipe se reportarão diretamente ao diretor MacBee quanto aos assuntos da qualidade e, principalmente, às despesas relativas ao programa. Não posso coordenar essa atividade de perto em função dos meus inúmeros compromissos. Vocês ficarão muito bem sob a tutela dele.

Anthony: Mas, presidente, toda a credibilidade do programa está vinculada à sua participação como coordenador geral. Com o diretor MacBee assumindo essa função, o programa da qualidade promoverá a percepção de ser um processo unicamente focado em questões administrativas e financeiras, totalmente vinculado à redução de custos e aperto financeiro.

Dan: Que assim seja. Acho que o programa pode conciliar a melhoria de desempenho generalizada com redução de custos. A propósito, gostaria muito que Mary fosse sendo preparada como coordenadora adjunta da qualidade. É fundamental que possamos ter um substituto preparado em caso de impedimento do titular.

Passados alguns meses, o programa de qualidade da organização Q esbarrou em alguns problemas difíceis de serem transpostos por falta de um apoio mais decidido e eficaz de seu principal líder, o diretor presidente, Dan. O principal fator que contribuiu para isso foi o diretor administrativo-financeiro, MacBee, ter assumido de fato toda a execução e controle do projeto. Anthony viu a sua motivação caindo cada vez mais e Mary exercendo o papel de coordenação que deveria ser seu.

A instrução de Mary para a empresa que servia o *coffee-break* para as dezenas de cursos realizados diariamente dá uma ideia de como estava funcionando a implantação do programa da qualidade na organização Q: "Como os alunos não querem fazer seu *coffee break* na sala de aula, mas o programa 5S diz que é lá que ele deve ser, vocês esperam o sinal do Beto, meu assessor, para servirem como era antes, ou seja, no corredor. Ele irá controlar a presença da auditoria da qualidade e, quando ela tiver se retirado, vocês poderão servir. Antes não".

Logicamente, tal procedimento não passou despercebido pelos funcionários, colocando o conceito e a aplicabilidade de todos os projetos de qualidade sob suspeita e conferindo-lhes poucas chances de sucesso.

Análise comportamental do principal líder do Caso 14

A Figura 14.1 demonstra as diferenças existentes no equilíbrio entre as habilidades de liderança desejáveis e as apresentadas pelo coordenador do projeto de qualidade, Anthony, bem como seu estilo de liderança.

Quanto ao equilíbrio das habilidades de Anthony para o exercício da liderança do projeto de qualidade, percebe-se que elas estão em bastante dissintonia com o que seria desejável. Algumas habilidades estão relativamente aderentes, mas não o suficiente para que ele dispusesse de uma abordagem participativa e sinérgica com seus colegas reunidos nesta equipe de forma matricial.

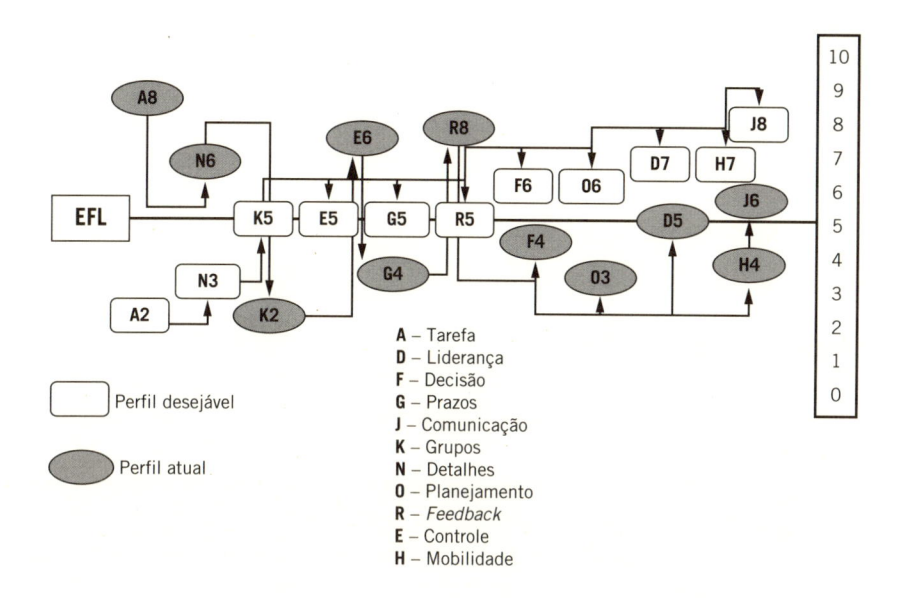

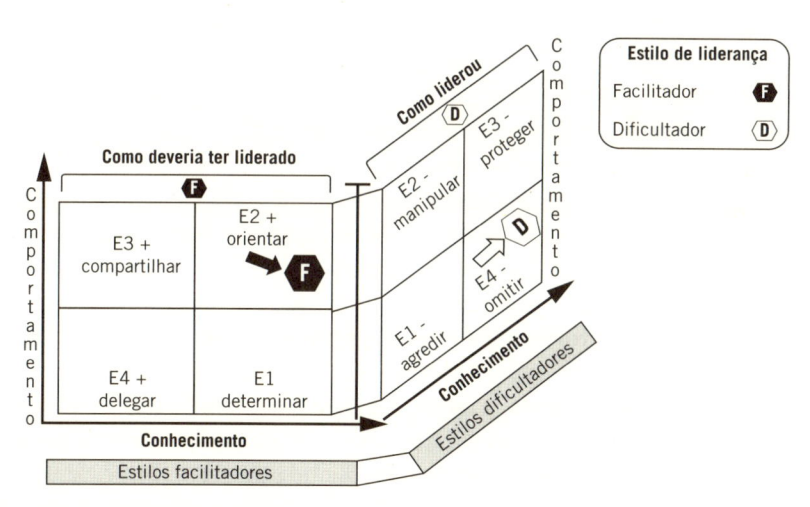

Figura 14.1 Análise comportamental do principal líder do Caso 14, sob o ponto de vista das habilidades de liderança matricial (no alto) e dos estilos de liderança (embaixo).

Fonte: W&W Human Technology.

O estilo de liderança que Anthony deveria adotar, no momento de implantação de um projeto novo e ainda não testado na história da organização Q, seria o de orientador/*coach*, visando a promover segurança e direcionamento para os colegas menos experientes. A sua omissão crescente na condução do projeto, causada pelas interferências do diretor administrativo-financeiro, oportunizou que outra pessoa da equipe, Mary, mesmo com maturidade mais baixa, assumisse a condução do programa de qualidade (B).

Pontos para reflexão

1. Quais seriam as razões do entusiasmo inicial do diretor presidente com o programa da qualidade?
2. Ao delegar totalmente o programa para o diretor administrativo-financeiro, retirando-se do papel de líder, o que Dan buscava evitar?
3. Qual a principal motivação (necessidade) de Anthony com a coordenação do programa da qualidade? Por que ele defendia uma abordagem mais ampla?
4. A preocupação da diretora Brenda com o programa tinha fundamento? Com essa atitude ela estava demonstrando conhecimento de como funciona a implantação de um projeto de qualidade?
5. Qual era a principal preocupação do diretor MacBee com o programa e qual a sua participação no insucesso do mesmo?
6. O que se poderia deduzir da maturidade do grupo escolhido para fazer parte do projeto da qualidade? Por quê?
7. Os diretores MacBee e Brenda demonstravam o mesmo entusiasmo que Dan e Anthony com o programa da qualidade? Explique.
8. Anthony tinha a maturidade e as habilidades de liderança necessárias para conduzir o programa? Quais as positivas e quais as deficientes?
9. Quais poderiam ser as perspectivas e as estimativas de sucesso para a implantação de um novo programa de qualidade no futuro? Justifique.
10. Qual seria o real objetivo de Anthony com o aumento do número de participantes na equipe do projeto da qualidade?

Conclusão

O programa da qualidade da organização Q estava comprometido em sua aplicabilidade e perspectivas de evolução no futuro. O presidente, Dan, carregado de entusiasmo no primeiro momento, logo que percebeu um princípio de conflito entre a coordenação do projeto e dois de seus diretores, optou por afastar-se da atividade. Isso fez que o programa perdesse, já no seu lançamento, toda a credibilidade e o consequente apoio. O presidente elaborou a carta, fez o anúncio do programa em toda a organização, promoveu com alarde a primeira reunião e afastou-se, delegando toda a autoridade sobre o programa da qualidade para o diretor administrativo-financeiro, MacBee.

MacBee, mais preocupado com os possíveis gastos com a implantação do programa, optou pelo uso de uma ferramenta única, o Programa 5S. Com a decepção de Anthony com o pequeno porte do programa e com a necessidade de Mary de exercer maior influência junto ao diretor administrativo-financeiro, o sucesso do programa foi comprometido.

O Programa 5S não conseguiu avançar além do segundo S, caiu no esquecimento e foi desaparecendo aos poucos. A auditoria, que poderia ter tido um papel fundamental no sucesso do programa, também não estava comprometida e apenas cumpria um ritual sem sentido e sem consequências. Seus membros, indicados sem consulta e de nomeada autoritária, preocupavam-se mais em conseguir desculpas para não participar e constituíram-se em uma força contrária às tênues tentativas de fazer funcionar o programa da qualidade.

Capítulo 15

Negócios e afetividade

> *A inconstância deita tudo a perder, na medida em que não deixa germinar nenhuma semente.*
> Henri Frédéric Amiel, escritor, poeta e filósofo
> Suíça, 1821-1881

Etimologicamente, a palavra negócio deriva do latim e quer dizer a negação do ócio. Negócio não se refere apenas aos aspectos financeiros, mas a toda a atividade humana que tem efeitos jurídicos. Hoje se pode encontrar um bom conjunto de definições de negócio e de afetividade. Em economia, por exemplo, negócio é conceituado como um comércio ou empresa que é administrado por pessoas para captar recursos financeiros a fim de gerar bens e serviços, ou, de forma bem sintética, negócio é qualquer atividade econômica com o objetivo de lucro.

O lucro e a rentabilidade são cruciais para a manutenção, a sobrevivência e a expansão da atividade econômica produtiva, mas cabe ao cliente decidir se o negócio tem chances de prosperar – apenas ao cliente, cuja disposição para pagar por um bem ou serviço converte recursos econômicos em riqueza e coisas em bens. Aquilo que o cliente compra e considera de valor nunca é apenas um produto, o que remete ao objetivo final do negócio, que é criar um cliente.

Afetividade

Afetividade é o estado psicológico que permite ao ser humano demonstrar os seus sentimentos e emoções a outra pessoa. É o laço criado entre humanos e que representa uma amizade ainda mais aprofundada.

> Afetividade é o termo utilizado para designar a suscetibilidade que o ser humano experimenta perante determinadas alterações que acontecem no mundo exterior ou em si próprio. Tem por constituinte fundamental um processo cambiante no âmbito das vivências do sujeito, em sua qualidade de experiências agradáveis ou desagradáveis.

A afeição, derivada de afeto/afetividade, é representada por um apego a alguém ou a alguma coisa, gerando carinho, confiança e intimidade. O afeto é um dos sentimentos que mais gera autoestima entre as pessoas.

Quando uma sociedade jurídica se estabelece entre pessoas que têm uma relação afetiva, pode haver sentimentos, às vezes, contraditórios. De um lado, existem a confiança, o respeito e o carinho já construídos entre as partes, e, de outro, se estabelece um conjunto de cobranças, como, por exemplo, de lealdade e, em alguns casos, de submissão, com baixa tolerância a erros e com exigência de fidelidade absoluta aos princípios, não do negócio, mas da relação afetiva existente.

Pode-se imaginar ser essa uma relação de difícil equilíbrio comportamental, pois tenta misturar dois componentes de difícil fusão: os sentimentos profundos da afetividade e a racionalidade absoluta das relações comerciais e de negócios.

É evidente que existem exceções, geralmente quando se trata de sociedades mais simples que envolvem um número reduzido de pessoas. Quanto mais complexa for a sociedade negocial e quanto maior o número de participantes, mas sensíveis serão as relações.

Com relação aos aspectos de afetividade no trabalho, Stephen Covey, autor de *Os sete hábitos das pessoas altamente eficazes* (2009), sugere uma ideia interessante: a constituição, por parte das pessoas envolvidas, da "conta bancária relacional". Essa conta, aberta nos mesmos moldes de uma conta bancária tradicional, recebe depósitos e retiradas que compõem um saldo, e o objetivo é que ela nunca fique a descoberta, com saldo devedor.

Na conta relacional, as retiradas são representadas por autoritarismo, agressividade, desrespeito, quebra de promessas, arrogância e atitudes semelhantes. Já os depósitos são representados por cortesia, alegria no dia a dia, manutenção da palavra empenhada, preocupação com o próximo, consideração, etc. Segundo Covey (2009), para cada retirada são necessários quatro depósitos para evitar que o saldo fique devedor. O saldo devedor gera uma queda no comprometimento das pessoas envolvidas no negócio.

A afetividade nas empresas pode ser o cimento que solidifica os relacionamentos, gerando compromisso e estimulando os sentimentos de pertencer a algo maior do que a própria organização. Os desafios aparecem e se destacam quando, a par do bom relacionamento, as pessoas também agem no sentido de conduzir o negócio de maneira lucrativa. Como tomar decisões duras e difíceis, com o profissionalismo adiante dos sentimentos e afetos, sem magoar e sem criar áreas de atritos? Como, em determinados momentos, conseguir optar por decisões estratégicas e técnicas, contrariando interesses e posições, sem que haja uma ruptura?

Este tema oportuniza o resgate de alguns dos princípios fundamentais do "pai" da administração científica, Frederick Taylor (1856-1915). Segundo Taylor, a administração científica pode ser resumida como ciência e não regra prática; harmonia e não discórdia; cooperação e não individualismo; produção máxima, em vez de produção restrita. "A administração científica vai significar para os empresários e trabalhadores que a adotarem (...) a eliminação de quase todas as causas das disputas e discórdia entre eles." (Taylor, apud Morris, 2006, p. 304). Como é possível perceber, já em 1910 Taylor se preocupava com a existência de organizações harmoniosas e felizes.

O Caso 15 trata de uma situação verídica relacionada com uma sociedade produtiva criada a partir de laços de afetividade e que tinha o objetivo de gerar resultados econômicos, remunerando o capital e o trabalho investidos.

O papel desempenhado pelas quatro lideranças envolvidas tem muito a ensinar, principalmente quando, movidos pelo espírito empreendedor, jovens amigos organizam, constituem e colocam para funcionar uma empresa que deve gerar resultados.

Caso 15

Tema: Quando a emoção sufoca a razão
Perfil da empresa: empresa privada da área de recrutamento e seleção (JAPE)
Personagens:
Jéssica, diretora de cursos
Angelina, diretora administrativo-financeira
Paris, diretora do escritório da capital
Eliza, diretora do escritório do interior
René, assessor contábil-financeiro
Anthony, assessor de planejamento

Jéssica, Angelina, Patrícia e Eliza, colegas na faculdade de psicologia, formavam uma irmandade muito coesa e afetiva. A par dessa afinidade, o que as unia ainda mais era o sonho de exercer a profissão de forma conjunta, por meio da organização de uma empresa de recrutamento e seleção. Só faltava receber o diploma de conclusão do curso e começar a colocar em prática os sonhos acalentados de longa data.

O período de estudo e estágio haviam sido pródigos em descobertas e aprendizagem. Afinal, mais de seis anos haviam transcorrido na busca de experiência para lidar com o bem-estar das pessoas. Esse tempo também serviu para aproximar e estreitar a amizade entre as quatro jovens profissionais.

Esse espírito empreendedor deu frutos pela constituição da empresa JAPE, que começou as suas atividades no final da década de 1990, tendo como primeiros clientes os dois pequenos negócios de seus familiares e uma farmácia de dois amigos muito próximos. A emotiva e festiva inauguração da empresa contou com a presença desses primeiros clientes, que foram recebidos com sanduíches e refrigerantes.

A JAPE era pequena e fora instalada em uma única sala alugada. Não havia secretária para atender aos telefonemas e aos possíveis interessados, e as quatro amigas ficavam em dois espaços divididos por biombos com 1,5 m de altura.

Passados os primeiros dois anos, com muito entusiasmo e alguns clientes, a JAPE já contava com dois escritórios na capital do Estado, os quais realizavam a seleção de 20 profissionais, em média, por dia. O próximo passo, visando a um crescimento bem maior e sustentado, seria obter o credenciamento em um condomínio de empresas da região, localizado em um distrito industrial de grande porte, o que foi conseguido após alguns meses de tratativas. O ano era 2002, e os bons ventos continuavam a soprar.

O número de pessoas selecionadas saltou de 200 vagas ao mês para um número próximo de 500. A empresa não parava de crescer nos três escritórios instalados e em pleno funcionamento, dois na capital e um no interior do Estado.

Em 2003, foi feita a grande arremetida: o volume de atendimentos e o consequente faturamento foram ainda mais impulsionados pelo convite, aceito pelas sócias, para inaugurar um novo escritório, agora no âmbito de um grande parque industrial automobilístico, através de um convênio de parceria com duas universidades estrangeiras, uma localizada no oeste dos Estados Unidos e a outra, na Comunidade Europeia.

Em 2004, a JAPE já possuía quatro escritórios, ultrapassando mil contratações/mês, em média, o que a tornava uma das maiores selecionadoras de mão de obra no sul do país. A sua estrutura organizacional já comportava duas centenas de colaboradores especializados, estagiários e funcionários administrativos, além de diversas assessorias: de planejamento, jurídica, trabalhista, contábil/financeira e de mercado. As quatro sócias tinham criado e implantado ainda um instituto de desenvolvimento profissional, que ministrava cursos especializados em várias áreas técnicas e de gestão, contando, inclusive com docentes convidados de universidades europeias e americanas, envolvendo centenas de participantes todos os anos. O negócio gestado nos bancos da faculdade atingia níveis antes inimagináveis para as quatro grandes amigas.

Passados cinco anos de muito trabalho e crescimento, já em 2007, começaram a surgir problemas de gestão e de relacionamento. Questões menores, como datas e períodos de férias, horários de trabalho, viagens e pequenos atritos, juntamente com o elevado volume de trabalho, ocasionaram um estresse coletivo nas quatro colegas diretoras.

A falta de liderança e gestão dos negócios ocasionou a primeira ruptura, com o afastamento voluntário de uma das sócias para tratamento de saúde. Sua participação societária foi adquirida pelas três sócias remanescentes, passando a participação de cada uma no capital da empresa de 25% para 33,3%.

Esse evento ocasionou uma mudança na composição da maioria, não percebida de imediato no momento da aquisição da parte da sócia que se retirava. Antes da sua saída da empresa, a formação da maioria no capital social só se dava pela concordância de, no mínimo, três sócias, já que todas tinham o mesmo percentual do capital total. Com a saída de uma delas, bastavam apenas duas sócias para atender a maioria contratual. Como decorrência lógica, acirrou-se a competitividade interna pelo poder.

No horizonte da JAPE, novas nuvens negras se formavam. Em vez de as sócias se dedicarem ao negócio, elas estavam preocupadas em realizar alianças internas, no sentido de garantir sua permanência ao lado da maioria do capital. A decorrência desse desvio de foco e de comportamento fez que o escritório localizado no interior do Estado cerrasse as suas portas, sendo vendido por um valor meramente simbólico, pois nenhuma delas queria se dedicar a ele.

Por outro lado, o último escritório, aberto em 2004 junto ao parque automobilístico, era o mais rentável de todos, com demanda sempre crescente, e sua gestão tornou-se, como não poderia deixar de ser, o principal foco de uma competição acirrada das três sócias. A consequência dessa competição interna, mais uma vez, foi o descaso com os outros dois escritórios mantidos na capital e no condomínio empresarial, que sofriam uma concorrência bastante forte de empresas especializadas do centro do país, o que ocasionou o fechamento de ambos.

Em 2008, a JAPE possuía apenas um escritório. Era o maior, o mais rentável e o que fornecia condições de amplo crescimento. Esse escritório passou a ser o novo campo de batalha para as diretoras, agora resumido a uma única área geográfica. Passados mais alguns meses, já no final de 2009, a batalha continuava, e os resultados acabaram sendo a queda da qualidade do atendimento, conflitos com os gestores do complexo automotivo, redução da demanda, do número de clientes e da rentabilidade.

Durante esse longo período de quase 10 anos, houve muitos diálogos (e a falta deles) entre as sócias. O que segue foi registrado durante uma reunião envolvendo o assessor contábil/financeiro, René, o assessor de planejamento, Anthony, e as diretoras Angelina, Eliza e Paris.

René: Estamos fechando os números do balancete do trimestre passado e notamos que as provisões referentes às férias, 13º salário proporcional e imposto de renda não estão sendo feitas. Logo, a empresa terá que realizar operações de crédito para quitar esses compromissos legais.

Anthony: Essa informação é novidade para mim. Na última reunião de planejamento, realizada há apenas dois meses, as provisões estavam sendo feitas.

Angelina: É verdade, mas nós, todas as sócias, decidimos por consenso sacar esses valores da reserva, porque a nossa retirada mensal estava muito baixa.

Eliza: Concordo com Angelina. Estamos trabalhando como nunca. Eu tenho viajado todos os dias para o interior, prejudicando o meu curso de mestrado para ganhar tão pouco. Isso não é justo.

Paris: Meu marido, que também é psicólogo, me informou que, por meio da associação profissional, é possível obter financiamentos com uma taxa de juros bem reduzida, os quais podem ser amortizados em 36 meses. Seguidamente ele faz esses empréstimos. Agora que estou programando uma longa viagem ao exterior, eu também achei justo sacar as reservas.

Jéssica: Pois eu também concordei, porque havia uma previsão bem significativa na receita proveniente dos cursos, a qual não se efetivou. Ocorre que está havendo uma inadimplência muito alta, em torno de 40%. Acho que teremos que fazer esse empréstimo, mesmo que seja só desta vez.

René: Eu não sei qual é o pensamento do Anthony, mas essa decisão irá gerar um efeito bola de neve nas finanças da empresa. No próximo mês teremos que recolher os encargos legais do período e mais a parcela do empréstimo contraído.

Anthony: É verdade. Vamos tentar recuperar as reservas sem fazer o empréstimo, por mais cômodo e interessante que possa parecer no momento.

Diretoras (quase ao mesmo tempo): Mas então vocês estão prevendo que nós não iremos receber remuneração alguma nos próximos meses?

De comum acordo, as três diretoras confirmaram a decisão de efetuar o saque das reservas da empresa, contrariando, assim, seus principais assessores. O empréstimo acabou sendo realizado, e a retomada para recuperar as reservas e provisões, não. Um segundo empréstimo foi encaminhado no mês seguinte.

Essa foi a última decisão em consenso tomada pela diretoria. A partir das dificuldades financeiras advindas com o excesso de retiradas para gastos e despesas pessoais, o clima entre as três sócias já não era mais o mesmo.

Após acalorados debates e discussões sobre aspectos administrativos que envolviam situações e interesses específicos de cada uma delas, foi decidido, pela maioria de duas sócias, que seria adquirida a participação da diretora Paris, que deixaria assim a sociedade.

Os conflitos internos se acirram de forma insuportável, e as três diretoras se encontram em uma reunião emergencial, na qual ocorreu o diálogo a seguir:

Jéssica: Angelina e eu estamos unidas mais do que nunca e decididas a realizar uma série de mudanças na empresa, com ou sem o seu apoio. A primei-

	ra é que, a partir deste momento, você está sendo liberada da gestão do escritório que estava sob sua responsabilidade. Nós duas vamos assumir de forma colegiada, e a sua contribuição não será mais necessária.
Paris:	Isso é um absurdo e eu não vou aceitar de forma alguma. Prefiro ficar na minha casa e não venho mais trabalhar.
Angelina:	Esta atitude de ficar em casa é a primeira coerente que você toma nestes anos todos. A sua presença aqui no escritório é tão rara que ninguém vai notar a sua ausência. Outra coisa: a segunda mudança é que você não vai mais receber a sua parte dos resultados originados pelos cursos. Esta área será separada da sociedade, pois você nunca contribuiu com nada.

Paris retirou-se durante dois meses da empresa e retornou com uma proposta para adquirir as partes de Jéssica e Angelina, que, sem pensar duas vezes, aceitaram e se retiraram definitivamente da sociedade.

Análise comportamental dos principais líderes do Caso 15

Conforme demonstrado na Figura 15.1, as tendências ocupacionais e preferenciais das sócias atestam um preparo e uma forte inclinação para os aspectos técnicos da profissão e muito pouca identificação com as habilidades em liderança e gestão. Para que fossem proficientes também no campo gerencial, elas deveriam ter desenvolvido competências e habilidades específicas. Essa carência foi, em última análise, a grande responsável pelas dificuldades encontradas.

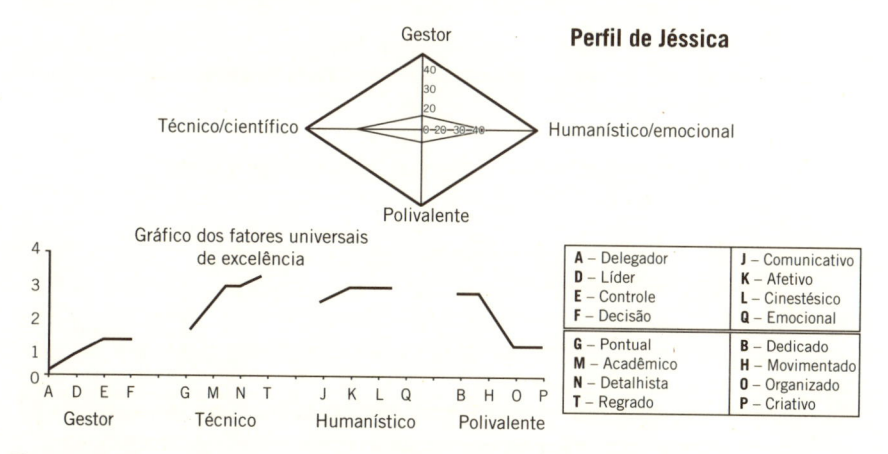

Figura 15.1A Análise comportamental das principais líderes do Caso 15, sob o ponto de vista das características profissionais de cada uma delas.

Fonte: W&W Human Technology.

Perfil de Angelina

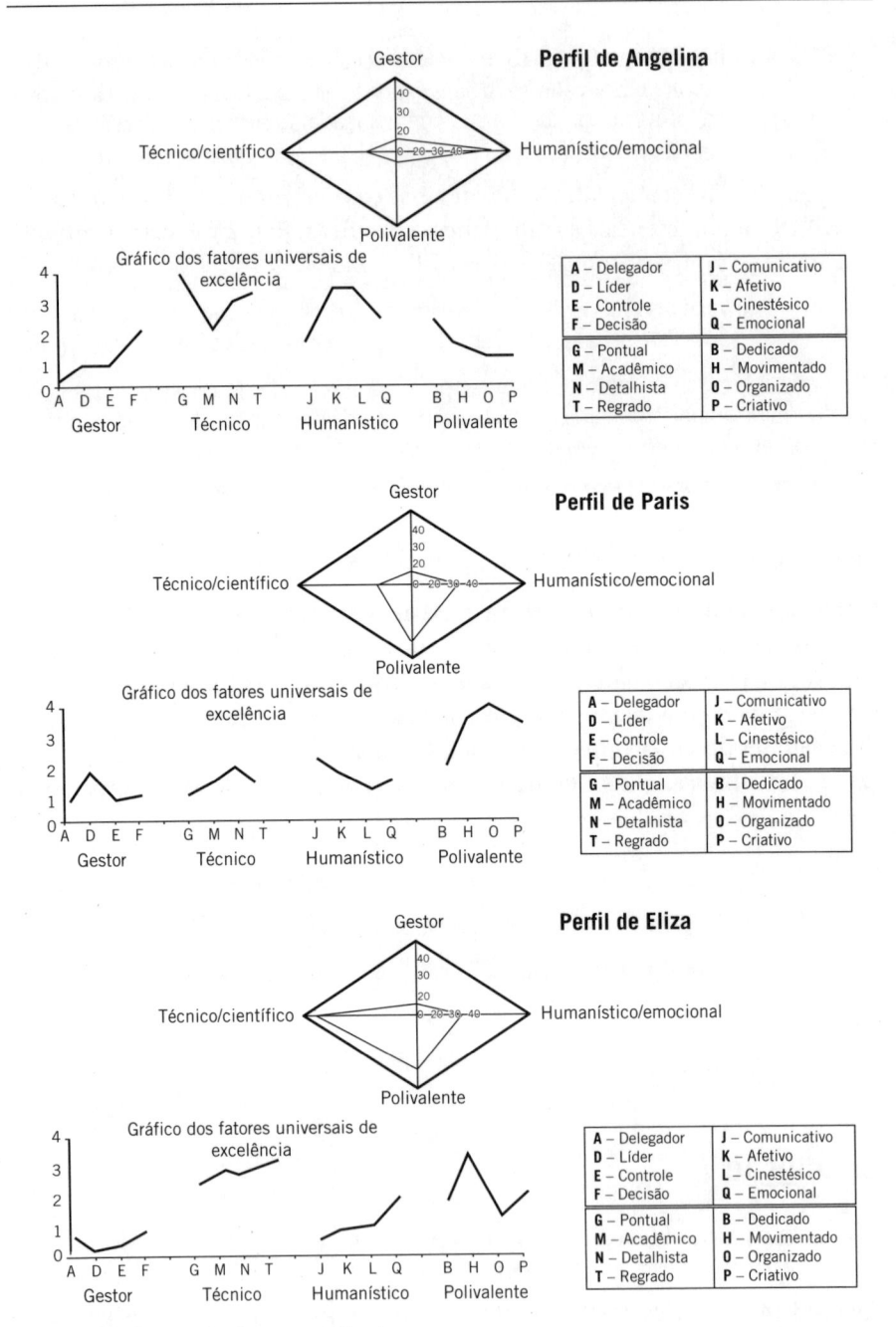

Perfil de Paris

Perfil de Eliza

A – Delegador	J – Comunicativo
D – Líder	K – Afetivo
E – Controle	L – Cinestésico
F – Decisão	Q – Emocional
G – Pontual	B – Dedicado
M – Acadêmico	H – Movimentado
N – Detalhista	O – Organizado
T – Regrado	P – Criativo

Figura 15.1B Perfis de competência.

Fonte: W&W Human Technology.

O conjunto dos quatro gráficos da Figura 15.1, que demonstram as tendências ocupacionais e preferenciais das sócias, atesta um preparo e uma forte inclinação delas para as questões atinentes à atividade profissional/técnica e muito pouca identificação com os aspectos/habilidades em liderança/gestão. Para que fossem proficientes também nesse campo gerencial, deveriam ter desenvolvido competências e habilidades específicas. Essa carência foi, em última análise, a grande responsável pelas dificuldades encontradas pelas mesmas.

Pontos para reflexão

1. Qual era a visão comum às quatro sócias para a implantação da empresa JAPE?
2. A longa relação construída nos bancos escolares da universidade seria suficiente para manter o negócio funcionando e crescendo? Justifique.
3. O que teria levado a JAPE a ter um crescimento tão acentuado?
4. Quais seriam as competências comuns às quatro sócias?
5. Qual teria sido o principal motivo para o desligamento da sócia Eliza?
6. Ao assumir papéis tão diversificados (técnico, recrutamento e seleção, gestão no gerenciamento da empresa), em que habilidades as quatro sócias demonstraram ser mais carentes?
7. Que alternativas a empresa teria para resolver a questão da competência na gestão do negócio?
8. A partir de quando e por que teve início o conflito de interesses entre as quatro sócias?
9. O que teria levado a diretora Paris a se afastar do escritório por dois meses e depois retornar com uma proposta de aquisição do capital social das duas ex-colegas?
10. Como seria possível compatibilizar relacionamentos afetivos com gestão de negócios?

Conclusão

A empresa JAPE obteve, no prazo de apenas cinco anos, um nível de sucesso e crescimento bem acima da média de mercado. Era, inclusive, citada como exemplo de organização eficaz e convidada a compartilhar, através de palestras e visitas de *benchmarking*, os seus "segredos" para um desempenho tão diferenciado, tanto no recrutamento e seleção, quanto nos cursos que desenvolvia.

Quando uma *performance* tão elevada remete uma empresa a esse nível de resultados, convém lembrar que "muitas empresas conseguirão chegar ao topo. Poucas, entretanto, permanecerão lá". Foi o que ocorreu com esta promissora e bem-sucedida empresa.

As sócias da JAPE deveriam ter buscado, logo após o início do crescimento da empresa, a contratação de gestores profissionais, ou ter investido pesadamente na sua própria formação em habilidades de gestão e liderança. Uma longa e frutífera amizade, construída em torno de um sonho comum, foi comprometida e rompida por causas que estavam além de suas competências técnicas.

De qualquer forma, poderia ter havido um sucesso de longo prazo mesmo assim? Acredito que sim, desde que, além dos aspectos afetivos que uniam o grupo de colegas, houvesse um conjunto harmônico de conhecimentos e habilidades de gestão.

Normalmente, quando o porte reduzido do negócio fornece uma visibilidade ampla, ele pode ser administrado de forma mais empírica e com um relativo assessoramento externo, como era o caso da JAPE nos seus dois primeiros anos de existência. A partir da sua ampliação geográfica, do aumento no volume de negócios e clientes, do aumento no faturamento e nas responsabilidades com centenas de empregados, a gestão não profissionalizada tende a perder o controle do negócio. Nesse momento, a gestão da empresa teve que mudar e se adequar aos novos desafios. A grande competência comum das quatro sócias estava centrada no conhecimento da atividade técnica do negócio e não no dos processos de gestão adequados ao dinamismo e crescimento da empresa.

Como diz Lívio Giosa (2009) em entrevista à revista Cliente S.A.:

> A sociedade entre amigos tornou-se muito comum. No entanto, é preciso ficar atento para que o sonho de trabalhar com um velho conhecido não se torne um pesadelo. Esse tipo de sociedade é como se fosse um casamento, mas com dinheiro. Se a parceria não estiver sólida, mas a empreitada der certo, o pensamento será: por que preciso de um sócio? Agora, caso dê errado, a culpa será do outro. Por essa razão, é necessário conhecer realmente a pessoa com a qual se dividirá o empreendimento. Para isso, analise os comportamentos de seu amigo. Na maioria das vezes, o lado pessoal se reflete no ambiente de trabalho.

Capítulo 16

Criatividade e inovação

> *Há uma forma de fazer isso melhor – encontre-a.*
> Thomas Edison, inventor e empresário
> Estados Unidos, 1847-1931

Em *O círculo da inovação*, Tom Peters (1998, 2004), estabelece um critério de pontuação muito interessante para a avaliação dos profissionais inventivos, que vale a pena recordar:

10 pontos = reinventor olímpico
05 pontos = trabalhando duro para isso (inovação)
01 ponto = eu já estou sobrecarregado, não me amole

Segundo Peters (1998, 2004), um grupo com 10 pontos está determinado a revirar o seu mundo de pernas para o ar nos próximos 12 meses, com ou sem ajuda. Um grupo com 5 pontos está no nível intermediário e está trabalhando duro para conseguir. No nível 1 de pontuação se localizam os membros do grupo que dizem: "Já estamos sobrecarregados, não nos amolem; não temos tempo para nos dedicarmos à inovação". A esses, Peters recomenda que sejam demitidos.

Essa visão do autor foi divulgada no final dos anos 1980, mas os grupos de pontuação 1 ainda sobrevivem nas organizações. Em comparação com os anos 1980-1990, é possível que os motivos hoje sejam outros. O que se observa em nossos dias é que a inovação pode ser um problema para alguns profissionais quando esses são desafiados a modificar os seus procedimentos, pois isso age diretamente na autoestima das pessoas.

A resistência à mudança/inovação passa também pelo jogo das vaidades e do poder. Elogios e louros vão para quem inova e consegue agregar valor, lucro, resultados, enquanto os demais se ressentem do sucesso alheio.

Para profissionais liberais, empresários, educadores, organizações produtivas, comerciais, de serviços e do terceiro setor, a inovação não é apenas uma oportunidade de crescer e sobreviver, mas sim de influenciar decisivamente os rumos que todos nós, pessoas e empresas, devemos tomar. Líderes inovadores sabem que, ao introduzirem mudanças inovadoras no *status quo*, estarão redirecionando os fatores de competitividade em todos os campos, mesmo naqueles em que a lucratividade não se apresenta como motivo principal, como órgãos governamentais e filantrópicos, por exemplo.

Davila, Epstein e Sheldon (2007, p. 23) afirmam:

> A longo prazo, o único fator realmente capaz de garantir o futuro de qualquer empresa é a sua capacidade de inovar melhor e de forma mais contínua e por mais tempo que as concorrentes. (...) Um fator fundamental para o sucesso da inovação, e que exige a constante atenção do CEO, é um periódico exame destinado a determinar exatamente quais são as peças carentes de atenção.

Corroborando tal afirmação, uma das vivências práticas que tive no campo da inovação foi a tentativa de implantar um conjunto sistêmico de projetos inovadores de melhoria, com apoio da cúpula organizacional e com uma metodologia universalmente testada e aprovada. Mesmo assim, tanto os processos de geração das inovações como as suas aplicações somente obtiveram êxito após o envolvimento das principais lideranças da empresa, ou seja, de toda a diretoria e, principalmente, do CEO.

Outra dificuldade bastante comum para a adoção de processos criativos e inovadores é que algumas organizações só os promovem por meio de incentivos, através das já conhecidas campanhas esporádicas, principalmente quando a empresa está convivendo com alguma dificuldade muito crítica. Nesse momento, "todos" são favoráveis à inovação, porque aparentemente há um acordo tácito de que ela será adotada apenas por algum tempo.

Inovação não é o sorteio de um brinde que realizamos em ocasiões especiais. Tem de ser parte integral do processo operacional diário da empresa, da mesma forma que é preciso combater vigorosamente os chamados "agentes passivos", normalmente representados pelas rotinas e normas culturais explícitas que agem para bloquear ou rejeitar a criatividade e a inovação.

Outro aspecto importante é a compreensão que o líder da inovação deve ter quanto aos modelos mentais predominantes na equipe e na cultura organizacional, adaptando a sua práxis e a dialética da inovação de acordo com esses modelos.

Quando se trata de profissionais mais voltados a modelos cartesianos, matemáticos, científicos, lógicos, numéricos, cuidadosos, geralmente encontrados nas áreas de engenharia, economia e auditoria, entre outras, o líder deve conduzir o processo de aceitação das inovações por meio de uma visão lógica e racional (o que, como, por que, quem, quanto custa, retorno do investimento e assim por diante, passo a passo).

Já em relação aos profissionais identificados com modelos relacionais, afetivos, amorosos, espaciais, não racionais, o líder deve conduzir o convencimento do grupo por meio de argumentos sensitivos, focados no ser humano, deve sair da rotina, correr riscos e fazer diferente.

A compreensão de como as pessoas enxergam a mesma realidade de forma diferente poderá fazer que os líderes obtenham uma melhor aceitação dos movimentos inovadores nas suas organizações.

Com relação à cultura organizacional para a inovação, não podemos esquecer que são as pessoas que aderem a ela, adotam-na ou a modificam, através de suas atitudes e comportamentos. Aceitação ou rejeição passa a ser decorrência da habilidade do líder para lidar com essa sensível questão.

Organizações com uma cultura consolidada de permanente inovação correm o risco de perder o foco quando atingem uma posição de destaque e reduzem o esforço de inovar, tornando-se complacentes. Esse é um dos maiores problemas para as empresas, que, atingindo elevados níveis de desempenho, acabam relaxando e perdendo a liderança.

O Caso 16 mostra fatos reais envolvendo uma organização que precisava inovar, até por uma questão de sobrevivência, mas cuja liderança foi a maior responsável pelo seu fracasso.

Caso 16

Tema: Quando a busca do conhecimento é incentivada, desde que não surjam novas ideias.
Perfil da empresa: indústria de médio porte (empresa VM).
Personagens:
Charles, gerente industrial
Anna, gerente de recursos humanos
Robert, supervisor industrial
Gelson, supervisor de manutenção
John, operador de máquina nível 1

A empresa VM atuava no mercado calçadista da região Sul com bastante sucesso. Transcorridos os primeiros anos da década de 1990, os negócios estavam aquecidos, tanto no mercado interno, quanto no mercado externo. A empresa contava com mão de obra especializada, maquinário moderno, situação financeira privilegiada e uma gestão competente para lidar com um período de euforia com bastante tranquilidade.

Os ventos da crise, entretanto, começaram a soprar, fazendo que os custos de produção, antes razoáveis e competitivos, começassem a preocupar os gestores. Diante desse cenário, a empresa VM adotou um conjunto de estratégias e ações para minimizar o impacto de seus custos no preço final como, por exemplo, redução de verbas para publicidade no mercado interno, cortes em treinamento e desenvolvimento de pessoal, algumas demissões, terceirização de serviços considerados custos fixos improdutivos, enfim, todas as ações que costumam ser adotadas pelas empresas, quase seguindo uma cartilha, nessas situações.

A previsão era de que a crise seria longa. Implantados todos os procedimentos tradicionais para redução de custos, foi sugerido, e aparentemente aceito por todos, um programa de inovação e criatividade, com o objetivo de encontrar maneiras de reduzir os custos ainda mais. As regras do programa foram elaboradas de forma a viabilizar a participação de todos os colaboradores da empresa VM.

Como incentivo, foi elaborada uma tabela de gratificações para cada sugestão inovadora que, se implantada, gerasse resultados favoráveis à competitividade da empresa. Na ocasião do lançamento do programa, com a participação de toda a cúpula diretiva e gerencial, o clima interno denotava preocupação com o futuro dos funcionários e da própria empresa VM, pois a dificuldade da situação não era mais segredo.

O lado positivo da plena consciência da gravidade do problema poderia ser o engajamento de todos, em um esforço comum concentrado na redução do patamar de custos. Por outro lado, essa era uma situação nova, nunca vivenciada por aquelas pessoas. Isso poderia acarretar um nível de insegurança indesejável e comprometer o entusiasmo de todos com o programa de sugestões.

Passados alguns dias do lançamento do programa, ocorreu um diálogo representativo da cultura e do perfil de alguns líderes que sinalizariam, de forma clara e definitiva, a pequena possibilidade de sucesso com a implantação de qualquer sugestão inovadora. Esse diálogo foi registrado durante uma reunião na área industrial com a participação da gerente de recursos humanos. A pauta da reunião era: como melhorar a criatividade e inovação do pessoal com a participação de supervisores em programas de treinamento e desenvolvimento específicos.

> Charles: Anna, o Gelson e o Robert me trouxeram esse prospecto de um curso muito interessante sobre inovação que será realizado em Salvador no mês que vem. O programa tem quatro módulos de 40 horas cada. Os participantes ficam em tempo integral no curso e só depois retornam para a empresa. Assim, em dois meses, os dois estarão treinados e poderão multiplicar esses conhecimentos internamente.
>
> Anna: Muito bom. Só tem um problema: se você lembrar, todos nós recebemos uma circular interna da área financeira informando que todas

	as despesas com cursos e seminários estão suspensas até segunda ordem. Ainda ontem foi negado um pedido do gerente comercial para um curso do qual o participante se dispunha a pagar metade do custo.
Charles:	Eu sei, mas eu me antecipei e conversei com o diretor industrial, que se comprometeu a defender a ideia junto ao presidente. Afinal, o programa de inovações é prioritário e temos que investir. Então, eu vou encaminhar para a área de recursos humanos a solicitação dessas duas vagas e você, Anna, encaminha para aprovação via diretor industrial.
Anna:	Tudo bem, vou aguardar. O diretor financeiro vai tentar bloquear para não abrir precedente algum, mas os diretores que se entendam. Vou torcer para que dê certo.

Após alguns debates internos, o curso e a participação dos dois supervisores foram aprovados pelo diretor presidente, que também tinha uma ótima expectativa com o retorno desse investimento.

Nesses dois meses, diversas sugestões de inovações na atividade produtiva foram encaminhadas ao gerente industrial, já que os supervisores estavam em curso. A resposta deste era sempre a mesma para os autores das sugestões: "Vamos esperar que Robert e Gelson terminem o curso sobre inovação e depois vamos analisá-las com cuidado". Dois meses se passaram, o curso terminou e os dois supervisores assumiram suas funções na empresa VM.

Após a análise das diversas sugestões apresentadas, todas revestidas de muita expectativa dos empregados, Robert e Gelson solicitaram uma reunião urgente com o gerente industrial para falar sobre uma sugestão que consideraram fantástica e que resultaria, sem dúvidas, em profundas melhorias no processo produtivo. Na reunião entre os três, estabeleceu-se o seguinte diálogo:

Charles:	E aí, pessoal, qual é a novidade, nunca os vi tão eufóricos?
Gelson e Robert	(ao mesmo tempo): Charles, você tomou conhecimento da sugestão do John para melhorar o processo produtivo através de uma ideia fantástica e inovadora?

Antes que Charles conseguisse falar, os dois supervisores relatam a ideia com um entusiasmo contagiante, até que Charles interveio:

Charles:	Vamos com calma pessoal. Eu ainda não tinha tomado conhecimento da ideia, mas pelo relato inicial de vocês eu sei onde essa sugestão vai chegar. Não precisam nem me contar o restante da história.
Gelson:	Mas, Charles, estamos todos envolvidos em um processo de inovação transparente e com premiação prevista. Acho importante que você escute até o final, porque a ideia é muito boa.
Robert:	Concordo com o Gelson. Que retorno nós iremos dar ao John se a ideia dele não for bem analisada e se sua aplicação não for considerada?
Charles:	Olhem, não vamos exagerar. Vocês fizeram um curso sobre inovação em Salvador e estão se achando "doutores" no assunto. Uma mudança ago-

ra no setor produtivo não será uma boa, porque está prevista a demissão de mais alguns trabalhadores. Com certeza eles e o sindicato irão dizer que elas ocorreram em função dessa ideia do John e que eu as apoiei.

Robert: Para achar a ideia do John muito boa não é necessário curso algum. Gelson e eu podemos estar entusiasmados e ficamos mais ainda agora que estão previstas demissões. Quem sabe a inovação proposta por ele não vai salvar esses empregos e aumentar, ao mesmo tempo, a lucratividade da empresa?

Charles: Olhem, vocês já fizeram o curso no lugar de outros que também queriam, eu já fui cobrado pelo diretor industrial por tê-lo envolvido nesse assunto do curso, as sugestões estão bem abaixo do esperado e eu não vou assumir esse risco na área industrial. Na hora da crise, quanto mais quieto, melhor.

Gelson: E o que nós vamos dizer ao John? Ele está vibrando com a ideia e até prometeu dividir a gratificação com seus colegas caso ela seja implantada. Haverá uma frustração coletiva.

Charles: Chamem o John na sala de vocês na sexta-feira um pouco antes do turno acabar e digam para ele que nós analisamos a ideia e que o Joseph, uns anos atrás, teve a mesma ideia e que não colou. Digam, inclusive, que o Joseph está procurando emprego até hoje em função daquela sugestão. Com isso ele fica quieto. Nesses dois meses que vocês ficaram fora muita coisa mudou para pior. Vamos aguardar com muita paciência que soprem novos ares.

Análise comportamental do principal líder do Caso 16

A Figura 16.1 demonstra o estilo de liderança equivocado adotado por Charles. O gerente industrial vinha exercendo um estilo de liderança adequado à alta maturidade de seus dois supervisores, da gerente de recursos humanos e do próprio diretor industrial, compartilhando com eles os melhores caminhos a seguir, frente ao problema de custos elevados e do treinamento em inovação.

Com o retorno dos dois supervisores, Charles alterou seu estilo de liderança, que vinha obtendo ótimos resultados (vide o entusiasmo de seus supervisores com o programa de inovação), para um estilo manipulador e omisso, usando diversos artifícios para enfraquecer o programa de inovações na área industrial, bem como afastando-se do problema durante a crise. O estilo omisso tornou-se preponderante, pois o objetivo final de Charles era que o programa de inovação ficasse em "compasso de espera".

Capítulo 16 Criatividade e inovação **213**

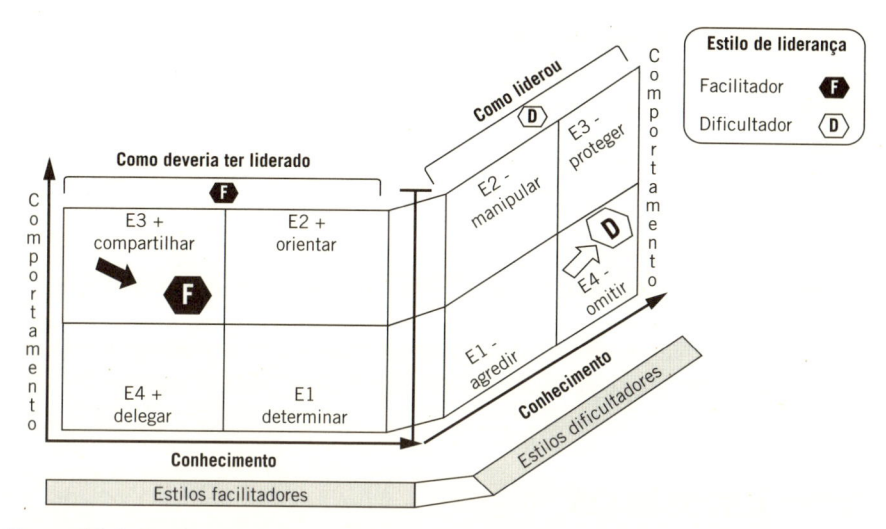

Figura 16.1 Análise comportamental do principal líder do Caso 17, sob o ponto de vista dos estilos de liderança.
Fonte: W&W Human Technology.

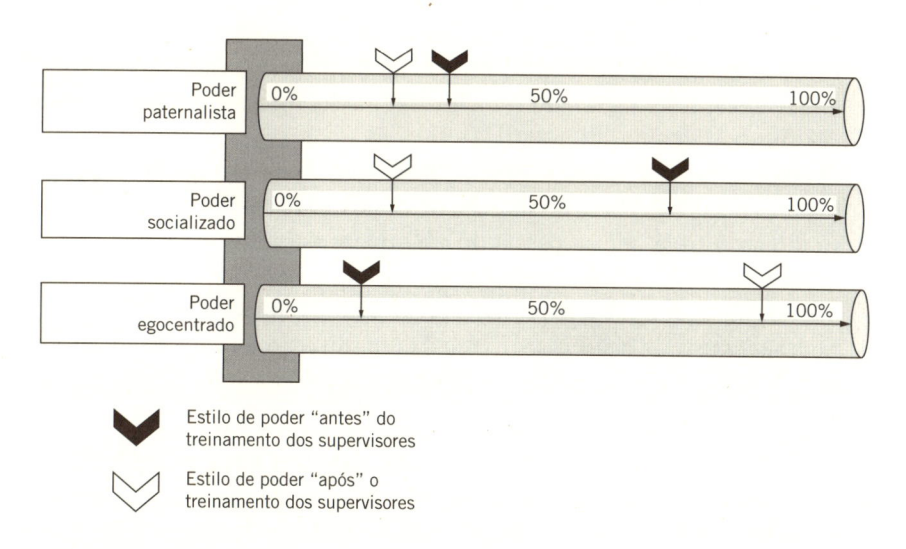

Figura 16.2 Estilos de poder do principal líder do Caso 16.
Fonte: W&W Human Technology.

A Figura 16.2 demonstra uma mudança brusca no estilo de poder adotado por Charles após os dois meses de afastamento de seus dois supervisores. Da mesma forma que alterou seu estilo de liderança, Charles passou a exercer o poder de maneira egocentrada, diretiva e autoritária, impondo aos demais uma decisão polêmica e totalmente desvinculada da sua personalidade cordata, afável e de valorização das opiniões de seus subordinados.

A consequência desse comportamento inusitado foi a ruptura imediata do comprometimento de seus supervisores com os objetivos dele até o momento. Comprometimento esse que foi conquistado ao longo do tempo pela forma democrática e participativa da construção de visões compartilhadas, inclusive do programa de inovação.

Pontos para reflexão

1. Qual a principal preocupação do gerente industrial, Charles, com os processos de inovação?
2. Qual a estratégia utilizada pelos dois supervisores para implantar alguns processos inovadores?
3. Por que essa estratégia não obteve êxito?
4. Por que a gerente de recursos humanos, Anna, não tomou uma posição firme frente ao conflito entre o gerente industrial e seus dois supervisores?
5. O que deveria ser feito para transformar essa empresa em uma organização inovadora?
6. Qual deveria ser a postura coerente de Charles frente ao apoio obtido pelos processos de desenvolvimento da criatividade nas pessoas e por que mudou a atitude inicial, passando a bloquear as iniciativas inovadoras?
7. Qual a credibilidade das políticas e ações de desenvolvimento de recursos humanos após essa experiência com os dois supervisores? Por quê?
8. Se houvesse uma ação mais firme da alta direção quanto ao programa de inovação, haveria condições de obter sucesso na área industrial? Justifique.
9. Pode-se deduzir que o comportamento de Charles era decorrente da cultura organizacional existente em sua empresa? Ou era apenas uma postura individual sua?
10. Até que ponto os dois supervisores tentariam sugerir a implantação de processos inovadores na área industrial, tendo como barreiras a posição de seu gerente e a omissão da gerente de recursos humanos?

Conclusão

Algo aconteceu na empresa VM no período de dois meses que durou o curso do qual os dois supervisores participaram. Possivelmente o acirramento da crise de mercado e os custos fizeram o sentimento de insegurança aumentar, inclusive no nível gerencial, e especialmente na área industrial, gerenciada por Charles.

Essa poderia ser uma conclusão simples, não fosse o comportamento dúbio do gerente industrial em segurar as sugestões dos empregados e fixar um prazo para análise vinculado ao término do curso de inovação dos supervisores. Esse aspecto de seu comportamento criou uma percepção distorcida de que a atitude de Charles era apenas uma forma de resistir, talvez até inconscientemente, a qualquer tipo de intervenção/mudança no processo industrial.

Em um primeiro momento, logo após o lançamento do programa de inovação, motivado e conscientizado pelo discurso da direção de que algumas ações de mudança poderiam "salvar" a empresa, Charles adotou um comportamento de apoio e até um elevado nível de entusiasmo com essa possibilidade. Apoiou a participação dos dois subordinados no programa de desenvolvimento intensivo em habilidades de inovação e criatividade.

Sentindo-se sozinho na organização, com o afastamento temporário dos seus melhores auxiliares na área industrial, e pressionado por diversas sugestões de mudança pelo seu próprio pessoal, Charles refletiu sobre os riscos que correria em caso de falha na implantação de algum processo inovador, que poderia acabar aumentando os custos, já elevados. Com isso, ele reconsiderou a sua postura.

Com a dificuldade de justificar, perante os subordinados, sua resistência ao programa de inovação, que tanto defendera pouco tempo antes, Charles apostou na intensificação da crise no mercado e no arrefecimento do ânimo de todos com o programa, pois o foco de cada um seria garantir a sua própria sobrevivência. Na sua visão e expectativa, seria apenas mais um programa ou iniciativa entre os tantos já tentados pela empresa, e não daria certo.

Ocorre que um fato novo estava desafiando e comprometendo sua postura, e o preço a pagar seria elevado. Robert e Gelson tinham sido preparados e motivados para agir no campo da inovação pela intervenção do próprio Charles junto à diretoria apenas dois meses antes. O conhecimento da potencialidade da inovação na resolução de problemas estava agora circulando no sangue e agindo no cérebro dos dois, e eles não desistiriam facilmente. A dúvida era se a empresa VM teria fôlego e tempo de vida para esperar que os dois vencessem essa batalha.

Na verdade, não existe uma forma melhor de sabotar um programa de sugestões do que "sentar-se" em cima delas e não dar *feedback* a quem sugeriu. Esse caso lembra a história, agora de sucesso, que envolveu duas empresas japonesas concorrentes: a Hitachi e a Matsushita. As duas viviam em uma guerra declarada, a ponto de, no plano estratégico de ambas, constar a seguinte diretriz: "Cercar e bater a Matsushita sempre" e "Cercar e combater a Hitachi sempre". Onde uma instalava uma fábrica, tempos depois a outra instalava ao lado. No meio dessa guerra, uma delas implantou um sistema de sugestões que, no primeiro ano, obteve 2,5 milhões de sugestões de seus empregados. A outra seguiu a primeira e, no primeiro ano, obteve 3 milhões de sugestões. Essa se gabou de ter suplantado a concorrente, enquanto aquela respondia que as suas sugestões tinham mais qualidade.

A primeira pergunta que cabe no momento é: por que essas empresas obtiveram uma adesão maciça de seus colaboradores no programa de sugestões? O segredo da implantação foi o tempo máximo utilizado para a análise e decisão de implantar ou não as sugestões oferecidas. Em apenas 30 dias era aprovada ou não a sugestão, dado o *feedback* a quem sugeriu e, a cada sugestão implantada, o autor era remunerado com um percentual sobre os ganhos obtidos pela empresa.

Uma das histórias relatadas pela Hitachi se refere à atitude de uma funcionária do restaurante, que observou que havia muito desperdício de chá no horário do almoço, pois grande quantidade era jogada fora todos os dias. Ela percebeu que, no final do almoço, em algumas mesas as jarras estavam vazias, em outras, estavam pela metade e em outras, quase cheias. Observou também que as pessoas tinham o hábito de sentar nas mesmas mesas e almoçar com as mesmas companhias.

Em decorrência dessa observação, ela sugeriu colocar o volume de chá correspondente ao consumo por mesa e foi obtido uma redução de 50% no consumo de chá. Esta simples mudança não representou uma economia muito grande em termos financeiros, mas pela sua atitude de procurar melhorar sempre e mostrar que cada um pode fazer a diferença em assuntos que lhe são afetos, a funcionária recebeu o prêmio Presidencial de Ouro da empresa, entregue pelo diretor presidente na cerimônia de final de ano, assistida por milhares de funcionários. Com a credibilidade destes e com apoio dos líderes da empresa, o programa de sugestões tinha as condições necessárias para funcionar, o que não ocorreu no Caso 17.

Capítulo 17

Liderança e planejamento

> *Se as suas ações inspiram outros a sonhar mais,*
> *a aprender mais, a fazer mais e a ser mais, você é um líder.*
>
> John Quincy Adams, advogado e político
> Estados Unidos, 1767-1848

Liderança e planejamento são aspectos cada vez mais importantes na gestão, especialmente nos processos de mudança. Promover mudanças sempre foi o maior desafio com o qual se defrontam os líderes, seja no campo social, empresarial, político ou cultural.

A competência de enxergar a necessidade de mudança antes que ela se torne óbvia sempre foi uma das habilidades mais admiradas nos líderes. A visão crítica do *status quo* organizacional e dos ajustes necessários para um novo patamar de exigências com a condução dos processos envolvendo pessoas e recursos requer fibra, coragem, perseverança e capacidade extrema de articulação.

Não se fazem mudanças eficazes por decreto, por imposição – pelo menos não as mudanças que promovem adequação, desenvolvimento e os resultados esperados. É preciso compreensão de todos os envolvidos, sejam eles os agentes da mudança ou aqueles direta ou indiretamente afetados por ela. A jornada da mudança planejada, que aborda o que fazer (ruptura), por que fazer (justificativa) e como fazer (processo), envolve um conjunto mínimo de providências harmônicas e sistêmicas que o líder deve adotar.

Nas palavras de Ansoff (2001), estratégia refere-se aos planos da alta administração para alcançar resultados consistentes com a missão e os objetivos gerais da organização. "Não há nenhum mistério em formular uma estratégia, o problema é fazê-la funcionar", diz ele. De acordo com esse autor, pode-se encarar estratégia a partir de três pontos de vantagem:

- formulação da estratégia (desenvolver a estratégia)
- implementação da estratégia (colocar a estratégia em ação)
- controle estratégico (modificar a estratégia ou sua implementação para assegurar que os resultados desejados sejam alcançados)

Durante o desenvolvimento deste livro, o mundo presenciou um extraordinário exemplo de planejamento e liderança durante o salvamento de 33 mineiros soterrados no Chile. Um bilhão de telespectadores acompanhou o resgate do grupo, que ficou preso durante 69 dias em uma mina de cobre no deserto do Atacama, a 700 metros de profundidade. Foi uma prova concreta de que os seres humanos são capazes de feitos notáveis quando unem conhecimento, experiência, habilidades, visão e motivação. Que a humanidade possa perceber o real significado desse evento também sob a ótica do planejamento e da liderança.

No Capítulo 6, foi apresentado um caso fracassado de implantação do planejamento estratégico. Já o Caso 17, apresentado a seguir, mostra um exemplo de liderança eficaz conduzindo a resultados positivos. Como mencionei no prefácio, este é o único caso relatado no livro que demonstra uma atuação adequada por parte dos líderes em questão.

Caso 17

Tema: Quando a liderança eficaz e o planejamento geram resultados.
Perfil da empresa: empresa de médio porte do setor de serviços, com atuação nacional.

A empresa A atuava no mercado de prestação de serviços especializados a pessoas físicas de forma massiva e direta, por meio de profissionais liberais com profunda capacitação específica vinculada aos temas do negócio. Como decorrência de profundas alterações no mercado, associadas a uma campanha publicitária intensiva, a empresa carreou para si um significativo volume de clientes, que crescia exponencialmente com o passar dos dias.

A conjugação do mercado favorável com a massiva publicidade e o bom padrão dos serviços prestados fez que a estrutura física e humana da empresa A se tornasse insuficiente para atender ao aumento na demanda pelos seus serviços. As contratações de pessoal especializado se sucediam de forma acelerada e sem critérios mínimos de competência previamente definidos. As ações se desenvolviam com o objetivo único de suprir a necessidade de atender ao volume crescente de clientes.

Além das instalações ficarem pequenas, os recursos de apoio tornaram-se deficientes, e a tecnologia implantada (*hardware* e *software*) não suportava mais o volume de informações; o caos estava quase instalado. Como consequência natural desse descontrole e falta de recursos, a qualidade nos serviços caiu de tal forma que o conceito e a imagem da empresa começaram a sofrer.

Cientes da situação, as lideranças da empresa A, mais pressionadas pela crise do que por uma decisão pensada e racional, resolveram implantar o planejamento estratégico pela primeira vez.

Todo o plano teria que começar da estaca zero. Tanto diretores e gerentes quanto o corpo técnico não tinham o hábito, nem os conhecimentos necessários para a implantação de um planejamento estratégico. Sabendo disso, a consultoria contratada para promover a implantação do planejamento estratégico adotou uma abordagem de maturação um pouco mais longa, mas com melhores chances de dar resultado.

O primeiro passo foi o desenvolvimento de habilidades em liderança de equipes e projetos matriciais. A seguir, foi abordada a necessidade de mudança e a resistência às mudanças. O terceiro passo foi o desenvolvimento de habilidades específicas em processo decisório em equipes; compreensão dos modelos mentais; comunicação e relacionamento interpessoal; gestão do tempo; planejamento e definição de prioridades; metodologias e ferramentas de apoio ao planejamento estratégico.

Após essas etapas, foi feita a revisão de alguns paradigmas da organização, mesmo sendo esta ainda jovem. Alguns ajustes tiveram que ser realizados logo após o programa de desenvolvimento dos líderes, visando a estabelecer uma base estrutural/ conceitual prévia que viabilizasse a condução da implantação do plano estratégico. As principais quebras de paradigmas realizadas são apresentadas no Quadro 17.1.

Quadro 17.1 Quebras de paradigmas realizadas na empresa A

De:	Para:
• Líder é quem faz parte da estrutura formal – hierarquia.	• Todos os colaboradores são líderes em potencial, dependendo do desafio a ser vencido e das competências necessárias.
• Estrutura fragmentada em departamentos/áreas.	• Projetos sistêmicos/ matriciais.
• Decisões centralizadas na cúpula diretiva.	• Decisões compartilhadas em um comitê estratégico de gestão (gestores e líderes de projetos).
• Ação esporádica de planejamento.	• Pensamento estratégico (revisões e adequações permanentes a curto prazo).
• Ações e processos a curto prazo.	• Procedimentos aculturados para planejamento e engajamento permanente.

A próxima etapa foi a execução do planejamento estratégico, por meio de estudo de cenários externos, internos e principais tendências para a economia e para o setor, seguida da definição dos macroprojetos prioritários.

Uma etapa fundamental foi a escolha dos líderes de projetos e planos de ação. Ela foi feita após a construção de um perfil prévio de competências específicas à abordagem técnica que o projeto requeria, mais um conjunto de habilidades relacionais voltadas à busca do comprometimento de todos com o sucesso do plano estratégico.

A escolha dos componentes de cada projeto foi realizada por meio de dois critérios complementares: inscrição voluntária conforme o tema a ser abordado e seleção de acordo com a adequação do perfil técnico/comportamental aos objetivos e desafios mapeados. De nada adiantaria uma escolha forçada dos membros das equipes de projetos se não houvesse interesse, motivação e comprometimento com as metas a serem atingidas. Participar dessas equipes significa sobrecarga de trabalho, esforços redobrados e mais tempo dedicado à empresa.

Outro passo fundamental foi a implantação, em caráter permanente, do Comitê Estratégico de Gestão (CEG), envolvendo todas as funções de gestão e os líderes de projetos, bem como a definição de seu regramento operacional (ver Figuras 17.1 e 17.2).

O CEG é o fórum de líderes para o exercício participativo e sinérgico do conjunto das inteligências da empresa, estruturado visando a excelência de seus processos decisórios.

Benefícios do CEG

- agilidade no processo decisório
- integração sistêmica e interpessoal
- comprometimento com as decisões e diretrizes
- sinergia nos processos e solução de problemas
- transparência
- responsabilidade focada e não dispersa
- aumento da autoestima do grupo estratégico (gestor)
- *feedback* pontual e construtivo
- exercício de *coaching* permanente e eficaz
- informação padronizada para todos os níveis organizacionais

Optou-se pela participação dos três diretores nos projetos estratégicos como membros comuns, e não como líderes, evitando a possibilidade de utilização, por parte de algum diretor, do uso do *poder* formal/hierárquico. Esse procedimento acabaria com a inibição dos demais membros na proposiçao de ações criativas.

Durante o primeiro ano de implantação do plano estratégico, as atividades relacionadas com os cinco projetos estratégicos teriam a participação de um facilitador externo para a condução e o cumprimento da metodologia escolhida pela empresa A.

Capítulo 17 Liderança e planejamento **221**

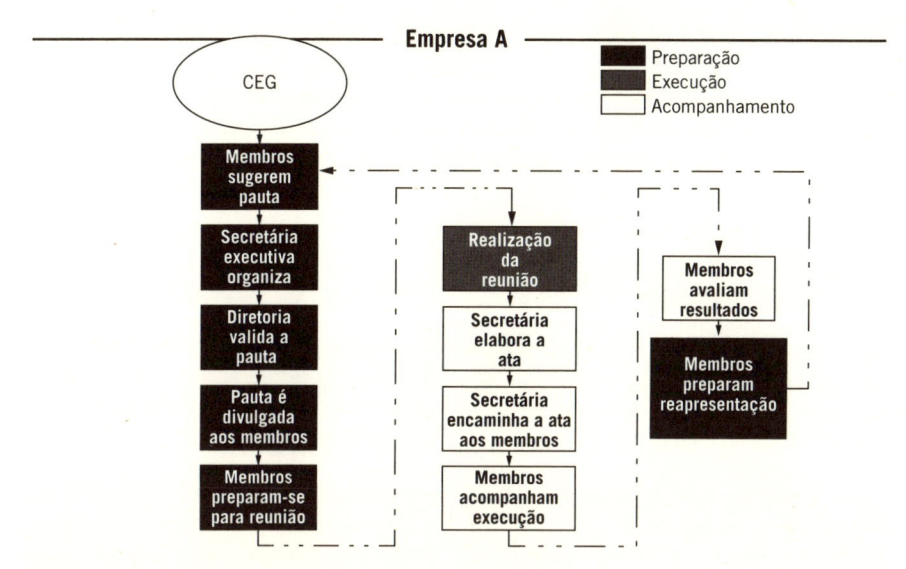

Empresa A

CEG

■ Preparação
■ Execução
□ Acompanhamento

- Membros sugerem pauta
- Secretária executiva organiza
- Diretoria valida a pauta
- Pauta é divulgada aos membros
- Membros preparam-se para reunião

- Realização da reunião
- Secretária elabora a ata
- Secretária encaminha a ata aos membros
- Membros acompanham execução

- Membros avaliam resultados
- Membros preparam reapresentação

Figura 17.1 Fluxo operacional do CEG.
Fonte: W&W Human Technology.

CEG – Empresa A

Objeto	Implementação de estrutura de Comitê Estratégico de Gestão
Objetivos	• Otimizar processo decisório estratégico • Utilizar argumentos sistêmicos na solução de problemas • Promover democratização e transparência nas informações • Reduzir retrabalhos e redirecionamentos • Promover o comprometimento dos membros do CEG
Diretriz	• Consolidar o modelo de gestão com base participativa e responsável de todos e como parte importante de um processo de busca de resultados otimizados
Prazos	• Data de início: • Periodicidade: mensal

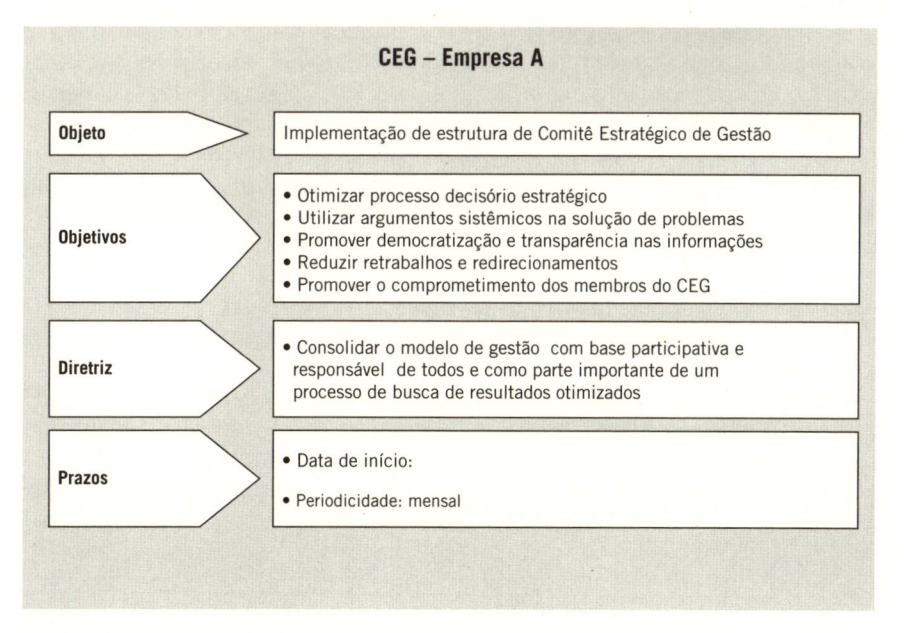

Figura 17.2 Foco do CEG.
Fonte: W&W Human Technology.

Na constituição do CEG, não foi utilizado o critério de adequação ao perfil de competências desejado, tendo em vista que os membros da diretoria e das gerências já estavam no exercício de suas funções. No entanto, na escolha dos líderes de projetos estratégicos, estabeleceu-se um perfil comum entre todos os cinco titulares, principalmente no tocante às habilidades consideradas essenciais, tais como:

- capacidade de liderança de equipes
- desenvoltura no processo decisório
- elevada capacidade de comunicação
- facilidade no relacionamento interpessoal
- capacidade de planejamento e organização das tarefas
- valorização do cumprimento de prazos e cronogramas
- alta mobilidade física
- gosto por assumir riscos através de processos de criatividade e inovação
- capacidade de dar e receber *feedback*
- capacidade de interagir com múltiplas tarefas

Esse conjunto harmônico de habilidades resultou no mapa das competências exigidas apresentado na Figura 17.3. A faixa pontilhada demonstra a adequação dos perfis de competências exigidos dos líderes dos projetos estratégicos. Todos os cinco líderes escolhidos estavam de acordo com o perfil exigido (intensidade média para alta).

A motivação dos líderes de projetos estratégicos também foi dirigida para os colaboradores que estavam mais inclinados a enfrentar desafios (necessidade maior de autorrealização), correr riscos e atuar com pessoas (necessidades de sociabilização).

A Figura 17.4 demonstra a intensidade motivacional convergente de todos os líderes escolhidos pelo fato de terem um objetivo pessoal comum, o da autorrealização (E), e, com intensidade um pouco menor, o da interação com pessoas (C) e o de autoestima (D).

Com a definição dos cinco líderes de projetos, teve início o planejamento estratégico da empresa A, com uma reunião especial de *start up* do processo no CEG. A partir daquele momento estava oficializada a adoção do planejamento estratégico como ação ampla e prioritária.

Os cinco macroprojetos estratégicos prioritários selecionados foram mercado, qualidade, recursos humanos, tecnologia e inovação, desdobrados em 18 subprojetos, conforme demonstra a Figura 17.5.

O conjunto dos cinco macroprojetos estratégicos foi implantado nos 18 meses seguintes. As equipes trabalharam de forma intensa e motivada, lideradas por colegas e profissionais com as competências adequadas aos desafios a serem enfrentados. Os principais ganhos obtidos, em termos de resultados numéricos e físicos no campo da gestão do processo e de crescimento profissional e pessoal (comportamental e de integração), foram:

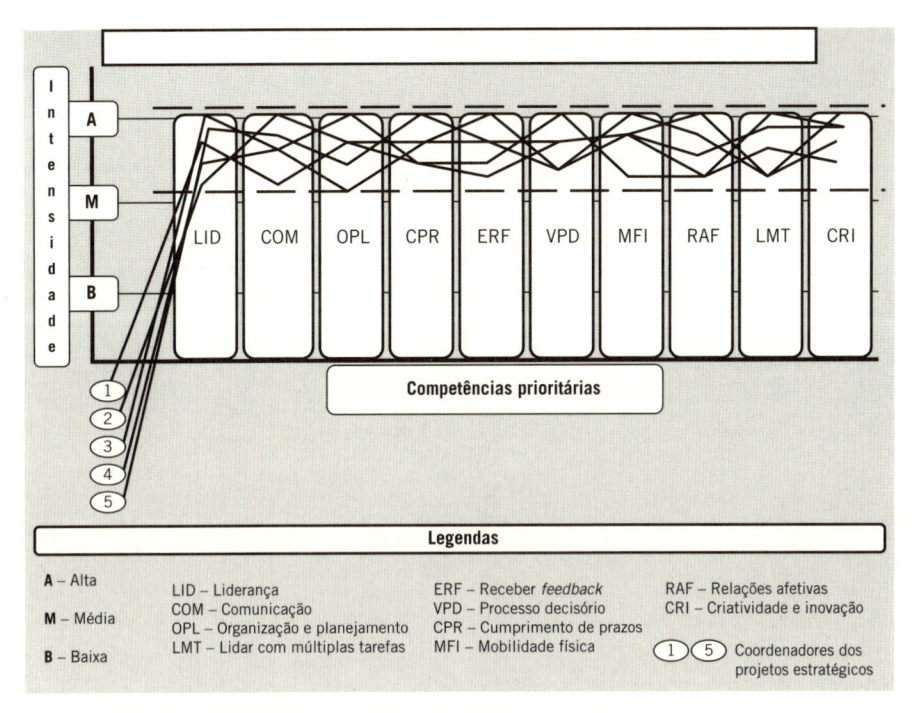

Figura 17.3 Perfil desejado do líder de projeto estratégico.
Fonte: W&W Human Technology.

Legendas:
- A – Alta
- M – Média
- B – Baixa
- LID – Liderança
- COM – Comunicação
- OPL – Organização e planejamento
- LMT – Lidar com múltiplas tarefas
- ERF – Receber *feedback*
- VPD – Processo decisório
- CPR – Cumprimento de prazos
- MFI – Mobilidade física
- RAF – Relações afetivas
- CRI – Criatividade e inovação
- ①–⑤ Coordenadores dos projetos estratégicos

1. Constituição de uma empresa sistêmica, centrada em projetos e não mais em áreas independentes e fragmentárias;
2. Democratização do poder e da liderança, com reflexos imensos na motivação das equipes, que se tornaram mais solidárias e responsáveis;
3. Alcance das metas econômico-financeiras seis meses antes do previsto;
4. Visibilidade da empresa e de seus profissionais, que se tornaram referência no seu segmento de mercado, servindo como *benckmark* para empresas similares;
5. Adoção de um modelo próprio de gestão altamente participativo e responsável via CEG;
6. Formação de uma importante massa crítica de profissionais treinados em decodificar permanentemente as mudanças nos cenários internos e externos, antecipando tendências;
7. Conscientização da importância de cada profissional, para a obtenção do conjunto dos resultados almejados, independentemente do seu nível na organização;

☐ Líder 1
○ Líder 2
△ Líder 3
☆ Líder 4
◇ Líder 5

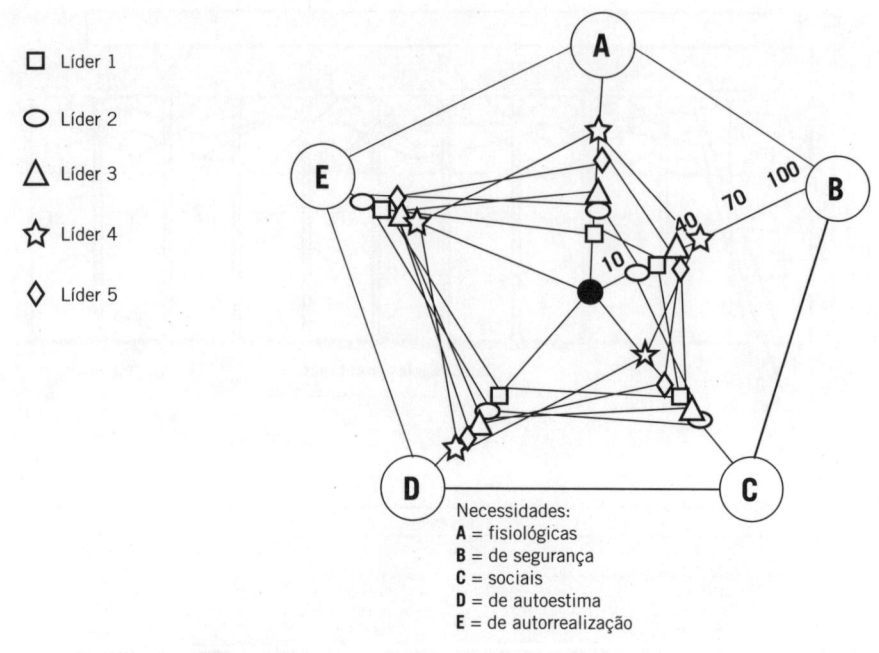

Necessidades:
A = fisiológicas
B = de segurança
C = sociais
D = de autoestima
E = de autorrealização

Figura 17.4 Motivograma dos cinco líderes dos projetos estratégicos.
Fonte: W&W Human Technology.

Macro-objetivos 2009 – 2011
Receita bruta: 100% s/2008 × rentabilidade

I. Modelo de gestão empresa A
Comitê estratégico de gestão

I. Mercado
I.1 – Diversificação
I.2 – Customização
I.3 – Imagem
I.4 – Estrutura e relacionamento

II. Qualidade
II.1 – Serviços/atendimento externo
II.2 – Processos internos/normas e procedimentos
II.3 – Qualidade de vida no trabalho
II.4 – Qualidade e segurança da informação
II.5 – Comunicação interna

III. Recursos humanos
III.1 – Recrutamento e seleção
III.2 – Treinamento e desenvolvimento
III.3 – Remuneração

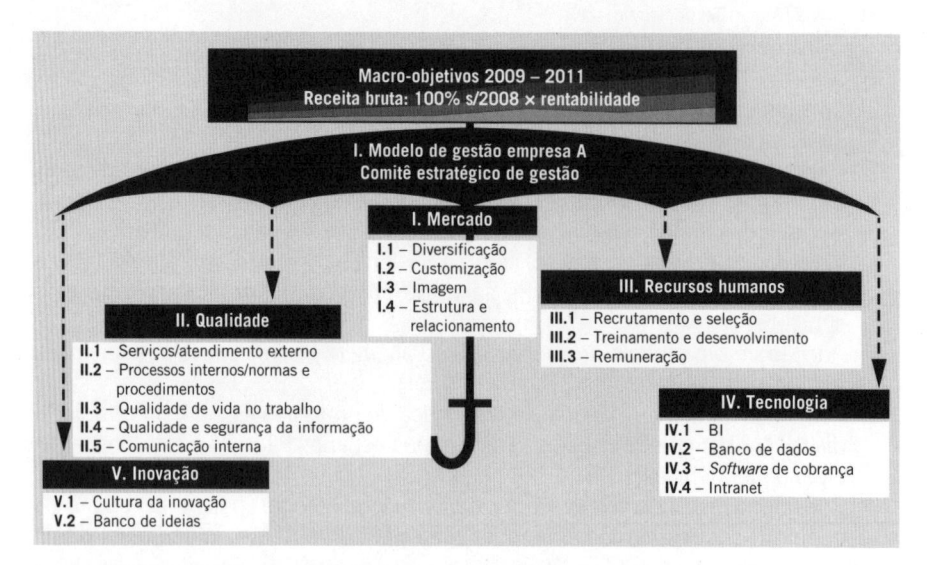

IV. Tecnologia
IV.1 – BI
IV.2 – Banco de dados
IV.3 – *Software* de cobrança
IV.4 – Intranet

V. Inovação
V.1 – Cultura da inovação
V.2 – Banco de ideias

Figura 17.5 Projetos estratégicos empresa A – 2009 / 2010 / 2011.
Fonte: W&W Human Technology.

8. Valorização da gestão focada na liderança, cuja meta é o envolvimento de todos na busca de objetivos comuns;
9. Compreensão e aceitação de que os esforços despendidos em planejamento e desenvolvimento profissional constituem investimento pessoal com retorno certo;
10. Aceitação do fato que todos são líderes na empresa em determinados momentos e que esse revezamento natural deve ocorrer com humildade e desprendimento no uso do poder.

A Figura 17.6 demonstra a metodologia seguida pelos participantes do planejamento estratégico da empresa A. A seguir, apresenta-se um detalhamento desta figura.

Flow do planejamento estratégico da empresa A

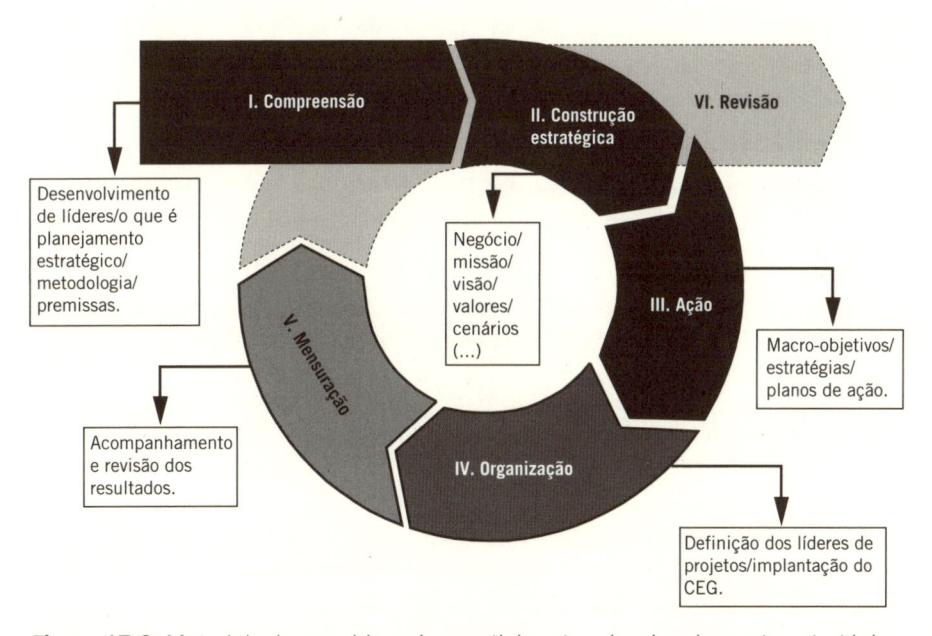

- I. Compreensão
- II. Construção estratégica
- III. Ação
- IV. Organização
- V. Mensuração
- VI. Revisão

Desenvolvimento de líderes/o que é planejamento estratégico/metodologia/premissas.

Negócio/missão/visão/valores/cenários (...)

Macro-objetivos/estratégias/planos de ação.

Acompanhamento e revisão dos resultados.

Definição dos líderes de projetos/implantação do CEG.

Figura 17.6 Metodologia seguida pelos participantes do planejamento estratégico da empresa A.
Fonte: W&W Human Technology.

I. Fase de compreensão:

(a) Programa de desenvolvimento de lideranças internas;
(b) Abordagem de conceitos, propósitos e metodologias de implantação do planejamento estratégico;
(c) Premissas para o sucesso e dificuldades no processo.

II. Fase de construção estratégica:

(a) Definição do negócio, da missão, da visão e dos valores;
(b) Mapeamento do cenário externo e diagnóstico dos diversos cenários internos da empresa;
(c) Definição dos macro-objetivos, subprojetos, prioridades, cronogramas e orçamentos.

III. Ação:

(a) Validação das prioridades;
(b) Constituição das equipes de projeto;
(c) Definição das estratégias e planos de ação;
(d) *Start up*.

IV. Organização (em paralelo com as Fases II e III):

(a) Constituição o implantação do CEG,
(b) Definição dos líderes dos macroprojetos estratégicos.

V. Mensuração:

(a) Acompanhamento do andamento dos macroprojetos estratégicos no CEG;
(b) Revisão dos diagnósticos, ações e resultados obtidos.

VI. Revisão:

(a) Cumprimento dos indicadores em cada subprojeto;
(b) Redirecionamento estratégico.

A Figura 17.7 demonstra a identificação e o detalhamento inicial do subprojeto chamado Implantação de Banco de Ideias, inserido no macroprojeto estratégico chamado Inovação. As fases do subprojeto foram as seguintes:

Fase 1: planejamento

- elaboração do conceito de Banco de Ideias
- definição das regras de funcionamento
- integração com o projeto Programa de Incentivos
- aprovação junto à diretoria ou ao futuro comitê de gestão
- definir estratégias de divulgação da primeira fase

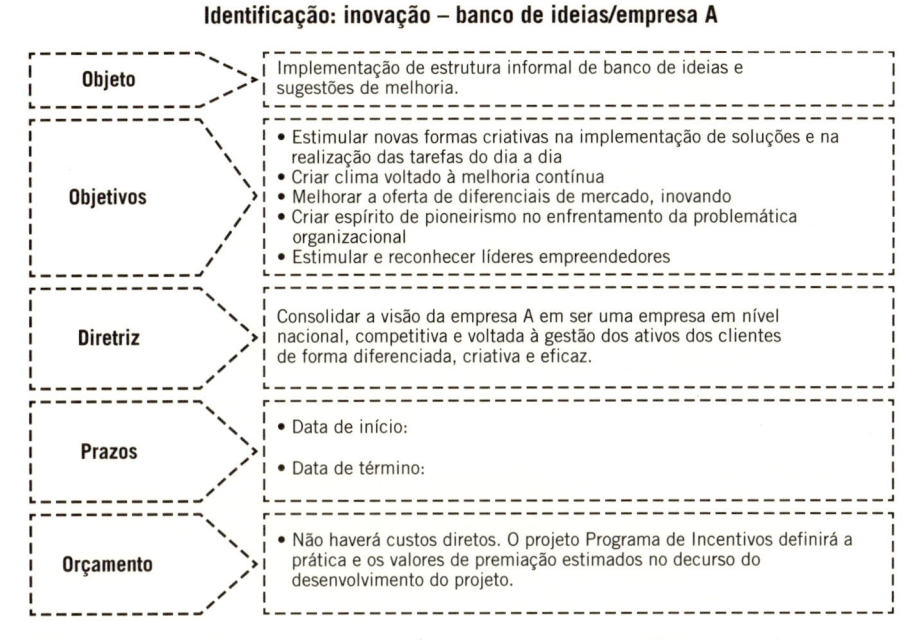

Identificação: inovação – banco de ideias/empresa A

Objeto	Implementação de estrutura informal de banco de ideias e sugestões de melhoria.
Objetivos	• Estimular novas formas criativas na implementação de soluções e na realização das tarefas do dia a dia • Criar clima voltado à melhoria contínua • Melhorar a oferta de diferenciais de mercado, inovando • Criar espírito de pioneirismo no enfrentamento da problemática organizacional • Estimular e reconhecer líderes empreendedores
Diretriz	Consolidar a visão da empresa A em ser uma empresa em nível nacional, competitiva e voltada à gestão dos ativos dos clientes de forma diferenciada, criativa e eficaz.
Prazos	• Data de início: • Data de término:
Orçamento	• Não haverá custos diretos. O projeto Programa de Incentivos definirá a prática e os valores de premiação estimados no decurso do desenvolvimento do projeto.

Figura 17.7 Identificação e detalhamento inicial do subprojeto de implantação de banco de ideias.

Fonte: W&W Human Technology.

Fase 2: implementação

- implantação do Banco de Ideias
- monitoramento e controle do projeto
- avaliação dos resultados obtidos

Fase 3: produtos/ganhos esperados em cada fase do subprojeto

A Figura 17.8 demonstra os produtos esperados em cada etapa de implantação do subprojeto Banco de Ideias na empresa A.

Com a execução eficaz do conjunto dos projetos prioritários, a empresa A atingiu todos os seus objetivos econômico-financeiros e consolidou um novo modelo de gestão, focado no pensamento estratégico e na liderança eficaz.

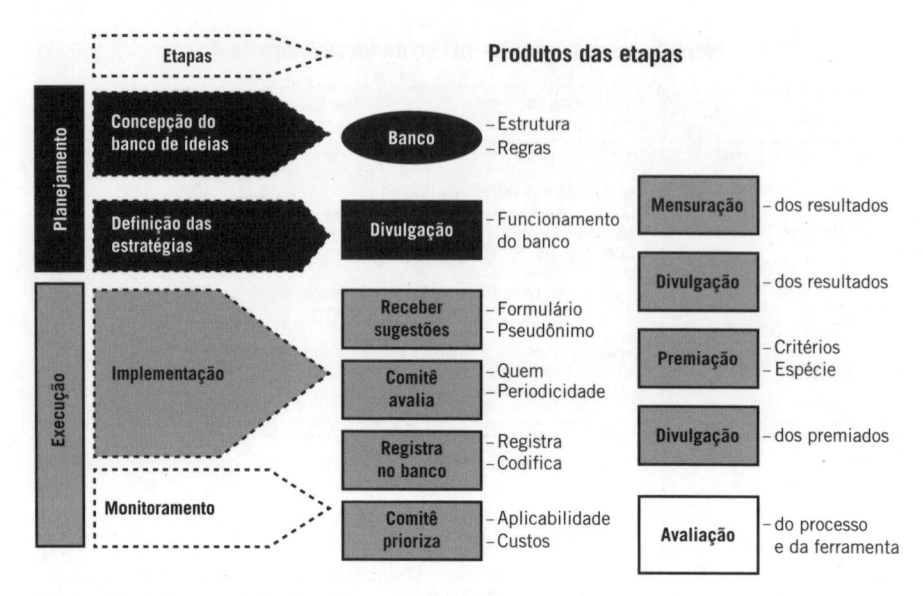

Figura 17.8 Produtos esperados em cada etapa de implantação do subprojeto banco de ideias.
Fonte: W&W Human Technology.

Pontos para reflexão

1. Por que alguns líderes ainda resistem à implantação de estratégias de gestão focadas na participação intensiva dos colaboradores da empresa na formatação dos planos estratégicos?
2. Quais foram os principais ganhos da empresa A com a implantação do planejamento estratégico e com o desenvolvimento de lideranças internas?
3. Qual o significado para os participantes dos projetos e subprojetos estratégicos da implantação do CEG?
4. Qual a principal diferença entre planejamento estratégico e pensamento estratégico?
5. Após a adoção de um modelo de gestão focado em projetos, haveria condições propícias para o retorno ao modelo antigo, fragmentado e não sistêmico? Por quê?
6. Quais os principais efeitos do planejamento estratégico na autoestima dos participantes do plano estratégico e, principalmente, nos líderes das equipes?

7. Que importância pode ser atribuída ao desenvolvimento profissional técnico e comportamental permanente dos atuais membros dos projetos? Por quê?
8. Se houvesse uma acentuada queda na maturidade das equipes de projetos, haveria a necessidade de um retorno aos estilos de liderança centralizada, baseada no poder hierárquico e formal?
9. O que acontece com a motivação das pessoas quando elas percebem que os objetivos perseguidos contemplam interesses mútuos, comuns? Isso é possível? Como?
10. A estratégia de compartilhar o poder com os líderes de projetos poderia criar algum desgaste ou constrangimento na cúpula diretiva? Em caso afirmativo, quais?

Conclusão

Para Aristóteles, tudo o que existe no universo tem um propósito ou um fim, e tal propósito ou fim expressa a forma mais completa que a natureza pode assumir na busca da felicidade. Para que a felicidade seja alcançada é importante vivermos em comunidades que funcionem bem, sejam elas no âmbito da família, da empresa ou da sociedade como um todo. Necessitamos, ainda, atingir determinado grau de riqueza material, boa saúde, *status* na comunidade, conhecimento e assim por diante.

Todos esses fatores influenciaram o comportamento dos líderes e dos liderados que foram alvo de nossa narrativa neste livro. Mas, para nós há um significado contundente no comportamento coletivo de busca da felicidade sem a participação efetiva dos envolvidos; do exercício do poder a qualquer custo pelos líderes e de posições de *status* no âmbito das empresas envolvidas.

Como esses comportamentos e atitudes não se limitam às fronteiras das empresas, mas extrapolam os demais ambientes sociais, não podem os indivíduos, as empresas e os governos simplesmente ignorar comportamentos típicos das pessoas inseridas em um contexto de elevada competitividade que apenas visem ao sucesso pessoal e profissional.

Toda essa busca, representada pelas narrativas desta obra, deveria ter sido exercida de acordo com os princípios da verdadeira liderança ética que visa, acima de tudo, à busca do bem comum. Muitos dos atuais programas desenvolvidos no Brasil e que objetivam a capacitação de lideranças nascem com alguns vícios de origem. São estruturados, desenvolvidos e presenciados por pessoas já portadoras de modelos mentais sobre liderança, muitas vezes totalmente desvirtuados da realidade atual e que têm como foco maior pessoas e profissionais que já exercem liderança há algum tempo.

De outro lado, os próprios participantes desses programas também representam uma coletividade impregnada por uma cultura mais de "chefia" do que de liderança e, invariavelmente, são a réplica quase fiel de seus antecessores.

Há necessidade urgente de o tema liderança ser discutido de forma livre, aberta, democrática e ética já na formação do caráter dos indivíduos, ou seja, no início da formação da sua maturidade intelectual. Não há país desenvolvido nem sociedade soberana sem o concurso de uma "massa crítica" intensa de lideranças em todos os níveis e setores, formada, quem sabe, desde os bancos escolares dos ensinos fundamental e médio.

Quem sabe o sistema educacional brasileiro não possa incluir o tema da liderança como uma cadeira, um conteúdo obrigatório em todos os cursos universitários? Já seria um alento para o futuro, em um país onde nunca houve a visão e a preocupação com a formação de líderes.

A falta de lideranças eficazes não fica patente apenas nas questões éticas e dedicadas à construção do bem comum. Também é demonstrada pela carência acentuada de competência técnica (conhecimento, domínio e experiência) combinada com as competências comportamentais (valores, ouvir, importar-se com os liderados e assim por diante).

A fórmula que sugerimos para o exercício de uma liderança eficaz e que contempla, de forma equilibrada, essas duas grandes variáveis ($ML=C+E+H+V$)Met, apresentada e debatida nos capítulos anteriores) não é considerada pela grande maioria dos candidatos pretendentes ao exercício da liderança.

Para que processos de liderança eficaz realmente ocorram, devem ser disponibilizados mecanismos para acelerá-los. É necessário que os programas de desenvolvimento de novos líderes recuem na curva da idade cronológica o máximo possível.

No futuro, essa "massa crítica" renovadora irá oxigenar o exercício do poder, proporcionando mais significância e responsabilidade para essa faixa etária tão vocacionada aos apelos tecnológicos do século XXI.

Essa tecnologia embutida em todos os aspectos da vida humana corriqueira está cativando em excesso e arrastando a mente e o comportamento dos jovens para um caminho frio, insensível e desprovido de alma, em que os processos e ferramentas são considerados mais importantes do que as pessoas.

É difícil imaginar que os atores (líderes e liderados) dos diversos casos narrados nesta obra tivessem adotado comportamentos totalmente diferentes dos que tiveram e, quem sabe, obtido resultados mais eficazes se tivessem a chance de desenvolver precocemente suas habilidades de liderança.

O que podemos afirmar é que os comportamentos e atitudes, frente às mudanças necessárias, não falharam só quanto à avaliação física (números e objetivos mensuráveis), mas também quanto à avaliação relacional (comprometimento, sinergia e clima de confiança).

O que houve em todos os casos foi um jogo em que somente haveria vencedores e perdedores, mas o que se constatou, na realidade, é que todos perderam, fossem eles líderes, liderados ou a própria organização.

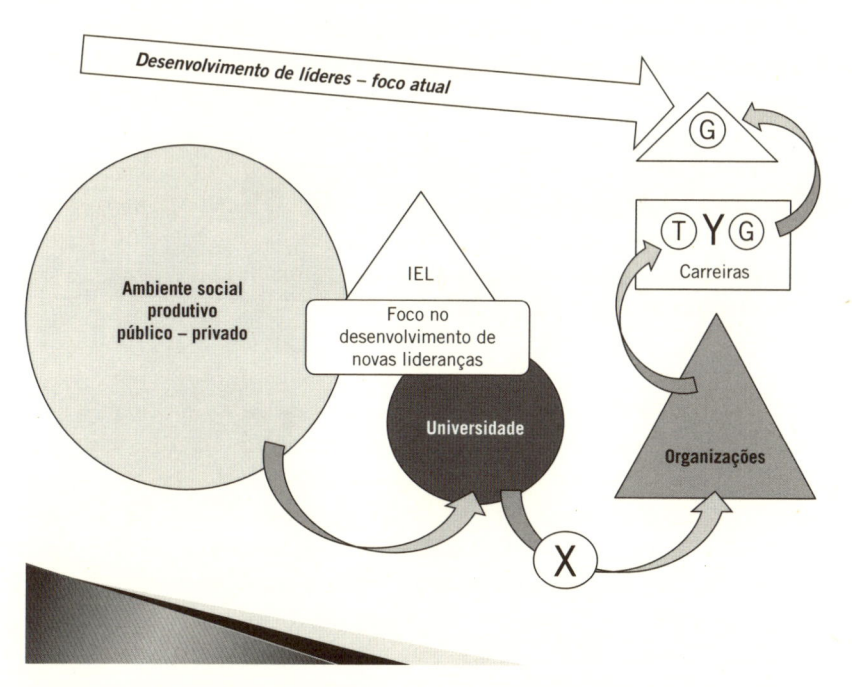

Foco tradicional no desenvolvimento dos líderes organizacionais (G: já nas funções de gestão; Y: carreira técnica/gestão) e a proposição da nova estratégia de desenvolvimento de líderes (X: durante o ciclo acadêmico).

Referências

ANSOFF, H. I. *A nova estratégia empresarial.* São Paulo: Makron Books, 2001.

BENNIS, W. G.; NANUS, B. *Líderes:* estratégias para assumir a verdadeira liderança. São Paulo: Harbra, 1988.

BRADLEY, J.; POWERS, R. *A Conquista da honra.* Rio de Janeiro: Ediouro, 2006.

BROWN, J. F. *O executivo global:* conselhos práticos para o sucesso em um mercado transcultural. Porto Alegre: Bookman, 2008.

CARR, D. K.; LITTMAN, I. D. *Excelência nos serviços públicos:* gestão da qualidade total na década de 90. Rio de Janeiro: Qualitimark, 1992.

CHATTERJEE, S. *Estratégias a prova de falhas:* como lucrar e crescer correndo riscos que outros evitam. Porto Alegre: Bookman, 2006.

CHURCHILL, W. *Grandes homens do meu tempo.* Rio de Janeiro: Nova Fronteira, 2004.

CHURCHILL, W. *Jamais ceder!:* os melhores discursos de Winston Churchill. Rio de Janeiro: Jorge Zahar, 2005.

COVEY, S. R. Os sete hábitos das pessoas altamente eficazes. Rio de Janeiro: Best Seller, 2009.

DAVILA,T.; EPSTEIN, M. J.; SHELDON, R. S. *As regras da inovação:* como gerenciar, como medir e como lucrar. Porto Alegre: Bookman, 2007.

DE VRIES, M. F. E. K.; CARLOCK, R. S.; FLORENT-TREACY, E. *A empresa familiar no divã*: uma perspectiva psicológica. Porto Alegre: Bookman, 2009.

DELL, M. *Dell:* estratégias que revolucionaram o mercado. São Paulo: Market Books, 1999.

DEMING, E. *Out of crisis.* Massachusetts: MIT-CAES, 1982.

FERREIRA, E. M. *Diagnóstico organizacional para a qualidade e produtividade.* Rio de Janeiro: Qualitymark, 1994.

FOLLETT, M. P. *Dynamic administration.* New York: Harper & Row, 1941.

FREITAS, M. E. de. *Cultura organizacional:* formação, tipologias e impacto. São Paulo: Makron Books, 1991.

GIOSA, L. Amizade e negócios combinam? Alguns cuidados são essenciais para manter a amizade e ganhar dinheiro. *Cliente S.A,* São Paulo, ed. 84, ano 8, jul. 2009.

GROVE, A. S. *Só os paranóicos sobrevivem:* como tirar o melhor proveito das crises que desafiam empresas e carreiras. São Paulo: Futura, 1997.

GLEITMAN, H.; REISBERG, D.; GROSS, J. *Psicologia.* 7. ed. Porto Alegre: Artmed, 2009.

HAMEL, G.; PRAHALAD, C. K. *Competindo pelo futuro:* estratégias inovadoras para obter o controle do seu setor e criar os mercados de amanhã. Rio de Janeiro: Campus: Elsevier, 1995.

HAMMER, M.; CHAMPY, J. *Reengenharia:* revolucionando a empresa em função dos clientes, da concorrência e das grandes mudanças da gerência. Rio de Janeiro: Campus: Elsevier, 1994.

HANDY, C. *Deuses da administração:* como enfrentar as constantes mudanças da cultura empresarial.5. ed. São Paulo: Saraiva, 2005.

JAY, A. *Maquiavel e gerência de empresas.* 3. ed. Rio de Janeiro: Jorge Zahar, 1979.

LEITCH, M. The dawning of a new age: control without budgets. *Balance Sheet*, Bingley, v. 11, n. 3, 2003.

MACIVER, R. M. *The web of government.* New York: Macmillan,1947.

MADALENO, E. Mito, a caneta dos americanos, e o lápis dos russos... *Blog do Conhecimento,* Covilhã, dez. 2004. Disponível em: <http://blogdoconhecimento.blogspot.com/2004/12/mito-caneta-dos-americanos-e-o-lpis.html >. Acesso em: 14 mar. 2012.

MAQUIAVEL. *O príncipe.* Porto Alegre: LP&M, 2006.

MILLER, J. P. *O milênio da inteligência competitiva.* Porto Alegre: Bookman, 2002.

MORRIS, C. R. *Os magnatas:* como Andrew Carnegie, John D. Rockefeler, Jay Gold e J. P. Morgan inventaram a supereconomia americana. Porto Alegre: L&PM, 2006.

NAISBIT, J. *Paradoxo global*: quanto maior a economia mundial mais poderosos são os seus protagonistas maiores nações, empresas, indivíduos. Rio de Janeiro: Elsevier: Campus, 1994.

OSADA, T. *Housekeeping 5S's:* 5 pontos chave para o ambiente da qualidade total. São Paulo: Instituto IMAN, 1992.

PETERS, T. *O circulo da inovação:* você não deve evitar o caminho para o seu sucesso. São Paulo: Harbra, 1998.

PETERS, T. *Reimagine*: excelência nos negócios numa era de desordem. São Paulo: Futura, 2004.

PORRAS, J.; STEWART, E.; THOMPSON, M. *Sucesso feito para durar*: histórias de pessoas que fazem a diferença. Porto Alegre: Bookman, 2007.

REINFIELD, F. *Ataque e contra-ataque no xadrez.* 19. ed. São Paulo: IBRASA, 2007.

SCHEIN, E. H. *Cultura organizacional e liderança.* São Paulo: Atlas, 2009.

SENGE, P. et al. *A quinta disciplina:* caderno de campo: estratégias e ferramentas para construir uma organização que aprende: Rio de Janeiro: Qualitymark, 1995.

SILVA, C. L. M. da. *Mudança e análise organizacional.* Curitiba : UFPR-PMC/IMAP, 1996.

STAIR, R. M.; REYNOLDS, G. W. *Princípios de sistemas de informação.* 4. ed. Rio de Janeiro: LTC, 2002.

THOMSON, O. *A assustadora historia da maldade.* Rio de Janeiro: Ediouro, 2002.

THUCYDIDES. *The landmark Thucydides*: a comprehensive guide to the peloponnesian war. New York: Free Press, 1998.

TZU, S. *A arte da guerra:* os documentos perdidos. Rio de Janeiro: Record, 1996.

ULRICH, D.; SMALLWOOD, N. *Leadership brand*: developing customer - focused leaders to driver performance and build lasting value. Massachussets: Harward Busines School Press, 2007.

WEBBER, A. C. M. *Afinal onde estão os líderes?* Porto Alegre: Bookman, 2009.

WELCH, J.; WELCH, S. *Paixão por vencer:* a bíblia do sucesso. Rio de Janeiro: Campus/Elsevier, 2005.

WHEATLEY, M. J. *Liderança e a nova ciência*: descobrindo ordem num mundo caótico. São Paulo: Cultrix, 2006.

Leituras sugeridas

ALBRECHT, K. *A única coisa que importa:* trazendo o poder do cliente para dentro da sua empresa. São Paulo: Pioneira, 1993.

ARISTÓTELES. *The nichomachean ethics.* Oxford: Oxford University Press, 1988.

BECKER, B. E.; HUSELID, M. A.; ULRICH, D. *Gestão estratégica de pessoas com "scorecard":* interligando pessoas, estratégias e performance. Rio de Janeiro: Campus/Elsevier, 2001.

BLANCHARD, K.; HERSEY, P. *Psicologia para administradores:* teorias e técnicas da liderança situacional. São Paulo: E.P.U., 2007.

CARLZON, J. *A hora da verdade.* Rio de Janeiro: Sextante, 2005.

CROSBY, P. B. *Qualidade sem lágrimas:* a arte da gerencia descomplicada. 3. ed. Rio de Janeiro: José Olympio, 1994.

ESOPO. *Fábulas de Esopo.* Porto Alegre: LP&M, 2007.

FURROW, D. *Ética*: conceitos-chave em filosofia. Porto Alegre: Artmed, 2007.

HART, M. H. *As 100 personalidades da história.* Rio de Janeiro: DIFEL, 2003.

HAWKING, W. S.; MLODINOW, L. *Uma nova história do tempo.* Rio de Janeiro: Ediouro, 2005.

HU, E. *O Tao da guerra:* fragmento perdido da dinastia Zhao. São Paulo: Saraiva, 2010.

OVERY, R. *Os ditadores:* a Rússia de Stalin e a Alemanha de Hitler. Rio de Janeiro: José Olympio, 2009.

PIZARRO, P. *Os quadrantes da vida*: as bases do plano de desenvolvimento individual. 3. ed. Porto Alegre: AGE, 2010.

PFLAEGING, N. *Liderando com metas flexíveis:* beyound budgeting: um guia para a revolução do desempenho. Porto Alegre: Bookman, 2009.

PRESSFIELD, S. *Caçando Rommel.* Rio de Janeiro: Objetiva, 2010.

SHETH, J. N. *Os Maus hábitos das boas empresas e como fugir deles.* Porto Alegre: Bookman, 2008.

TICHY, N. M.; BENIS, W. G. *Decisão!* Como líderes vencedores fazem escolhas certeiras. Porto Alegre: Bookman, 2009.

YAMAMOTO, T. *Hagakure:* o livro do samurai. São Paulo: Conrad do Brasil, 2004.

Índice

Os números das páginas seguidos pelas letras **f**, **q** e **t** referem-se aos termos que se encontram, respectivamente, em figuras, quadros ou tabelas.

A
Afetividade e negócios, 197-206
Auditoria e qualidade, 187-195
Autocrático e centrado (poder e liderança), 14
Autoridade formal, a base da (poder e liderança), 1

B
Benchmarking, 171-185
    implantação do benchmarking, sequência lógica para, 174
        modelos adotados na década de 1995/2004, 176t
        processos de sensibilização, 175f
    indicadores de benchmarking, exemplos de, 172t, 173f
    principais abordagens de, 174

C
Clima organizacional e manipulação, 156-169
Coaching educativo e orientador (poder e liderança), 14
Conhecimento, 27-54
Convicção por imitação, 65-73
Criatividade e inovação, 207-216
Cultura e resultados, 119-128
Cumprimento das ordens, 4q

D
Delegação
    barreiras, 12, 13q
    de autoridade, 7q
    eficaz, diretrizes clássicas, 130
    e obediência, 129-138
        delegação eficaz, diretrizes clássicas para, 130
        descentralização, 131
        empowerment, 130
    o que não é, 11
    poder e liderança, 10
Delegador e confiável (poder e liderança), 14

Democrático e envolvente (poder e liderança), 14
Descentralização (delegação e obediência), 131

E

Empowerment, 130
Estilos de liderança, 16f

F

Fontes de poder, 8q
Formação da maturidade do líder (fatores e competências), 16f

I

Influência, o poder e a capacidade de exercer, 2
Informação(ões) e planejamento estratégico, 85-96
Inovação e criatividade, 207-216

L

Liderança
   e planejamento, 217-229
   e poder, 1-25
   estilos de, 16f
   estilos eficazes e não eficazes, 14

M

Manipulação e clima organizacional, 156-179
Mudança eficaz, estratégias do líder para a, 156f

N

Negócios e afetividade, 197-206

O

Obediência e delegação, 129-138
Obrigação de obedecer, 3q

P

Pessoas que exercem o poder com sucesso, características das, 9
Planejamento
   e liderança, 217-229
   estratégico e informação(ões), 85-96

Poder coercitivo, 7
Poder das organizações, 8
Poder de competência, 7
Poder de recompensa, 6
Poder de referência, 7
Poder e liderança, 1-25
   autoridade formal, a base da, 1
     influência, o poder e a capacidade de exercer, 2q
     cumprimento das ordens, em todas as circunstâncias ou não, 4q
     obrigação de obedecer, 3q
     visão clássica, 2
     visão de aceitação, 3
   características das pessoas que exercem o poder com sucesso, 9
     poder, a face positiva, 10q
   considerações complementares (poder e liderança), 4
     delegação de autoridade, 7q
     fontes de poder, 8q
     poder, liderança é uma forma de, 6q
     poder coercitivo, 7
     poder de competência, 7
     poder de recompensa, 6
     poder de referência, 7
     poder legítimo, 7
   delegação (poder e liderança), 10
     delegação, barreiras, 12, 13q
     delegação não é, o que, 11
     liderança como poder, 12, 14q
     prestar contas aos superiores, delegação e a responsabilidade, 11q
     vantagem(ns) da delegação, 11, 12q
   liderança, estilos eficazes e não eficazes, 14
     autocrático e centrado (poder e liderança), 14
     coaching educativo e orientador (poder e liderança), 14
     delegador e confiável (poder e liderança), 14
     democrático e envolvente (poder e liderança), 14
   poder das organizações, 8
     poder, a face negativa, 9q

poder organizacional, como alcançar, 10
   atividades extraordinárias, 10
   patronos, 10
   relevância, 10
   visibilidade, 10
utilizando o estilo mais adequado ao ambiente e à maturidade dos liderados, 15
   estilos de liderança, 16f
   formação da maturidade do líder, fatores e competências, 16f
Poder e protecionismo, 109-117
Poder legítimo, 7
Poder, a face negativa do, 9q
Poder, a face positiva do, 10q
Poder, liderança é uma forma de, 6q
Prestar contas aos superiores, delegação e a responsabilidade de, 11q
Processo de terceirização,
   dificuldades do início, 143f
   dificuldades práticas, 143f
Protecionismo e poder, 109-117

Q
Qualidade e auditoria, 187-195

R
Reengenharia, 97-107
   cenário das equipes, 99
   cenário organizacional, 98
   cenário pessoal, 99
Resultados e cultura, 119-128

S
Sucesso, resultados e inveja, 55-64

T
Terceirização, 139-156
   dificuldades do início, 143f
   dificuldades práticas, 143f
   empresa fragmentada "intra" para empresa voltada a "parcerias", 141f
   mudança eficaz, estratégias do líder para a, 156f

V
Vantagem(ns) da delegação, 11, 12q
Visão clássica (poder e liderança), 2
Visão de aceitação (poder e liderança), 3

Z
Zona de conforto, 75-84